JERUSALEM
& UMGEBUNG

DUMONT REISE-TASCHENBUCH

Vordere Umschlagklappe: Stadtplan Jerusalem

Hintere Umschlagklappe: Übersichtskarte Jerusalem und Umgebung

Andrea Gorys

JERUSALEM
& UMGEBUNG

DUMONT

Titelbild: Felsendom auf dem Tempelberg
Umschlaginnenklappe vorne: Das Muristan-Viertel
Vignette: Fenster der Franziskanerkapelle Dominus Flevit
S. 2/3: An der Altstadtmauer nahe dem Zionstor
S. 8: Felsendom
S. 200: Beim Löwentor
Umschlaginnenklappe hinten: Nabi Musa in der Judäischen Wüste

Über die Autorin: Andrea Gorys studierte Klassische Archäologie, Alte Geschichte sowie Ur- und Frühgeschichte in Göttingen, Bonn und München. Zahlreiche Studien- und Forschungsreisen führten sie in die Mittelmeerländer, vor allem nach Israel und in die Türkei. Bei DuMont erschien von ihr das Reisetaschenbuch »Istanbul«.

Für Oliver Felix

Die Deutsche Bibliothek – CIP-Einheitsaufnahme

Gorys, Andrea:
Jerusalem & Umgebung / Andrea Gorys. –
Köln: DuMont, 1999
(DuMont-Reise-Taschenbücher ; 2178)
ISBN 3-7701-4082-6

Satz und Druck: Rasch, Bramsche
Buchbinderische Verarbeitung: Bramscher Buchbinder Betriebe

Printed in Germany ISBN 3-7701-4082-6

INHALT

STADTPORTRÄT

Jerusalem, die Heilige Stadt

Die Stadt und ihre Menschen

UNTERWEGS
IN JERUSALEM & UMGEBUNG

Drei Tage in Jerusalem

Jerusalem für Kenner

Am Rande der Stadt

Ausflüge in die Umgebung

TIPS & ADRESSEN

Bitte schreiben Sie uns, wenn sich etwas geändert hat.
Alle in diesem Buch enthaltenen Angaben wurden von der Autorin nach bestem Wissen erstellt und von ihr und dem Verlag mit größtmöglicher Sorgfalt überprüft. Gleichwohl sind – wie wir im Sinne des Produkthaftungsrechts betonen müssen – inhaltliche Fehler nicht vollständig auszuschließen. Daher erfolgen die Angaben ohne jegliche Verpflichtung oder Garantie des Verlages oder der Autorin. Beide übernehmen keinerlei Verantwortung und Haftung für etwaige inhaltliche Unstimmigkeiten. Wir bitten dafür um Verständnis und werden Korrekturhinweise gerne aufgreifen:

DuMont Buchverlag, Postfach 10 10 45, 50450 Köln
E-Mail: reise@dumontverlag.de

STADTPORTRÄT

»Neun Teile der Schönheit und des Glanzes gab Gott der Stadt Jerusalem, und nur einen Teil gab er der restlichen Welt. (...) Neun Teile Leid und Trauer gab der Schöpfer an Jerusalem, und nur einen Teil an die übrige Welt.«

Talmud,
Kidushin 49b

Jerusalem, die Heilige Stadt

Geographie

Geschichte und Politik

›Steckbrief‹ Jerusalem

Blick auf die »Klagemauer«

Jerusalem, die Heilige Stadt

Auf einem wasserarmen Kalkplateau rund 760 m über dem Meeresspiegel am Ostrand des judäischen Hochlandes gelegen, spielte Jerusalem während seiner 5000jährigen Geschichte wirtschaftlich nie eine bedeutende Rolle. Die Mittelmeerküste liegt fast 60 km, das Tote Meer etwa 25 km entfernt. Keine wichtige Handelsroute führt an der Stadt vorbei und sie beherbergt auch keinen bedeutenden Industriezweig. Und dennoch ist im Laufe der Jahrtausende um Jerusalem mehr gekämpft worden als um irgendeine andere Stadt auf der Welt.

Im Hebräischen wird sie *Yerushalayim* (Haus des Friedens/des Wohlbefindens) genannt, im Arabischen *El Quds* (Die Heilige), und für das Christentum teilt sie sich mit Rom den Ruf der Heiligen Stadt schlechthin. Die Bedeutung Jerusalems ist seit 3000 Jahren religiös begründet. Hier nahm die Geschichte des Staates Israel ihren Anfang. Die Stadt trägt die Hoffnung auf das Erscheinen des Messias, auf das endgültige Heil in sich, und nur im irdischen Jerusalem mit dem Tempel, dem Haus Gottes, öffnet sich für gläubige Juden das Tor zum himmlischen Jerusalem. Die Moslems verehren Jerusalem, weil Mohammed, der letzte und größte Prophet Allahs, auf einer geheimnisvollen nächtlichen Reise mit seinem Pferd Buraq von Mekka aus die Stadt aufsuchte und von dessen Bergspitze Moriah seine Himmelsreise antrat. Im ausgehenden 7. Jh. bekrönten sie diese heilige Stelle mit dem prächtigen Felsendom, dem heute nach Mekka und Medina wichtigsten islamischen Heiligtum. Und das Christentum verbindet einen großen Teil der Lebens- und Leidensgeschichte Jesu mit Jerusalem. Hier feierte er das letzte Abendmahl, erlitt den Kreuzestod und ist von den Toten wieder auferstanden. Das symbolhafte Jerusalem in Form der Kirche nahm unter den Christen jedoch schon bald einen größeren Stellenwert ein als das irdische, was nicht zuletzt auch mit den vielen kriegerischen Auseinandersetzungen um die Stadt zusammenhing. Nur für anderthalb Jahrhunderte unter den Kreuzfahrern und dann wieder im 19. und 20. Jh. erweckte das irdische Jerusalem Interesse bei den Christen.

Geographie und Geschichte

Das Felsplateau, auf dem sich die Stadt im Laufe der Jahrtausende entwickelte, ist an drei Seiten von tiefen Tälern umgeben. Im Osten bildete das Kidrontal eine natürliche Stadtgrenze, im Süden und Westen das Hinnomtal. Die beiden Flüsse vereinigen sich bei der biblischen Rogelquelle im Süden des Plateaus und laufen weiter zum Toten Meer. Im Norden der Stadt schließt eine große

›Steckbrief‹ Jerusalem

Geographische Lage: 31° 47´ nördl. Breite, 35° 14´ östl. Länge. Am Ostrand des judäischen Hochlandes, ca. 60 km vom Mittelmeer und ca. 25 km vom Toten Meer entfernt gelegen. Bis zu 835 m ü. d. M.
Fläche: 128 km^2
Klima: Mediterranes Klima mit einer durchschnittlichen Niederschlagsmenge von 660 mm im Jahr. Die Sommer sind trocken und können mitunter bis zu 30 °C heiß werden, durch die Höhenlage weht aber meistens ein erfrischender, kühler Wind. Regen und sehr selten Schnee sind nur in den Wintermonaten zu erwarten.
Bevölkerung: Jerusalem hat über 600 000 Einwohner, von denen über 400 000 (etwa 70 %) Juden und fast 181 000 (etwa 30 %) Nichtjuden sind. Letztere teilen sich wiederum in 92 % Moslems und 8 % Christen. Die Wachstumsrate der Bevölkerung beträgt seit 1986 28 %. Zum großen Teil ist der enorme Zuwachs auf die sowjetischen Immigranten zurückzuführen.
Verwaltung: 1949 erklärt Israel Jerusalem zu seiner Hauptstadt. 1980 wird Jerusalem per Gesetz zur »ewigen und unteilbaren Hauptstadt Israels«. Die Uno erkennt dies bis heute nicht an. Sitz des Parlaments (Knesset), der Regierung und der meisten Ministerien sowie des Obersten Gerichtshofes (Scharia) und des Wakf (Verwaltung des islamisch religiösen Besitzes).
Stadtverwaltung: Aufteilung der Stadt in einen westlichen Teil mit ausschließlich jüdischen Einwohnern und in einen östlichen mit überwiegend arabischen Einwohnern. Seit 1967 untersteht Jerusalem einer einheitlichen Stadtverwaltung. Bürgermeister ist seit 1993 Ehud Olmert.
Religiöse Institutionen: Sitz der aschkenasischen und sephardischen Oberrabbiner; Sitz der griechisch-orthodoxen, lateinischen und armenischen Patriarchate von Jerusalem; Sitz der koptischen, äthiopisch-orthodoxen, syrisch-orthodoxen, melchitischen Bischöfe sowie des Bischofs der anglikanischen Episkopalkirche in Jerusalem; Sitz der armenisch-katholisch, syrisch-katholisch und chaldäischen Patriarchalvikare; Sitz des lutherischen Propstes; Sitz des Imams der Aqsa-Moschee.
Wirtschaft: Wichtigster Wirtschaftsfaktor ist der Tourismus. Daneben gibt es Industriebetriebe für Schuh- und Lederwaren, Diamantschleiferei und Metallverarbeitung sowie eine Elektro- und pharmazeutische Industrie. Im arabischen Sektor findet sich vor allem eine Reihe von Handwerks- und Handelsbetrieben. In erster Linie ist Jerusalem aber ein religiöses und kulturelles Zentrum sowie Verwaltungssitz.

Bergkette an, die sich weit über das Land erstreckt. Nur von hier aus waren die zahlreichen Angriffe auf Jerusalem möglich. Die Altstadt, wie sie sich heute präsentiert, war über lange Zeit durch ein weiteres Tal in zwei Hügel geteilt. Dieses Tyropöontal (»Käsemachertal«) verlief westlich des Tempelberges und umschloß den Ophel sowie die Davidsstadt. Im Laufe der Jahrhunderte wurde dieses Tal immer weiter angeschüttet, so daß heute nur noch eine leichte Mulde den ehemaligen Verlauf im Stadtgebiet erkennen läßt. Die einzige, das ganze Jahr hindurch Wasser spendende Quelle auf diesem Felsplateau liegt am Fuße des Westhangs vom Kidrontal, die Gihonquelle. Neben ihr konnte der Wasserbedarf über Jahrtausende nur durch Zisternen gedeckt werden. Im 19. und 20. Jh. breitete sich die Stadt jenseits der osmanischen Altstadtmauer vor allem nach Westen und Norden aus. Durch die höchste Erhebung der Stadt, den westlich gelegenen Herzl-Berg, und durch den Ölberg im Osten wird deutlich, daß das alte Jerusalem mit dem Tempelberg zwischen Bergen eingebettet lag und erst sichtbar wurde, wenn man bereits seine nähere Umgebung erreicht hatte. Die heiligen Stätten der drei monotheistischen Religionen, um die sich im Laufe der Geschichte immer wieder blutige Auseinandersetzungen und Kriege entwickelten, liegen in der Stadt nahe beieinander. Und so müssen auch ihre Vertreter auf engstem Raum miteinander leben, sich auf irgendeine Weise gegenseitig akzeptieren. Seit Ausrufung des israelischen Staates streiten Palästinenser und Juden um die Stadt. Letztere haben Jerusalem am 5. Dezember 1949 zur Hauptstadt Israels ernannt. Dies wurde von der Uno aber bis heute nicht anerkannt, und so befinden sich weiterhin die meisten Ländervertretungen in der ehemaligen Hauptstadt Tel Aviv. Zwischen 1948 und 1967 gehörte der Ostteil Jerusalems mit der ganzen Altstadt zum Haschemitischen Königreich Jordanien. Während dieser 19 Jahre hatten die Juden keinen Zugang zur Westmauer des herodianischen Tempelberges (»Klagemauer«), ihrer religiös bedeutendsten Stätte, um Zwiegespräche mit Jahwe zu halten. Nach 1967 änderte sich die Situation schlagartig. Ostjerusalem wurde von den Israelis annektiert, und es begann der systematische Bau jüdischer Siedlungen um die arabische Stadthälfte. Die Palästinenser beanspruchten Ostjerusalem bisher als Hauptsitz ihrer Autonomiebehörde, außerdem sehen sie hier die Hauptstadt ihres zukünftigen Staates, den sie noch bis zum Ende des Jahres 2000 ausrufen wollen. Eine friedliche Lösung scheint für Jerusalem nicht in Sicht, mit der die Stadt endlich ihrem Namen »Stadt des Friedens« gerecht werden könnte.

Kunstvolle islamische Architektur: Außendekor des Felsendoms

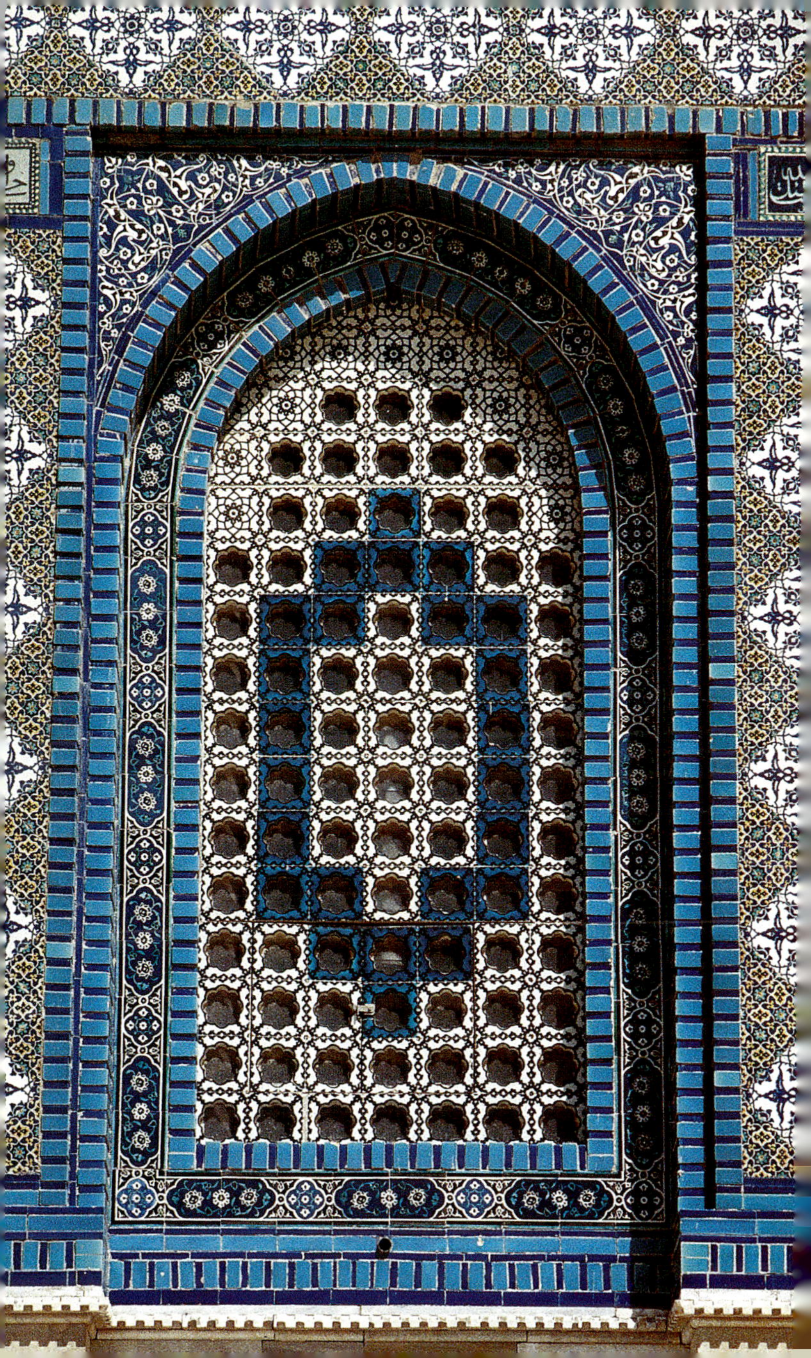

Daten zur Geschichte

Frühzeit

4. Jt. v. Chr. Auf dem Ophel, südlich der heutigen Altstadt, läßt sich eine semitische Bevölkerung nieder.

ca. 2400 v. Chr. In den Tontafelarchiven von Ebla, Nordsyrien, findet sich in sumerischer Keilschrift die bisher früheste Erwähnung des Stadtnamens »Urusalim«, von *uru* (Stadt) und *salem* (Heil), »Stadt des Heils«.

20. oder 19. Jh. v. Chr. Kanaaniter dringen vom Zweistromland in Palästina ein und lösen die Urbevölkerung Jerusalems ab.

12. Jh. v. Chr. Während der Landnahme durch die Israeliten bleibt Jerusalem unabhängig, da die Stämme Juda und Benjamin, zwischen deren Gebieten es liegt, die Stadt nicht erobern können. Das kanaanitische Jerusalem wird von den Israeliten »Jebus« genannt, ihre Bewohner Jebusiten.

ca. 1004 v. Chr. Wiedervereinigung des Reiches durch den Judäer David.

ca. 998 v. Chr. Einnahme des jebusitischen Jerusalem. König David erklärt sie zur Hauptstadt. Durch die Aufstellung der Bundeslade wird »Yerushalayim« – so die neue Bezeichnung – auch zum sakralen Zentrum des Zwölfstämmeverbandes. Die Stadt Davids erstreckt sich über den Osthang des Ophel.

ca. 968–930 v. Chr. Der wirtschaftliche Aufschwung des Landes unter König Salomo zeichnet sich auch in Jerusalem ab. Die Stadt wird nach Norden hin erweitert und mit einer Mauer umgeben. Salomo erbaut sich einen Palast und läßt den Tempel auf dem Berg Moria errichten.

ca. 930 v. Chr. Bruch zwischen dem Nordreich Israel und dem Südreich Juda. Jerusalem ist fortan Hauptstadt von Juda.

9. Jh. v. Chr. Königin Atalja (844–839 v. Chr.) führt den Baalkult im Tempel ein.

8. Jh. v. Chr. Verehrung assyrischer Götter unter König Ahas (736–726 v. Chr.); sein Sohn Hiskia (725–697 v. Chr.) erneuert den Jahweglauben und läßt einen Tunnel zum Teich Schiloach graben, um die Stadt mit dem Wasser der Gihonquelle zu versorgen.

7. Jh. v. Chr. König Manasse (696–642 v. Chr.) belebt von neuem Kulte heidnischer Götter. Sein Sohn und Nachfolger Joschija (639–606 v. Chr.) dagegen läßt das im Tempel gefundene Gesetzesbuch vorlesen.

587 v. Chr. König Nebukadnezar II. von Babylon erobert Jerusalem, zerstört den Tempel und die Stadt und verschleppt die Bewohner ins Zweistromland.

Jerusalem zu Zeit des Zweiten Tempels

539 v. Chr. Das neubabylonische Reich fällt in die Hände der Perser. Die Juden kehren aus dem Exil zurück und bauen Jerusalem wieder auf.

515 v. Chr. Einweihung des wiedererrichteten Tempels.

445 v. Chr. Nehemia, der Statthalter von Jerusalem unter Artaxerxes I. (444–433 v. Chr.), baut eine zweite Stadtmauer.

332 v. Chr. Alexander der Große erobert Jerusalem. Judäa kommt nach seinem Tod unter ptolemäische Herrschaft.

198 v. Chr. Die Seleukiden werden von den Einwohnern Jerusalems als Befreier begrüßt.

167 v. Chr. Aufstand der Bevölkerung, da kostspielige Kriege zu einer Steuererhöhung führen. Apollonios, Antiochos' Heerführer, schlägt den Aufstand blutig nieder und zerstört Jerusalem.
Er veranlaßt den Bau der Akra, eines stark befestigten Stadtteils, in den die griechische Bevölkerung einzieht. Der jüdische Kult wird verboten und der Tempel in ein Zeus-Heiligtum umgewandelt. Den nunmehr religiös motivierten Widerstand gegen die Seleukiden organisiert Judas Makkabäus.

165 v. Chr. Judas Makkabäus zieht in Jerusalem ein, belagert die Akra und erobert den Tempel zurück. (Chanukka, das Fest der Lichter, wird in Erinnerung daran begangen).

63 v. Chr. Pompejus unterstellt Palästina der römischen Provinz Syria und besetzt Jerusalem; aber erst drei Monate später können die Römer den Tempelberg einnehmen.

37 v. Chr. Herodes der Große, mit Hilfe der Römer neuer König von Judäa, erweitert den Tempelplatz, baut 19 v. Chr. den Zweiten Tempel und läßt sich beim heutigen Jaffator eine Palastburg errichten.

30 n. Chr. Verurteilung und Kreuzigung Jesu durch Pontius Pilatus in Jerusalem.

41 n. Chr. Unter Herodes Agrippa I. (41–44 n. Chr.) wird die Stadt nach Norden ausgedehnt und die dritte Mauer erbaut.

66 n. Chr. Der erste jüdische Aufstand (Zeloten-Aufstand) gegen Rom bricht im Mai in Jerusalem aus.

Mehr als Kleingeld

Eine Stadt und ihre Geschichte

Geschichtsträchtige Symbolik:
alte und neue israelische Münze

In einem Land, dessen Politiker und berühmteste Generäle zugleich auch begeisterte Altertumsforscher sind, ist das Interesse an der alten Geschichte weit verbreitet. Wer durch die Straßen Jerusalems geht, wird überall alten und ältesten Überresten begegnen. Die antiken Gemäuer werden liebevoll restauriert und aufwendig erklärt. Berichte über die Ausgrabung einer alten Stadtmauer können wochenlang den Lokalteil der Jerusalemer Gazetten beherrschen.

Eine neue Attraktion zur amüsanten Vermittlung der Geschichte Jerusalems ist der privatwirtschaftlich betriebene »Time Elevator«, eine Multimedia-Show in der Hillel Street 37 (✆ 02/6 25 22 27). In dieser Vorführung zeigt eine Episode, wie Helena, die Mutter Konstantins, Jerusalem bereist und die Kreuzwegstationen von Jesus identifiziert. Helena darf als Prototyp aller christlichen Pilger gelten, die nach faßbaren Spuren des Messias und der Urkirche suchten. Weiter zurück reichen die Wurzeln Jerusalems, die eine wichtige Rolle im Selbstverständnis des Judentums spielen. Die alte Geschichte der Stadt dient auch heute noch als Argumentationsmittel in der Politik, wenn beispielsweise der Forderung nachgegeben wird, die bei archäologischen Ausgrabungen gefundenen Skelettreste nach jüdischem Ritus neu zu bestatten. Vor diesem kulturpolitischen Hintergrund gewinnt ein Besuch der Museen Jerusalems zusätzliches Interesse. Unter den städtischen Museen ragt dabei die Davidszitadelle am Jaffator besonders heraus. Der historische Rundgang vermittelt mit modernster Ausstellungstechnik einen anschaulichen Überblick zur Stadtgeschichte.

Aber auch von staatlicher Seite wird großer Wert auf das Wissen um die historischen Wurzeln gelegt. Hierfür geben die israelischen Münzen ein beredtes Zeugnis. Die 5 NIS-Münze zeigt ein antikes Kapitell. Die Münze im Wert von 1 NIS mit der Darstellung einer dreiblättrigen Lilie ist die getreue Übertragung eines Obols, einer kleinen Silbermünze aus dem 4. Jh. v. Chr. Auf dem halben NIS weckt die Leier Assoziationen mit »Davids Leier«. Hier diente allerdings als direktes Vorbild ein antikes hebräisches Siegel mit der Aufschrift der Besitzerin, die sich »Maa'dana, Tochter des Königs« nannte (heute im Israel-Museum). Der siebenarmige Leuchter (Menorah) mit den verdickten oberen Enden auf der 10-Agorot-Münze geht auf ein antikes Stück des Herrschers Mattathias Antigonos (40–37 v. Chr.) zurück. Er war der letzte unabhängige hasmonäische Herrscher, der 37 v. Chr. Jerusalem vergeblich gegen Marcus Antonius und Herodes den Großen verteidigte. Eine andere Menorah – diejenige, die die Römer nach der Eroberung Jerusalems im Jahre 70 n. Chr. aus dem Tempel im Triumph als Beute nach Rom führten – zeigt ein 5-Agorot-Stück. Hier ist der zweistufige Unterbau der Menorah gut zu erkennen, der ebenfalls auf dem Triumphrelief am Titusbogen in Rom dargestellt ist. Schließlich ist auf einer anderen Münze mit dem entsprechenden Wert eine antike Münze mit ihrem unregelmäßigem Durchmesser selbst dargestellt. Das antike Vorbild, eine kleine Bronzemünze, wurde von den Juden im Jahr 69 n. Chr. geprägt, ›im vierten Jahr‹, wie die Münzaufschrift lautet. Es war das vierte Jahr des ersten jüdischen Krieges gegen Rom, der 70 n. Chr. mit der Zerstörung des Tempels durch Titus blutig endete. Das Münzbild erinnert an das Laubhüttenfest. Es zeigt in der Mitte ein Lulavbündel, das aus Ästen von Palme, Myrthe und Weide besteht und von zwei Zitronen (*Etrog*) gerahmt wird. Im gleichen Jahr wurde von den Aufständischen eine Münze geprägt, die auf ihrer einen Seite eine Palme mit sieben Zweigen zeigte, unter der zwei Körbe mit Früchten stehen. Möglicherweise sollte dieses Bild an die erste Dattelernte des Jahres erinnern, die in Körben zum Tempel getragen wurden. In der Münzaufschrift kommt das Bewußtsein um die verzweifelte Lage der Jerusalemer im vierten Kriegsjahr zum Ausdruck. Sie fleht nun »für die Erlösung Zions«, während es zu Beginn des Krieges noch selbstbewußt »für die Freiheit Zions« geheißen hatte. Das Bild der Dattelpalme schmückt heute den höchsten israelischen Münzwert, das 10-NIS-Stück.

Verweise auf die altisraelische Geschichte finden sich auch auf anderen Alltagsgegenständen, etwa den Briefmarken. Sie spiegeln sich in der Namensgebung von Straßen und Institutionen wider. Der Staat legitimiert sich durch dieses Anknüpfen an vergangene Phasen jüdischer Geschichte.

Römische Herrschaft

70 n. Chr. Der spätere Kaiser Titus (79–81 n. Chr.) greift mit vier Legionen an, benötigt allerdings ein halbes Jahr, um den Tempelberg und die Palastburg zu erstürmen und anschließend ganz Jerusalem zu zerstören.

131 Bei seinem Besuch in Jerusalem ordnet Kaiser Hadrian (117–138) den Wiederaufbau der Stadt an. Die Stelle des alten Tempels soll ein Jupitertempel einnehmen.

132–135 Der zweite jüdische Aufstand unter Führung von Bar Kochba wird von den Römern niedergeschlagen.

136 Jerusalem wird zur Colonia Aelia Capitolina. Den Juden ist das Betreten der Stadt bei Todesstrafe verboten.

Byzantinische Zeit

4.–6. Jh. Die Kaiser Konstantin (306–337) und Justinian (527–565) fördern das Christentum und errichten zahlreiche Kirchen.

614 Die Perser erscheinen vor den Toren der Stadt. Nach 21tägiger Belagerung massakrieren sie gemeinsam mit den jüdischen Bewohnern die christliche Bevölkerung. Später än-

Mosaik der Heiligen Stadt Jerusalem aus dem jordanischen Madaba

dern die Perser ihre Politik, lassen die Christen wieder in Jerusalem einziehen und weisen die Juden aus.

627 Kaiser Herakleios (610–641) besiegt die Perser, Jerusalem kommt wieder unter byzantinische Herrschaft.

638 Nach einjähriger Belagerung fällt Jersualem an den Kalifen Omar I. Fortan heißt die Stadt El Quds (die Heilige).

691 An der Stelle des Tempels erbaute der Kalif Abd el-Malik (685–705) die Qubbet es Sakhra, den Felsendom.

1009 Der Kalif Hakim läßt die Grabeskirche zerstören und beschlagnahmt das Eigentum der Christen.

1046 Die Fatimiden gestatten dem Kaiser Konstantin IX., die Grabeskirche wieder aufzubauen.

1071 Seldschuken dringen bis Palästina vor und besetzen Jerusalem.

Jerusalem während der Kreuzzüge

1095 Papst Urban ruft zum Kreuzzug auf.

15. 7. 1099 Gottfried von Bouillon stürmt mit seinem christlichen Heer die Stadt und wird zum »Beschützer des Heiligen Grabes« ernannt.

1100 Balduin I., Bruder Gottfrieds von Bouillon, wird zum König von Jerusalem gekrönt.

1187 Nach der Schlacht bei Hattin ergibt sich am 2. Oktober auch Jerusalem. Die Kirchen werden geschont, und Saladin gewährt bereits kurze Zeit später christlichen Pilgern den Besuch der Grabeskirche.

1191/92 Richard Löwenherz versucht vergeblich Jerusalem einzunehmen.

1229 Kaiser Friedrich II. schließt mit Sultan el-Kamil einen Vertrag, nach dem Jerusalem und Betlehem mit einem Korridor nach Jaffa zum christlichen Königreich gehören sollen.
Am 17. März wird Friedrich in der Grabeskirche zum König von Jerusalem gekrönt.

1244 Am 12. Juli stürmen Türken die Stadt. Jerusalem steht von nun an 700 Jahre lang unter moslemischer Herrschaft. Sie dient als Verbannungsort für Emire, die sie im Laufe der Zeit mit prächtigen Gebäuden ausschmücken. Im gleichen Zeitraum kommen immer mehr Juden in die Stadt.

1335 Franziskaner kehren in die Stadt zurück und errichten auf dem Berg Zion ein Kloster.

Osmanische Zeit

1516	Sultan Selim I. erobert ganz Palästina mit Jerusalem. Unter Süleyman II. (1520–1566), seinem Sohn, werden die Stadtmauer erneuert sowie zahlreiche Brunnen und andere Bauwerke errichtet.
1847	Papst Pius IX. stellt das Lateinische Patriarchat wieder her.
1857	Sir Montefiore gründet die erste jüdische Siedlung außerhalb der Altstadtmauern.
1870	Das jüdisch-orthodoxe Viertel Mea Shearim entsteht.
1892	Eröffnung der Bahnlinie nach Jaffa.

1. Hälfte des 20 Jh.

1917	Durch die Balfour-Deklaration wird den Juden in Palästina eine Heimstätte zugesichert. Die Engländer rücken unter General Allenby in Jerusalem ein.
1920– **14. 5. 1948**	Jerusalem ist Residenz des britischen Hochkommissars für das Mandatsgebiet Palästina.
1925	Gründung der Hebräischen Universität auf dem Berg Skopus.
1948/49	David Ben Gurion proklamiert am 14. Mai 1948 den Staat Israel. Es folgen schwere Kämpfe zwischen Israelis und Jordaniern. Das Waffenstillstandsabkommen vom 15. Januar 1949 sieht eine Teilung von Jerusalem vor: Westjerusalem fällt an Israel, Ostjerusalem nebst Altstadt an Jordanien. Nur christlichen Pilgern ist es möglich, am Mandelbaumtor (Kikar Piqud HaMerkaz) nordöstlich der Altstadt von einem Stadtteil in den anderen zu gelangen.
1965	Theodore (Teddy) Kollek wird Bürgermeister von Jerusalem.

Die wiedervereinte Stadt

1967	Im Sechstagekrieg (5.–10. 6.) besetzen die Israelis Ost-Jerusalm.
1973	Yom-Kippur-Krieg vom 6.–25. Oktober.
1980	Am 30. Juli erklärt die Knesset das wiedervereinigte Jerusalem zur ewigen Hauptstadt Israels. Die Uno erkennt das bis heute nicht an.

1987 Beginn der Intifada, des gewalttätigen Protestes von Palästinensern gegen die israelische Besetzung und ihrer Verdrängungspolitik.

1993 Ehud Olmert löst den bis November amtierenden Bürgermeister Teddy Kollek in seinem Amt ab.

1994 Am 4. April unterzeichnen der Ministerpräsident Yitzhak Rabin und der PLO-Chef Jassir Arafat ein Abkommen über die Teilautonomie von Gaza und Jericho.

1995 Jüdische Extremisten ermorden am 4. November Yitzhak Rabin. Sein Nachfolger wird Shimon Peres.

1996 Am 20. Januar wird Jassir Arafat zum Präsidenten des Palästinenserrates gewählt. In den Parlamentswahlen am 29. Mai siegen die konservativen Parteien. Ministerpräsident wird Benjamin Netanjahu.

Unnachgiebigkeit gegenüber den arabischen Nachbarn und Wiederaufnahme der Siedlungstätigkeit in den besetzten Gebieten bringen den Friedensprozeß fast vollkommen zum Erliegen.

1997 Obwohl die Verhandlungen über den Status von Jerusalem noch nicht abgeschlossen sind, wird mit dem Bau der jüdischen Siedlung Har Homa an der Stadtgrenze begonnen, was zu Demonstrationen und Straßenschlachten führt.

1999 Am 17. Mai wird Ehud Barak von der Arbeitspartei zum neuen israelischen Ministerpräsidenten gewählt. In seinem Programm steht er für die Akzeptanz eines Palästinenserstaates mit eingeschränkter Souveränität und territorialen Konzessionen, aber für ein ungeteiltes Jerusalem.

2000 Zahlreiche Festlichkeiten zum Heiligen Jahr 2000.

Das Grab von Rabin

Frieden als Ziel

Zur Koexistenz in einem zerstrittenen Land

Der Krieg zwischen Israel und der 1964 ins Leben gerufenen PLO (Palestine Liberation Organization) hielt fast drei Jahrzehnte an, als sich im September 1993 eine gegenseitige Anerkennung und Bereitschaft zum Frieden zwischen den Palästinensern und dem Staat Israel abzeichnete. Der damalige israelische Ministerpräsident Yitzhak Rabin und der PLO-Chef Jassir Arafat unterschrieben am 14. Mai 1994 ein Abkommen, das Jericho und dem Gazastreifen Teilautonomie zugesteht. Wenige Monate später wurde in einem weiteren Abkommen die Teilautonomie für das ganze Westjordanland festgelegt. Einen herben Rückschlag erhielten die Friedensbemühungen, als Yitzhak Rabin am 4. November 1995 von einem jüdischen Extremisten in Tel Aviv erschossen wurde. Die weiteren Verhandlungen zwischen seinem Nachfolger Shimon Peres und dem im Januar 1996 zum Präsidenten des Palästinenserrates gewählten Arafat wurden durch Bombenattentate der Hamas-Bewegung und durch Raketenangriffe der Hisbollah-Milizen aus dem Libanon nachhaltig gestört. Aus den folgenden Parlamentswahlen ging mit eindeutiger Mehrheit der konservative Benjamin Netanjahu hervor. Er nahm dem Friedensprozeß gegenüber eine eher passive Haltung ein, verzögerte die vereinbarte Räumung der besetzten Gebiete und förderte sogar noch den Bau neuer jüdischer Siedlungen auf palästinensischem Boden. Die Unzufriedenheit der israelischen Bevölkerung mit seiner zu keiner Konfliktlösung bereiten Politik äußerte sich mit seiner Abwahl am 17. Mai 1999. Neuer Ministerpräsident wurde Ehud Barak. Er will sich um die Fortführung der Friedensverhandlungen mit den Palästinensern bemühen, aber den Frieden nicht um jeden Preis vorantreiben. Das zeigt sich auch in seiner Ansicht, daß Jerusalem auf jeden Fall ungeteilte Hauptstadt Israels bleiben solle. Da nicht nur Israel, sondern auch der angestrebte Palästinenserstaat Jerusalem für sich als Hauptstadt fordern, wird der Frieden in der »Stadt des Friedens« noch lange auf sich warten lassen. Wohlweislich wurde die Jerusalemfrage bei dem Oslo-Abkommen von 1993 nicht mitbehandelt, denn sie hätte vermutlich jegliche weitere Verhandlungen zwischen Israelis und Palästinensern unterbun-

den. Obwohl die Mauer zwischen Ost- und Westjerusalem bereits vor mehr als 30 Jahren abgerissen wurde, gibt es immer noch keine einheitliche Stadt. Juden und Araber leben getrennt in eigenen Vierteln, sie haben jeweils ihre eigenen Busse und Taxis, ihre eigene Infrastruktur. Und dennoch funktioniert Jerusalem als eine Stadt. Der Stadtrat wird von den Israelis gewählt, der überwiegende Teil der Palästinenser nimmt an den Wahlen nicht teil. Westjerusalem hat sein gewähltes Oberhaupt, während Ostjerusalem von ihm zwangsverwaltet wird. So war es unter dem legendären Bürgermeister Teddy Kollek, der von 1965 bis 1993 dieses Amt innehatte und den Mythos vom vereinten Jerusalem propagandierte, und so ist es unter seinem Nachfolger Ehud Olmert, dem mehr an der jüdischen Präsenz in Ostjerusalem als an den Rechten der Palästinenser gelegen ist.

Gush Shalom, der israelische Friedensblock, hat 1995 in Jerusalem eine Initiative gestartet, die eine klare israelisch-palästinensische Friedenspolitik vertritt. In einem Manifest von Uri Avnery heißt es: »Unser Jerusalem muß eine vereinigte Stadt sein, die offen ist für alle und allen Einwohnern gehört – ein Jerusalem ohne Grenzen und Stacheldraht in seiner Mitte. Unser Jerusalem muß die Hauptstadt zweier Staaten sein, die Seite an Seite in diesem Land leben – Westjerusalem als Hauptstadt des Staates Israel und Ostjerusalem als Hauptstadt des Staates Palästina. Unser Jerusalem soll die Hauptstadt des Friedens sein.«

Die Stadt und ihre Menschen

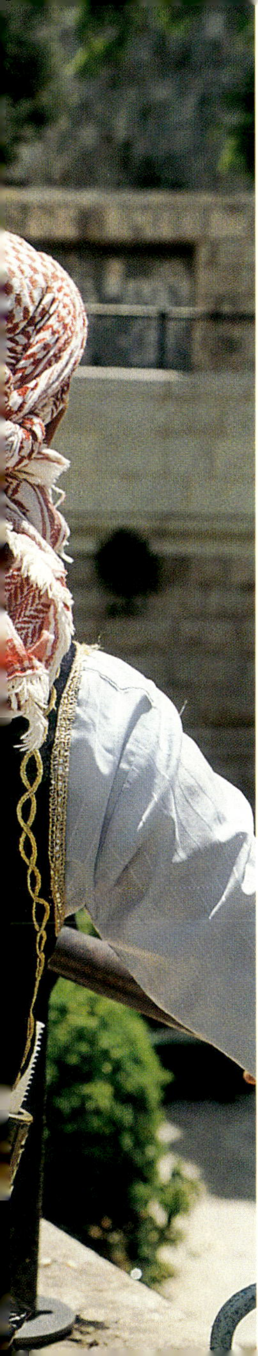

Religion

Feste

Kunst und Kultur

Architektur

Wasserverkäufer in der Altstadt

Drei Weltreligionen mit vielen Konfessionen

In Jerusalem sind mehr als 30 christliche Konfessionen vertreten, die sich zum Teil jahrhundertelang um die Bewahrung der heiligen Stätten bitter stritten. Aber sie stehen mit ihrem Anspruch auf die Heilige Stadt nicht alleine da. Den weitaus größten Bevölkerungsanteil stellen die Juden. Sie beanspruchen seit König Davids Zeiten Jerusalem als ihr religiöses Zentrum. Ihnen folgen die Moslems, die im 7. Jh. über dem heiligen Felsen eine ihrer wichtigsten Wallfahrtsstätten errichteten. Diese drei großen monotheistischen Religionen gründen gemeinsam auf den Lehren der Propheten des Alten Testaments. Die Geschichte und die jeweilige Weiterentwicklung der Lehren haben Jerusalem zu einem Ort der Konfrontation, aber auch der Begegnung werden lassen.

Die **jüdische Religion** beruht auf dem Bestreben, in allen Lebensbereichen dem Willen Jahwes (Gottes) zu entsprechen. Sie beruft sich auf Abraham, dem Stammvater des von Gott auserwählten Volkes. Die Aufgabe des jüdischen Volkes besteht in der Verkündigung der göttlichen Offenbarungen und der Wegbereitung für den Messias, den göttlichen Erlöser. Die religiösen Lehren und Vorschriften sind im *Talmud* zusammengefaßt. Sie gründen auf der *Thora,* den fünf Büchern Mose. Jesus Christus wurde von den Juden als Messias nicht anerkannt. Seine zunehmende Bedeutung führte aber besonders in den ersten zwei nachchristlichen Jahrhunderten zu einer verstärkten Auslegung und Erläuterung der Thora. Diese *Mischna* genannten Ausführungen widmen sich allen Lebensbereichen. Sie enthalten Gesetze und Richtlinien über Grund und Boden, Feste, Ehe, Zivil- und Strafrecht sowie über Tempelkult und Speisevorschriften. Zusammen mit der Thora bilden die Mischna und die *Gemara,* eine spätere Interpretation der Mischna, den Talmud. Dieser wird in religiösen Schulen, den *Yeshivot,* immer wieder neu überdacht und weiterentwickelt. Im Gegensatz zu einer Kirche oder Moschee, die bereits von weitem am Kirchturm bzw. Minarett erkennbar sind, weist die *Synagoge* häufig nur ein Schild aus. Im religiösen Leben nimmt sie als reiner Versammlungsort auch nur eine untergeordnete Rolle ein. Innerhalb der Familie findet die aktive Religionsausübung statt, und die Gemeinde einer Synagoge versteht sich als große Familie, in der gebetet, gesungen und die Thora gelesen wird. Die wichtigsten Einrichtungsgegenstände in einer Synagoge sind ein Schrank, in dem die Thorarollen aufbewahrt, und ein Pult, auf dem die Rollen während des Gottesdienstes verlesen werden. Um einen Gottesdienst zu feiern, müssen ein *Minja,* d. h. mindestens zehn Personen zusammenkommen.

Juden, die sich öffentlich zu ihrer Religion bekennen, tragen die *Kippa,* eine kleine Kopfbedeckung. Dieser Brauch geht darauf zurück, daß der Gottesname nie barhäuptig ausgesprochen werden soll. Die orthodoxen Juden sind mit Kaftan, großem Hut und den Schläfenlocken (hebräisch *Peies*) in der Tracht des alten osteuropäischen Judentums gekleidet. An fast allen Türleibungen finden sich in Kopfhöhe kleine, unterschiedlich kunstvoll gestaltete Kapseln, die *Mesusa.* In ihnen befindet sich jeweils ein kleiner Pergamentstreifen mit einem Thoraspruch, der den Eintretenden zur Erfüllung der Thora auffordert und an Gottes Liebe erinnert. Im jüdischen Kalender zählt unser Jahr 2000 das Jahr 5761, denn die Erschaffung der Welt wurde auf das Jahr 3761 festgelegt. Weiterhin zählt der Kalender nur 354 Tage, denn er richtet sich nach den kürzeren Mondjahren. Um die Differenz zum für uns gültigen Sonnenjahr auszugleichen, werden sieben Monate zu je 30 Tagen in jeweils 19 Jahren eingefügt.

Die wichtigsten Stationen im Leben eines gläubigen Juden sind die Beschneidung der Knaben, die Bar Mitzwah für Jungen und die Bat Mitzwah für Mädchen, Eheschließung und Tod. Die Beschneidung (hebräisch *Brit Mila*) galt bei den Israelis schon früh als Zeichen der Zugehörigkeit zum Volk Gottes und wird deshalb auf Abraham zurückgeführt. Sie muß am achten Tag nach der Geburt stattfinden (Genesis 17,12) und wird von dem *Mohel,* einem ausgebildeten Beschneider, in der Synagoge oder zu Hause vorgenommen. Erst zu diesem Ereignis erhält das Kind seinen Namen. Die

Im Gebet versunken

Jüdische Feste

Wahl des *Lulaw* beim Sukkot

Viele der jüdischen Feste werden als nationale Feiertage begangen. Sie bestimmen den Alltag in Israel, beispielsweise bei den Öffnungszeiten von Behörden und Geschäften oder den Busfahrplänen. In Mea Shearim, dem ultraorthodoxen Stadtteil von Jerusalem, ist das ganze Leben auf die jüdischen Feiertage ausgerichtet. Hier kann man die Vorbereitungen und die Ausführung der Feste in ihrer ursprünglichen Form miterleben. Viele der Feste kommen aus dem landwirtschaftlichen Bereich, später wurden sie häufig mit historischen Ereignissen verankert.

Das größte Fest der Juden im Frühling ist **Pessah,** ein Erntefest, aus dem unser christliches Ostern entstand. Hirten feierten den Frühlingsanfang mit einem frisch geschlachteten Lamm, und die Bauern konnten zur gleichen Zeit die erste Gerstenernte einbringen. Aus diesem neuen Getreide backten sie ungesäuertes Brot *(Mazzot)* und ernährten sich sieben Tage davon. Das Verbot, eine Woche lang nichts Gesäuertes zu essen, ist in der Bibel verankert (2. Moses 12,15). Der Brauch ist bis heute lebendig und fordert vor Pessach eine Grundreinigung der gesamten Wohnung, damit auch nicht irgendwo noch ein kleiner Krumen gesäuerten Brotes versteckt liegt. Historisch ist das Fest, das ab dem 14./15. Nissan (März/April) begangen wird, mit dem Auszug der Israeliten aus Ägypten, mit dem Ende ihrer Knechtschaft (Josua 24,17) verknüpft.

Sieben Wochen später, am 6. Sivan (Mai/Juni) erinnert **Shavu'ot** an die Gesetzgebung auf dem Berg Horeb. An diesem Tag ist es Brauch, die ganze Nacht dem Thorastudium zu widmen. Aber Shavu'ot ist zugleich auch das Fest der ersten Früchte. Die Häuser und Synagogen werden mit Blumen geschmückt, die Kinder tragen Kränze, und als Festtagsspeisen werden Käsekuchen, Käseblintzen und Käsekreplach (Krapfen) gereicht.

Das dritte Erntedankfest **Sukkot** (Laubhüttenfest) findet vom 15. bis 21. Tishrei (September/Oktober) statt. Es gedenkt der 40jährigen Wüstenwanderung, die mit dem Auszug aus Ägypten einherging. Überall, in Gärten, Höfen und auf Balkonen, werden einfache Hütten errichtet, deren Dächer nur mit Zweigen und Laub gedeckt sind. In ihnen soll – in Erinnerung an die provisorischen Unterkünfte während der langjährigen Wanderung – für sieben Tage gegessen und geschlafen werden. Ein Pflanzenstrauß (*Lulaw*) aus Palmwedel, Myrtenzweig, Bachweiden und einer Zitrusfrucht rückt den ursprünglichen Erntedank des Festes ins Bewußtsein. Die Auswahl der Zweige und der Frucht kann oft Stunden dauern, da sie absolut makellos sein müssen, und es ist nicht ungewöhnlich, wenn zu dieser Feststellung hin und wieder sogar eine Lupe herangezogen wird.

Am 23. Tishrei direkt im Anschluß an das Laubhüttenfest ist **Simchat Thora,** das Fest der Gesetzesfreude. An diesem Tag wird die jährliche Thoralesung, die in 54 Wochenabschnitte über das Jahr verteilt ist, beendet und der neue Zyklus angefangen. Unter Begleitung von Gesang und Tanz der Gemeindemitglieder wird die Thorarolle an diesem Tag siebenmal um den Lesepult in der Synagoge getragen.

Vom 25. Kislev bis zum 2. Tevet (November/Dezember) wird das achttägige Lichterfest **Chanukka** gefeiert. Seine Einrichtung geht auf die Wiedereinweihung des von Seleukiden geschändeten Tempels zurück. Während eines Aufstandes konnte Judas Makkabäus den Tempel im Jahr 165 v. Chr. wieder in Besitz nehmen. Die Neueinweihung und Entzündung der Leuchter im Tempel sollten fortan jährlich gefeiert werden. Eine Erzählung im Talmud klärt die Dauer des Festes von acht Tagen: Zur Zeit der Makkabäer wurde nur ein Krüglein Öl mit dem Siegel des Hohenpriesters im Tempel gefunden, und dessen Inhalt reichte wunderbarerweise für acht Tage. Die Chanukkaleuchter haben deshalb acht Lichter, Kerzen oder Ölschalen, von denen jeden Tag ein neues entzündet wird. Das neunte Licht ist der ›Diener‹ zum Entzünden der anderen Kerzen. Die Leuchter werden vor der Tür oder in den Fenstern aufgestellt, damit jeder Vorübergehende sie sehen kann. Entsprechend unserem Weihnachten erhalten die Kinder zu diesem Fest häufig Geschenke.

Der Errettung der Juden im persischen Weltreich gedenkt das Fest **Purim** am 14. Adar (Februar/März). Der Erzählung zufolge hat der persische Wesir Haman die Vernichtung der Juden gefordert. Das Los (pur) sollte den Tag dafür bestimmen, doch Ester, die jüdische Gemahlin des Perserkönigs, konnte die Greueltat rechtzeitig verhindern, und Haman wurde gehängt. Das Fest wird in karnevalistischer Ausgelassenheit begangen, die Kinder verkleiden sich, und von den Erwachsenen wird im Talmud gewünscht, daß sie sich derart betrinken, bis sie nicht mehr zwischen »Verflucht sei Haman« und »Gepriesen sei Mordechai« unterscheiden können.

Das jüdische Neujahrsfest **Rosh HaShanah** erfolgt am 1. und 2. Tishrei (September). Wie Yom Kippur hat es rein religiösen Charakter und wird hauptsächlich in der Synagoge begangen. Während des morgendlichen Gottesdienstes wird von jedem Gebetshaus das Widderhorn geblasen, um die Gläubigen daran zu erinnern, die Gebote Gottes einzuhalten. Denn Rosh HaShanah ist auch der Tag des Gerichts. Bis **Yom Kippur,** dem Versöhnungstag, am 10. Tishrei kann Buße getan werden. An diesem höchsten Feiertag der Juden – er verlangt völlige Abstinenz von Essen, Trinken und Sex, es herrscht absolute Geschäfts- und Verkehrsruhe – soll der Gläubige sich ausschließlich dem Gebet widmen und seine Sünden bekennen, damit er schließlich den Weg in das Buch des Lebens findet.

Feier endet mit einem Festmahl. *Bar Mitzwah* bzw. *Bat Mitzwah* (»Sohn/Tochter des Gesetzes«) bezeichnet die religiöse Volljährigkeit, die Jungen mit dem vollendeten 13. Lebensjahr, Mädchen mit dem vollendeten 12. Lebensjahr erreichen. Um diese zu erlangen, wird eine mindestens dreijährige Teilnahme am Gemeindeleben und am Religionsunterricht gefordert. In dieser Zeit lernen sie die verschiedenen, das jüdische Leben prägenden Rituale und Bräuche kennen, zu deren Ausübung sie nach der Erlangung der religiösen Mündigkeit verpflichtet sind. Ein Schwerpunkt liegt auch auf dem korrekten Lesen der Thora, das bei den orthodoxen Juden mit einer besonderen Lesemelodie verbunden ist. Bis zur Bar Mitzwah-Feier müssen die Jungen auch gelernt haben, wie die Gebetsriemen (hebräisch *Tefillin*) zum täglichen Morgengebet richtig um den linken Arm und die Stirn gelegt werden. Während der Bar/Bat Mitzwah-Feier übernehmen die Mündigen erstmals einen Teil der normalen Lithurgie, in der Regel das Lesen der Thora. Nach diesem Gottesdienst, an dem die Kinder in die religiöse Selbstverantwortlichkeit entlassen werden, wird bei einem ausgiebigen Festmahl gefeiert. Am Montag, Donnerstag oder am Sabbat, an den Tagen, an denen die Thora in den Synagogen gelesen wird, kann man in Jerusalem an der Klagemauer die Bar Mitzwah-Feiern beobachten. Die Jungen stehen dort etwas zögerlich mit den großen Thorabehältern im Arm. Die Schriftrolle ist auf zwei Stäbe gewickelt und liegt in einem aufklappbaren, meist hölzernen und reich verzierten Thorabehälter.

Die nächste wichtige Station ist die *Eheschließung* mit dem Ziel der Zeugung von Nachkommenschaft. Die Einehe ist in Israel seit 1951 Gesetz, die Polygamie war bei den europäischen Juden aber bereits seit dem Jahr 1040 n. Chr. verboten, wenige orientalische Juden führen mitunter weiterhin Mehrehen. Die Trauung erfolgt durch einen Rabbiner im Hof der Synagoge unter der *Chuppa,* einem Baldachin. Hier werden der Heiratsvertrag, der im wesentlichen die Rechte der Ehefrau enthält, verlesen und vom Mann unterschrieben, der Ehering als symbolischer Kaufpreis der Frau übergeben und die Segenssprüche gebetet. Anschließend wird das Brautpaar für kurze Zeit in ein separates Zimmer geführt, um hier das gemeinsame Eheleben symbolisch zu beginnen. Die Feier endet selbstverständlich mit einem üppigen Mahl und Tanz.

Die letze Station eines Menschen ist der *Tod* und das Begräbnis. Wie die christliche Religion sieht auch die jüdische das Verweilen auf der Erde nur als ein Zwischenstadium vor dem Eintritt in die »kommende Welt« (hebräisch *Olam HaBa*). Die letzten Stunden versuchen nahestehende Verwandte und Freunde bei dem Sterbenden zu verweilen, um mit ihm das Sünden- und Glaubensbekenntnis sowie verschiedene Psalme zu sprechen. Die Körperbestattung soll in der Regel am gleichen Tag erfolgen. Leichenverbrennung lehnen orthodoxe Juden strikt ab. Eine Ehrenbezeugung für den Toten ist die große Anzahl von Teilnehmern am Leichenzug. Auf dem Friedhof führt der Rabbiner die *Keri'ah* durch, einen sehr alten Brauch aus der Bibel, bei dem den Angehörigen die Kleider zerrissen werden. Heute beschränkt sich das meist auf einen kleinen Riß in der Krawatte und der Bluse oder Jacke. Das anschließende ›Trostmahl‹ wird von Freunden oder Nachbarn ausgerichtet und nicht wie bei uns von den betroffenen Familienangehörigen. Wichtig ist auch das *Kaddisch,* ein Gebet aus der Zeit des Zweiten Tempels, das der Erstgeborene beim Tod eines Elternteils ein Jahr lang täglich, danach einmal im Jahr zu sprechen hat. Es ist ein Gebet, das sich nicht an den Toten wendet, sondern Gott preist, und in dem um die endgültige Rettung und Erlösung gebeten wird.

Auch wenn die wenigsten modernen Juden heute noch an die Erscheinung des Messias glauben, so wird doch ihr familiäres Leben und der Alltag von der Religion beherrscht. Am *Sabbat,* dem wöchentlichen Feiertag, bleiben fast alle jüdischen Geschäfte, Restaurants und Einrichtungen geschlossen. Der Sabbat beginnt am Freitagabend mit dem Sonnenuntergang und endet am Samstagabend mit dem Sonnenuntergang. Religiöse Männer besuchen am Freitagabend zu Beginn des Sabbats die Synagoge. Die Frauen haben den Tag über das Essen zubereitet, denn am Sabbat darf nicht gearbeitet und kein Feuer gemacht werden. Zum Festmahl werden zwei weiße Sauerteigbrote (hebräisch *Challoth*) unter einer bestickten Decke gereicht. Das zweite Brot weist darauf hin, daß am Sabbat nicht gearbeitet werden darf und auf diese Weise Vorsorge getroffen wurde. Der Feiertag endet nach Sonnenuntergang mit dem Anzünden einer weißen Kerze. Im Anschluß kann der Mensch sich wieder seinen alltäglichen Aufgaben und Arbeiten widmen.

Der **Islam** ist entsprechend dem Bevölkerungsanteil die zweitstärkste Religion im Land. Die Moslems glauben an den einen allmächtigen Gott Allah, der das Leben der Menschen lenkt. Seine Offenbarungen wurden von dem Propheten Mohammed (um 570–632), nachdem dieser sich ausgiebig mit dem jüdischen und christlichen Gedankengut auseinander gesetzt hatte, in Mekka verkündet und im *Koran* niedergeschrieben. Der Koran beinhaltet hauptsächlich das gesellschaftliche Zusammenleben aller Moslems. Die *Sunna,* eine weitere wichtige religiöse Schrift, enthält Worte des Propheten und eine Beschreibung seiner Handlungen. Nach ihr bezeichnet sich der überwiegende Teil der Moslems als Sunniten. Ihr Oberhaupt ist der *Kalif,* der als rechtmäßiger Nachfolger und Stellvertreter des Propheten angesehen wird. Von den Sunniten spalteten sich bereits wenige Jahre nach dem Tod Mohammeds die Schiiten ab. Sie berufen sich auf *Imame* (Führer), die leiblich von Fatima, der Tochter Mohammeds, abstammen. Die Aus-

In der El Aqsa-Moschee

übung ihrer Religion trägt im Gegensatz zu den Sunniten mystische Züge. Die in Jerusalem lebenden Moslems gehören zu den ›gemäßigten‹ Sunniten. Fünfmal am Tag – morgens vor Sonnenaufgang, mittags, nachmittags, bei Sonnenuntergang und am Abend – ruft der Muezzin über die Lautsprecher vom Minarett der Moschee die Gläubigen zum Gebet. Sie müssen vorher ihre Hände, das Gesicht, den Nakken und die Füße waschen, was u. a. auch als Reueakt für begangene Sünden zu verstehen ist. Das Gebet kann in der Moschee, zu Hause oder an dem jeweiligen Aufenthaltsort verrichtet werden. Der Moslem vollzieht sein Gebet stehend, sich verneigend und knieend, außerhalb des Gotteshauses auf einem mitgebrachten Gebetsteppich. Der wöchentliche Feiertag ist der Freitag. An diesem Tag ist der Tempelberg in Jerusalem für Besucher gesperrt und unzählige Moslems versammeln sich hier, um gemeinsam von diesem heiligen Ort gen Mekka zu beten. Die fünf Grundpflichten jedes Moslems sind: 1. Die Einhaltung des Glaubensbekenntnis, daß es keinen Gott außer Allah gibt, und Mohammed ist sein Prophet *(Schahada)*. 2. Fünfmal am Tag soll der Gläubige gen Mekka beten *(Salah)*. 3. Die Entrichtung von Almosen, auch in Form einer Armensteuer möglich *(Zakat)*. 4. Das jährliche Fasten während der Tage im Monat Ramadan *(Sa'um)*. 5. Die Wallfahrt nach Mekka, wenigstens einmal im Leben *(Hadsch)*. Die islamische Religion beinhaltet noch weitere Verhaltensvorschriften und Verbote, von denen die wichtigsten der generelle Verzicht auf Schweinefleisch und Alkohol sowie Glücksspiele sind.

Der Fastenmonat *Ramadan* dient der Erinnerung an die Offenbarung des Korans. Während dieser Zeit der Enthaltung erneuert sich der Mensch in religiöser und seelischer Hinsicht. Nur vor Sonnenaufgang und nach Sonnenuntergang darf der Moslem Nahrung zu sich nehmen. Das öffentliche Leben innerhalb der islamischen Welt paßt sich zu dieser Zeit häufig den Vorschriften an: Viele Restaurants bleiben tagsüber geschlossen, in Firmen wird mitunter weniger gearbeitet, damit mehr Zeit für das Gebet und religiöse Studien bleibt, Vergnügungsveranstaltungen werden während dieses Monats nicht angeboten. Der Ramadan endet mit einem großen, mehrtägigen Fest, dem *Id al-Fitr,* an dem die Familien mit Picknickkörben aufs Land fahren und sich gegenseitig beschenken.

Die Wallfahrt nach Mekka, dem wichtigsten religiösen Ort des Islam, ist für jeden Moslem, wenn er sich die Reise aufgrund guter Gesundheit und genügend finanzieller Mittel leisten kann, wenigstens einmal im Leben Pflicht. Die Fahrt zu dem Ort, an dem Mohammed seine ersten Koranoffenbarungen erhielt und wo die *Kaaba* steht, das erste von dem Propheten Abraham erbaute Gotteshaus, befreit von allen Sünden, verpflichtet aber den Wallfahrer auch zu einem in religiöser Hinsicht guten Lebenswandel. Zu den Ritualen in Mekka gehört auch das Tieropfer, die Schlachtung eines Schafes, einer Ziege oder eines Rindes. Das geschieht an dem Opferfest (arabisch *Id al-Adha*), dem höchsten islamischen Feiertag, der von den Moslems auf der ganzen Welt begangen wird. Im arabischen Viertel der Jerusalemer Altstadt weisen bunt bemalte Häuserfassaden mit dem Emblem der Kaaba Mekkapilger aus.

Das moslemische Gotteshaus, die *Moschee,* hat immer ein Minarett, von dem fünfmal am Tag, meistens über einen Lautsprecher der Ruf des Muezzins, die Aufforderung zum Gebet, erschallt. Bevor der Gläubige die Moschee betritt, vollzieht er die nötige Reinigung an dem benachbarten Brunnen. Die Moschee selbst darf nicht mit Schuhen betreten werden. Eine mindestens 2 m hohe Nische *(Mihrab)* an der meistens dem Eingang gegenüberliegenden Wand weist dem Betenden die Richtung nach Mekka. Die Kanzel *(Mimbar)* betritt der Prediger *(Imam)* am Freitag, dem wöchentlichen Feiertag, um von dort seine Ansprache zu halten. Die Frauen treffen sich zum Gebet in einem separaten Bereich der Moschee, der durch Vorhänge oder nur durch ein Seil vom Hauptraum abgetrennt ist.

Die islamische Zeitrechnung richtet sich wie auch die jüdische nach den kürzeren Mondjahren, aber die Jahreszählung beginnt hier erst im Jahr 622 n. Chr., als der Prophet Mohammed von Mekka nach Medina auswanderte. Außerdem erfolgt im Gegensatz zum Judentum kein Ausgleich durch Schaltjahre, wodurch die Jahreszählung wesentlich schneller fortschreitet und das Datum der festen Feiertage sich jedes Jahr um etwa 11 Tage verschiebt.

Das **Christentum** hat seine Wurzeln im Heiligen Land und dennoch ist es die mit Abstand kleinste Gruppe der hier vertretenen drei großen monotheistischen Religionsgemeinschaften. Die Mehrzahl der Christen sind Araber. Die übrigen gehören in Jerusalem 17 verschiedenen Kirchen an. Ihre Anwesenheit im Heiligen Land erfolgte in erster Linie aus rein religiösen Gründen, denn neben den Erzählungen aus dem Alten Testament hat sich in Palästina auch die christliche Heilsgeschichte abgespielt. Seit dem 4. Jh. kommen christliche Pilger in das Land, um hier nach der Botschaft Jesu zu leben und häufig auch für immer zu bleiben. Zu ihrer Betreuung wurden seit jeher Pilgerheime und Kirchen errichtet. Die zahlenmäßig stärkste Gruppe ist heute die römisch-katholische Kirche. Ihre Mitglieder werden auch *Lateiner* genannt, da sie die heilige Messe in lateinischer Sprache abhalten und sich nach dem römischen Ritus bei der Sakramentenspendung richten. In Jerusalem ist der Sitz des Patriarchen, dessen Zuständigkeitsgebiet das Heilige Land, Zypern und Jordanien umfaßt. Rund die Hälfte aller Pfarreien werden von den *Franziskanern* betreut, die seit dem frühen 13. Jh. im Land vertreten sind. Ihnen wurde die Bewahrung der heiligen Stätten übertragen. Sie unterhalten Kirchen, Pilgerhospize, Schulen, führen an wichtigen Orten Ausgrabungen durch und sorgen für den Erhalt der alten Stätten.

Zwischen dem 5. und 11. Jh. haben sich einige Gruppen aus dogmatischen, aber auch politischen Gründen von der katholischen Kirche, die von Rom aus regiert wird, getrennt. Von diesen unabhängigen Kirchen haben sich in den folgenden Jahrhunderten wieder einige mit Rom vereinigt. Diese mit Rom ›unierten‹ Kirchengemeinschaften konnten mitunter ihren Patriarchen und andere Eigenständigkeiten behalten. Zu ihnen zählen die Melchiten, Maroniten sowie die katholischen Armenier, Syrer, Griechen, Kopten und Chaldäer. Die *Melchiten* sind außer in Palästina und Ägypten vor allem in Syrien beheimatet. Ihre Gottesdienste halten sie entsprechend der byzantinischen Liturgie in griechisch-arabischer Sprache. Ihr Patriarch ist das Oberhaupt von Antiochien, Alexandrien und Jerusalem. In der heiligen Stadt wird er durch einen Patriarchalsvikar vertreten. Den Melchiten untersteht die St. Veronika-Kapelle an der 6. Kreuzwegstation in der Altstadt und ein Priesterseminar beim St. Annen-Kloster neben dem Löwen- oder Stephanstor. Die *Maroniten,* die größte orientalische Religionsgemeinschaft, hat sich wieder ganz mit Rom verbunden. Ihr Schwerpunkt befindet sich im Libanon. Ihr Patriarch residiert in einem kleinen Ort

Ostern: Pilger vor der Grabeskirche

Das orthodoxe Osterfest

In Jerusalem während der Osterwoche zu verweilen, hat seit jeher für viele christliche Pilger eine besondere Bedeutung. Sie können die Leidensgeschichte Jesu an den Stätten und zur entsprechenden Zeit nachvollziehen, wo sie sich vor vielen Jahrhunderten abspielte. Besonders das orthodoxe Osterfest hinterläßt durch die verschiedenen christlichen Gemeinschaften mit ihren teils sehr bunten, goldbestickten Brokatgewändern, ihren vielen bildlichen Ritualen und der Ergriffenheit bzw. Ektase der meist von weit herangereisten Pilger einen bleibenden Eindruck. Das orthodoxe Osterfest findet in der Regel einige Wochen später statt als das der römischen Kirche, da die griechisch-orthodoxe Kirche gemeinsam mit den orientalischen Gemeinden am Julianischen Kalender festhielt, während sich im Westen der Gregorianische Kalender durchsetzte. Informationen und Termine zu den einzelnen Prozessionen, Gottesdiensten und anderen Veranstaltungen sind im christlichen Informationszentrum am Jaffator erhältlich.

Palmsonntag: »Am Tag darauf hörte die Volksmenge, die sich zum Fest eingefunden hatte, Jesus komme nach Jerusalem. Da nahmen sie Palmzweige, zogen hinaus, um ihn zu empfangen, und riefen: Hosanna!

Gesegnet sei er, der kommt im Namen des Herrn, des Königs Israels!« (Johannes 12,12 und 13). Am Palmsonntag ziehen die orthodoxen und orientalischen Gemeinden, angeführt von den Griechen, in einer Prozession dreimal um das Heilige Grab in der Grabeskirche. In ihrem prächtigen Ornat tragen sie Palmwedel, die zu kunstvollen Gebilden in Form von Körbchen geflochten sind. Bunte Seidenbänder und Blumen, meist Gladiolen oder Nelken und Schleierkraut, schmücken diese Gebinde. Die Kopten führen außerdem große Ölbaumzweige, die Armenier ihre wertvollen dreitürmigen Weihrauchgefäße bei der Prozession mit. Während bei den anderen Gemeinschaften anschließend wieder Ruhe einkehrt, feiern die Armenier in der Jakobuskirche einen Nachmittagsgottesdienst. Alle Bilder mit Legenden ihrer Heiligen waren die Fastenzeit über zugehängt. Nun sitzen hübsch gekleidete Kinder und wenige Erwachsene vor den Bildtafeln mit einer Kerze in ihrer linken und der Vorhangschnur in der rechten Hand. Sie warten auf das Stichwort in der Liturgie, um mit einem Schlage alle Vorhänge aufzuziehen und die geliebten Bilder wieder den Blicken der Gläubigen zu übergeben.

Gründonnerstag: »Jesus ... stand vom Mahl auf, legte sein Gewand ab und umgürtete sich mit einem Leinentuch. Dann goß er Wasser in eine Schüssel und begann, den Jüngern die Füße zu waschen und mit dem Leinentuch abzutrocknen« (Johannes 13, 4 und 5). Die Fußwaschungszeremonie – ein Symbol christlicher Demut – findet bei den Griechen perfekt inszeniert auf dem Vorplatz der Grabeskirche statt. Eindrucksvoller ist aber sicher das Ereignis bei den Äthiopiern in ihrem großen Zeremonialzelt auf dem Dach der Grabeskirche. Der Bischof wäscht die Füße der zwölf Priester mit Weinblättern und Wasser. Sobald die offizielle Fußwaschung beendet ist, benetzen sich zahlreiche äthiopische Pilger mit dem geweihten Wasser, zuerst die Männer und anschließend sehr erregt und unter lautem Gebet die Frauen. Nur in der armenischen Kirche salbt der Patriarch im Anschluß an die Fußwaschung die Füße der Mönche noch mit Butter, die als hoher Berg auf einem Silberteller während der Zeremonie bereitsteht.

Karfreitag: Um den Leidensweg Christi nachzuschreiten, treffen sich unzählige Pilger im Hof der Omarije-Schule. Mit einem großen, schweren Holzkreuz, das von mehreren Griechen getragen wird, zieht die Prozession vom Ort des Verhörs durch Pontius Pilatus bis zur Kreuzigungsstätte und Grablegung. Durch die wechselvolle Stadtgeschichte konnten die Kreuzwegstationen erst im 16. Jh. in ihrem heutigen Verlauf festgelegt werden. Viele Pilger begleiten den Zug, unzählige flankieren die Via Dolorosa, und alle versuchen wenigstens einmal kurz, mit schmerzverzerrtem Gesicht und in Trauer das Kreuz zu berühren. Die Prozession endet in der Grabeskirche bei dem Salbungsstein, der mit einem Teppich und Blüten geschmückt ist. Die Karfreitagsliturgie dauert mehrere Stunden. Am Ende wird der Teppich weggezogen, und das Volk stürzt sich auf die Blütenblätter, denen Heilkraft nachgesagt wird.

Ostersamstag: Viele Gläubige lassen sich in der Nacht von Karfreitag auf Samstag in der Grabeskirche einschließen. Alle Ampeln und Kerzen sind in den Kapellen ausgelöscht, nur eine einzige Lampe wird brennend im Grab aufgehängt. Am Ostersamstag wird die Tür zum Heiligen Grab feierlich in Anwesenheit von Vertretern der griechischen und armenischen Kirche geschlossen und versiegelt. Von jeder in der Grabeskirche vertretenen Gemeinschaft verharrt ein Wächter vor dem Eingang. Und nun beginnt das Warten. Vor der Kirche haben sich Tausende von Pilgern versammelt, die im Inneren des Gotteshauses keinen Platz mehr fanden. Mit Hilfe einer Videoübertragung verfolgen sie das Geschehen beim Heiligen Grab. Dann, etwas später als angekündigt, die Spannung bei den Gläubigen ist bis zum äußersten gestiegen, betritt der griechische Patriarch das Grab mit je einem Kerzenbündel in den Händen. Den Blick starr auf die ovalen Öffnungen in der Kapelle gerichtet und in atemloser Stille erwarten die Umstehenden das Wunder der Selbstentzündung des Feuers. In Sekundenschnelle verbreitet sich das Kerzenlicht durch Weiterreichen im gesamten Kircheninneren und auch nach außen, an die dort Ausharrenden wird es in stiller Ergriffenheit schnell weitergegeben. Gleichzeitig ertönt das kräftige Glockengeläut der Grabeskirche. »Christus ist auferstanden – er ist wahrhaftig auferstanden!« Mit diesen Worten bekräftigend umarmen sich nach Abschluß der Ostermesse die Anwesenden zum Osterkuß. Die verschiedenen christlichen Gemeinden tragen das Osterfeuer in ihre Kirchen, wo es über das Jahr behütet wird. Viele Pilger nehmen die heilige Flamme mit in ihre Heimat und verwahren sie als ein kostbares Andenken an die anstrengenden, aber vor allem Hoffnung bringenden Ostertage in Jerusalem.

nahe Beirut. In Jerusalem wird die Kirche von einem Patriarchalsvikar geleitet, der seinen Sitz in der Nähe des Jaffatores, im Norden des Armenischen Viertels hat. Die liturgische Sprache ist syrisch-arabisch. Die anderen katholischen Gemeinden sind nur mit wenigen Mitgliedern in Jerusalem vertreten. Die katholischen Armenier besitzen noch eine Pfarrkirche bei der 3. Kreuzwegsstation, und die katholischen Kopten unterhalten eine Kapelle an der 7. Kreuzwegsstation.

In der Stadt und im Straßenbild weitaus präsenter sind die Kirchengemeinschaften, die sich im Laufe der Jahrhunderte ganz von Rom getrennt haben. Zu ihnen gehören die Griechisch-Orthodoxen, die Armenier, Kopten, Äthiopier und die syrischen Jakobiten. Durch die Beibehaltung des Julianischen Kalenders finden ihre religiösen Feste 13 Tage später statt als bei den Christen, die sich nach dem Gregorianischen Kalender richten. Nur das orthodoxe Osterfest unterliegt wiederum Berechnungen, die jedes Jahr neu erfolgen und somit auch mal zeitgleich mit unserem sein kann. Griechische, arabische und russische Christen sind in der *griechisch-orthodoxen Kirche* vereint. Ihr gemeinsames Oberhaupt ist ein Patriarch griechischer Nationalität. Er hat seinen Sitz nahe der Grabeskirche in Jerusalem. Dem Patriarchat unterstehen ein bedeutender Teil der Grabeskirche und die Geburtsbasilika von Betlehem sowie zwei russische Frauenklöster auf dem Ölberg und eins in En Kerem. Die arabisch-orthodoxe Gemeinde ist für die Jakobuskirche verantwortlich, die baulich an die Grabeskirche gebunden ist. Die *armenische Kirche* wird nach ihrem Begründer, dem heiligen Gregor dem Erleuchter (frühes 4. Jh.), auch gregorianische Kirche genannt. Die gregorianischen Armenier sind Monophysiten, d. h. sie glauben nur an den göttlichen Jesus Christus, nicht an sein menschliches Wesen. Der Sitz ihres Patriarchen befindet sich im armenischen Viertel der Altstadt. Die *Kopten* unterstehen einem Erzbischof, dessen Kloster von der 9. Kreuzwegsstation aus, oberhalb der St. Helena-Kapelle, zugänglich ist. Wie die Armenier sind auch sie Monophysiten, ihre liturgische Sprache ist koptisch-arabisch. Die *abessinische* oder *äthiopische Kirche* wird ebenfalls von einem Erzbischof geleitet. Die Mönche unterhalten zwei Konvente in Jerusalem. In dem Kloster auf der Dachterrasse der St. Helena-Kapelle leben sie in kleinen Hütten. Das andere Kloster liegt in der Neustadt nördlich des Russian Compound. Ihre Liturgie erfolgt im klassischen Äthiopisch. Die *syrischen Jakobiten* unterstehen dem Erzbischof, der im St. Markus-Kloster in der Jerusalemer Altstadt residiert. Wie die Armenier und Kopten sind sie Monophysiten und haben gewisse Rechte in der Grabeskirche, am Mariengrab und in der Geburtskirche in Betlehem.

Weiterhin sind auch die Evangelische Kirche Deutschlands und die *Anglikanische Kirche* in Jerusalem vertreten. Letztere wurde im 19. Jh. gegründet und wird heute von einem arabischen Bischof geleitet. Sie ist durch die St. Georgs-Kathedrale an der Nablus Road und die Christchurch mit angeschlossenem Pilgerhospiz nahe des Jaffatores, gegenüber der Davidszitadelle in der Heiligen Stadt präsent. Die Gemeinde der *Evangelischen Kirche Deutschlands* wird in Jerusalem von einem deutschen Probst geleitet, der seinen Sitz neben der Erlöserkirche am Muristan hat. Sie unterhält das Auguste-Viktoria-Krankenhaus mit der

Himmelfahrtskirche und ein Pilgerhospiz in der Altstadt. Außerdem unterstützt sie durch das Deutsche Evangelische Institut für Altertumswissenschaften, das im Gartenhaus der Himmelfahrtskirche untergebracht ist, die archäologische Erforschung der Altertümer Palästinas.

Kunst und Kultur in Jerusalem

Im Mai 1998 sorgte die israelische Sängerin Dana International in ihrem Land für Aufregung. Mit tränenreichen Worten schenkte sie den bei dem Schlagerwettbewerb Grand Prix d'Eurovision in Birmingham gerade errungenen Sieg ihrem Land Israel zu seinem 50jährigen Geburtstag. Von den Ultraorthodoxen und rechten Parteien wurde diese Geste nur mit Unmut aufgenommen. Sie ließen öffentlich verlautbaren, daß sie zu verhindern wissen, daß der nächstjährige Wettbewerb wie üblich im Siegerland, d. h. diesmal in Israel, stattfinden werde. Grund war nicht der Sieg im Grand Prix als solcher, sondern die Tatsache, daß Dana International ein Transvestit ist, dies öffentlich bekennt, ihren Sieg allen Lesben und Schwulen der Welt widmete und vor allem ihr Beitrag nach Ansicht vieler Juden in keiner Weise die israelische Kultur repräsentiere. Heute ist es wieder ruhig um den Wettbewerb geworden, und der Grand Prix d'Eurovision 1999 hat auch tatsächlich in Jerusalem stattgefunden.

Die Israelis sind ein Volk, daß in der Regel große Begeisterung für alle Arten der Kunst aufbringt. Dies zeigt ein umfangreiches Veranstaltungsangebot und die Tatsache, daß es bei größeren Konzerten und renommierten Aufführungen schwierig ist, kurzfristig Karten zu bekommen. Wichtig für den Erfolg der israelischen Kunst im eigenen Land ist allerdings, daß sie sich entweder mit der gesellschaftlichen und politischen Situation in Israel auseinandersetzt und innerhalb der Bevölkerung zu Diskussionen anregt oder einen rein erholenden, beruhigenden Effekt in einer allzu unsicheren, von Terroranschlägen gebeutelten Gesellschaft auslöst.

Die **klassische Musik** hat in Israel eine große Anhängerschaft. Dies wird nicht zuletzt durch die ungewöhnlich hohe Anzahl von Orchestern deutlich, die mitunter sehr angesehen sind, zum Teil sogar Weltruf genießen wie beispielsweise das Israelische Philharmonische Orchester in Tel Aviv mit dem Violinisten Yitzhak Perlman. Die Entwicklung dieses Interesses begann in den 30er Jahren des 20. Jh., als viele anerkannte jüdische Musiker und Komponisten aus Europa nach Israel flüchteten. In den 80er Jahren kamen mit dem zweiten großen Einwanderungsschub aus Rußland weitere begabte Musiker ins Land. Damals entstand auch das geflügelte Wort: Wenn ein russischer Jude am Flughafen in Tel Aviv eintrifft

Moderne Kunst *auf* dem Israel-Museum

und keine Geige mit sich trägt, dann ist er ein Pianist. Das größte Konzerthaus in Jerusalem ist das Binyanei Ha'Umah Conference Centre südlich des zentralen Busbahnhofs. Hier spielt das Israelische Philharmonische Orchester auf. In der Henry Crown Concert Hall des Sherover Theaters in Jerusalem kann man während der Saison von Oktober bis Juli den klassischen Interpretationen des Städtischen Symphonie-Orchesters lauschen. Ende Mai/Anfang Juni ist das jährliche Israel Festival mit internationalen Oper- und Theateraufführungen, Symphonien, Kammermusikabenden und Tanzveranstaltungen ein wahrer Publikumsmagnet.

Jüdische Unterhaltungsmusik wird weitläufig mit den Geigenklängen der **Klezmermusik** gleichgesetzt. Osteuropäische Juden spielten sie bei Festen und Familienfeiern auf. Seit einigen Jahren erlebt sie in Israel ein Revival, kommt allerdings häufig aus Amerika und enthält Elemente des chassidischen Rocks, einer Mischung aus europäischer Zigeunermusik und amerikanischem Bluegrass. Die israelische **Pop- und Rockmusik** findet dagegen nur wenig internationale Anerkennung. Ihre Melodien sind häufig monoton und lassen sich mit den europäischen Songs messen, die auf Schlagerwettbewerben vorgetragen werden. Ihre hebräischen Texte werden jedoch außerhalb Israels kaum verstanden. Orientalische Klänge der sogenannten »bus station music« – benannt nach den Orten, wo sie lange Zeit am häufigsten zu hören waren – sind bei den Juden aus arabischen Ländern seit vielen Jahren beliebt. Heute erleben sie mit hebräischen Texten einen neuen Aufschwung und stehen ziemlich weit oben in der Gunst des Publikums.

Wenn man eine der gut sortierten Steimatzky-Buchhandlungen in Jerusalem betritt, fällt einem sofort die große Anzahl hebräischsprachiger **Literatur** ins Auge. Hebräisch ist die alte Sprache der Bibel, und doch ist es auch wieder eine sehr junge, lebendige Sprache, die sich erst Ende des 19. Jh. als Landessprache durchzusetzen begann.

Im 1. und 2. Jh. n. Chr. verlor das Hebräische als gesprochene Sprache allmählich seine Bedeutung und wurde fortan nur noch in Gebeten und bei religiösen Studien gebraucht. Im Alltag bedienten sich die in der Diaspora lebenden Juden der jeweiligen Landessprache. Erst Eliezer Ben Yehuda (1858–1922) belebte das Hebräische in Form einer modernen Umgangssprache im ausgehenden 19. Jh. wieder. Er siedelte im Jahr 1881 von Litauen nach Palästina über. Für ihn war es unerläßlich, das die Bevölkerung eines neuen jüdischen Staates auch eine gemeinsame Sprache sprechen müsse. So verfaßte er in Jerusalem das erste hebräische Wörterbuch. Die alte Sprache mußte durch neue Wörter, die das moderne Leben forderte, erweitert werden. So findet man mitunter auch englische Vokabeln, für die es in der Bibel keine Entsprechungen gibt. Als Ben Yehudas Sohn Itamar im Jahr 1884 das Licht der Welt erblickte, stand für den Vater fest, daß das Neuhebräische *(Iwrit)* dessen Muttersprache werden sollte. Dieser Entwicklung widersetzt sich bis heute nur eine kleine Gruppe ultraorthodoxer Juden. Ihnen ist die hebräische Sprache heilig und darf nur in religiösem Zusammenhang verwendet werden.

Mit der Renaissance der hebräischen Sprache ist die Geschichte der modernen hebräischen Literatur eng verknüpft, denn die Sprache sollte vor allem der Identitätsfindung und der Gründung eines Nationalstaates dienen. Hauptthemen der bereits kurz nach Staatsgründung im Jahr 1948 sich entwickelnden Literatur waren der »Sabre«, der im Land geborene Israeli, und der junge Staat Israel. Diese Literatur der »Generation der Staatlichkeit«, wie sie allgemein genannt wurde, interessierte sich nicht für die Geschichte der älteren Generation, die Diaspora und Vertreibung unter den Nationalsozialisten. Der junge, selbstbewußte Held in den Romanen und Erzählungen war, wie beispielsweise in Moshe Shamirs berühmten Roman »Er ging in die Felder« (1948) beschrieben, arbeitsfreudig, mutig, gut aussehend. Seine Aktivität im eigenen Land stand im krassen Gegensatz zu dem Bild von dem schwachen, passiven und furchtvollen Leben des Juden unter Nichtjuden. Die Religion spielte in dieser frühen Phase kaum eine Rolle. Thema waren die jungen Hebräer mit einem gemeinsamen Land, einer gemeinsamen Sprache und einem gemeinsamen politischen Schicksal, d. h. die Ideale des neuen israelischen, säkular orientierten Staates.

Dies änderte sich tendenziös mit der »Neuen Welle« in den 60er Jahren. Der Individualismus rückte in den Vordergrund, die Literaten sagten der Politisierung, dem Pathos der Sabre-Helden den Kampf an. Wie bei Nathan Zach in seinem Band »Erste Gedichte« (1955) sollten Geist und Ironie der vormals figurativen Sprache entgegentreten. Grundbegriffe, die den Staat mit definierten, wurden hinterfragt, die fehlende Geborgenheit und Sicherheit im Land, wie sie Amos Oz in seinen Erzählungen »Im Land der Schakale« (1965) beschreibt, offen dargelegt. Durch die Suche nach dem Ich entdeckten die Literaten ihre jüdische Vergangenheit, die man solange geleugnet bzw. ignoriert hatte. Ernsthafte, hinterfragende Gestalten, Außenseiter, von Ängsten geplagte Geister wurden Themen der neuen Literatur. In den folgenden Jahrzehnten, in der »Welle der Ernüchterung«, verstärkte sich zunehmend die Auseinandersetzung mit der eigenen Vergangenheit und der der Väter, die bis heute anhält. Hauptthema ist der Israeli, der sich seiner Wurzeln bewußt wird und sich dem Leiden und Überlebenswillen der Vergangenheit stellt.

Neben dieser hebräisch-jüdischen Literatur entwickelte sich in Israel auch eine palästinensische Literatur, die sich von der arabischen Dichtung unterscheidet und durch eine besondere Liebe zum Land und den Menschen mit allen Kompliziertheiten auszeichnet. In kultureller, sozialer aber auch politischer Hinsicht von der arabischen Welt abgeschnitten, mußten sich die israelischen Palästinenser eine eigene Kultur schaffen. Ihre Literatur war von der Sehnsucht nach der verlorenen Gemeinschaft geprägt, sie enthielt Stolz und eine nationale Gesinnung. Aufsehen erregte Anton Shammas mit seinem autobiographischen Roman »Arabesken« (1985), den er nicht auf arabisch, sondern in hebräischer Sprache schrieb. Damit wollte er ein Zeichen der Verteidigung, des Überlebens setzen. Denn in hebräisch zu schreiben, war für ihn eine Form des Widerstandes gegen die Israelis, die in dieser Sprache Militärerlasse anordneten, um palästinensische Häuser und Dörfer zu zerstören. Damit demonstrierte Shammas auch gegen die allgemein verbreitete Ansicht, daß die hebräische Sprache allein mit jüdischer Literatur verknüpft ist.

Jedes Jahr im Frühsommer gibt es in allen größeren Städten Israels eine sogenannte »Woche des hebräischen Buches«. Verlage und Buchhändler sind während dieser Zeit in den Straßen und auf Plätzen mit Ständen präsent und bieten den Kunden gute Sonderrabatte, so daß die Gelegenheit auch von vielen Lesern genutzt wird.

Im Juni/Juli lockt alljährlich die Cinémathèque am Westhang des Hinnomtales viele Jerusalemer zu ihren **Filmfestspielen.** Eine Woche lang werden neue ambitionierte, meist preisgekrönte israelische und ausländische Filme vorgeführt. Das Publikum ist interessiert, aber es wird auch deutlich – gerade im Vergleich mit den ausländischen Filmen –, daß die israelische Filmindustrie zum guten Teil noch in ihren Kinderschuhen steckt. An Ideen fehlt es den Regisseuren nicht, aber meist finden sich nicht genügend Investoren, die ausreichende Finanzmittel zur Verfügung stellen, damit die Filme durch Qualität internationale Anerkennung erringen können.

Der Beginn des israelischen Films liegt in den 20er und 30er Jahren des 20. Jh., als die Pioniere ihre ersten Dokumentarfilme in Palästina drehten. Das zionistische Sendungsbewußtsein stand stets im Vordergrund. Diese Werbefilme über die Aufbauarbeiten der neuen Siedler wurden vom Jüdischen Nationalfond finanziert und, um ideologische und finanzielle Unterstützung werbend, in aller Welt ausgestrahlt. Es folgten die sogenannten »Boureka«-Filme, die heute immer noch den israelischen Markt beherrschen. Sie sind nach einer Blätterteigspeise benannt und werden überwiegend für das einheimische Publikum produziert. Thema sind immer wieder unterschiedliche Fassungen der Klischees über die verschiedenen im Land lebenden Bevölkerungsgruppen. Ein häufiges Motiv ist die Begegnung des temperamentvollen, lauten Sephardim mit dem steifen, aber schelmenhaften Aschkenasim. Die kommerziell erfolgreichste Serie des israelischen Films begann 1977 mit der von Boaz Davidson gedrehten Komödie »Eis am Stil«. Diese Filme über sexuellen Voyeurismus Jugendlicher und anzügliche Späße – es wurden mehr als sechs Folgen gedreht – verkauften sich auch sehr gut im Ausland. Etwa zur gleichen Zeit, in den 70er und frühen 80er Jahren, trat eine neue Generation von Regisseuren auf, die sich kritisch mit der Gesellschaft und der israelischen Politik auseinandersetzt. »Aviyas Sommer« von Gila Almagor erzählt beispielsweise von den Kindern der Holocaust-Überlebenden. 1989 wurde der Film auf der Berlinale ausgezeichnet. Finanzielle Unterstützung erhalten diese ambitionierten Werke von der Stiftung zur Förderung von Qualitätsfilmen.

Architektur ohne Grenzen

Jerusalems Geschichte spiegelt sich in seinen Bauten. Alle Dynastien, die zeitweise über Jerusalem herrschten, oder Gemeinschaften, die in der Stadt lebten, brachten ihre heimatlichen Architekturstile mit. Herodes der Große verwirklichte als erster monumentale, das Stadtbild prägende Bauprogramme, die aber bereits römischen Einfluß aufwiesen. Zur Aelia Capitolina, einer vollkommen römischen Stadt mit Cardo, Decumanus und Forum, verwandelte Kaiser Hadrian Jerusalem im frühen 2. Jh. n. Chr. Den Byzantinern sind prachtvolle Kirchenbauten zu verdanken, die von den Kreuzfahrern (wie beispielsweise die Grabeskirche) in europäischem Stil wiederaufgebaut und häufig erweitert wurden. Mit den Moslems und ihren Moscheen erhielt die Stadt ihren orientalischen Charakter. Sie errichteten den auch heute noch die Stadtsilhouette beherrschenden Felsendom. Unter den Mamelucken wurde das Moslemische Viertel der Altstadt mit Häusern ausgebaut, deren Fassaden durch die schmuckvolle Verwendung von roten, schwarzen und weißen Steinen beeindrucken. Die gut erhaltene Altstadtmauer berichtet von der Osmanenherrschaft. Im Laufe der zweiten Hälfte des 19. Jh. wurden die ersten Viertel außerhalb der Altstadt errichtet. Die neuen Siedler brachten unterschiedliche Architekturstile aus ihrer europäischen Heimat mit und paßten sie den örtlichen Verhältnissen an. Aber auch reiche, häufig christliche Araber erbauten neue Viertel mit orientalischen Strukturen im Umfeld der Altstadt. Gartenstädte, neue Vororte, zahlreiche Verwaltungsgebäude und Institutionen schossen während der britischen Mandatszeit aus dem Boden. Jüdische Emigranten aus Europa verbanden den derzeitig modernen Baustil mit den klimatischen und landschaftlichen Gegebenheiten sowie den örtlichen Baumaterialien. Nach 1949, als Jerusalem zur Hauptstadt des Staates Israel erklärt wurde, mußten Regierungsgebäude geplant werden, die in den 60er Jahren zur Ausführung kamen. Etwa zur gleichen Zeit wurden die Hebräische Universität und das Israel-Museum am Westrand der Stadt erbaut. Stabilität und Dauerhaftigkeit der Nation sollten in diesen monumentalen, die Landschaft beherrschenden, sich aber auch gut in sie einfügenden

Cardo Maximus im Jüdischen Viertel

Orientalische Pracht im Felsendom

Bauten ausgedrückt werden. Seit 1967, dem Jahr der Wiedervereinigung Jerusalems, erlebt die Stadt einen Bauboom wie nie zuvor. Neue Stadtrandsiedlungen für den starken Bevölkerungszuwachs schießen aus dem Boden. Architektonisch sind keine Grenzen gesetzt. In Ramot am Nordrand Jerusalems ist ein Viertel mit Mietwohnungen bienenwabenartig gestaltet. In Gilo am Südrand der Stadt hat der Architekt einer Wohnanlage den Neuorientalismus in Form von Toren, Bögen, Rundungen bis zum äußersten ausgereizt. Aber bei Neubauprojekten innerhalb der gewachsenen Stadtstrukturen muß heute zwischen den Bedürfnissen einer modernen Großstadt und ihrem historischen Erbe abgewogen werden. Das führt häufig zu Auseinandersetzungen innerhalb der Bevölkerung, da die Kriterien des zu Schützenden mal religiös, historisch, national, architektonisch oder auch mal ethnographisch sein können. Das jüdische Viertel der Altstadt wurde nach eingehender archäologischer Untersuchung vollkommen neu errichtet. Die modernen Bauten berücksichtigen aber die alte, teils noch vorhandene Bausubstanz. Kleine Plätze, Höfe und enge Gassen bestimmen das Stadtbild wie vor hundert Jahren. Archäologische Funde wurden zum Teil sogar in die Neubauten integriert, wie beispielsweise beim Cardo Maximus, wo die Andenken- und Juweliergeschäfte die Atmosphäre einer römischen Ladenstraße in Erinnerung rufen. Andererseits wurde die Ausgrabung des Herodianischen Viertels als Museum im Untergeschoß eines mehrstöckigen Hauses erhalten und für Besucher zugänglich gemacht. Die Neuerrichtung von Gebäuden und Wohnvierteln unterliegt der traditionellen Atmosphäre der Stadt, d. h. auch, daß die Verwendung architektonischer Ele-

mente wie Kuppeln, Bögen und Konsolen fast obligatorisch ist.

Trotz aller architektonischen Stile und Einflüsse, die in den Gemäuern Jerusalems ihren Ausdruck fanden, war der in der Umgebung anstehende Naturstein für Jahrtausende wichtigster Baustoff der Stadt. Der helle Kalkstein prägte das historische Jerusalem. Und um den einzigartigen Charakter der Stadt zu bewahren, erließ der britische Militärgouverneur Ronald Storrs im Jahr 1917 die Verordnung, daß in Jerusalem beim Häuserbau keine Materialien wie Metall und Gips verwandt werden dürfen, sondern es mußte in Stein gebaut werden. Dieser Verordnung verdankt Jerusalem sein heutiges Erscheinungsbild. Obwohl mittlerweile alle modernen Bauten in Beton hochgezogen werden, sind ihre Fassaden, auch die der modernsten Architekturen, mit (allerdings nur noch 3 cm dünnen) Natursteinplatten verkleidet.

UNTERWEGS IN JERUSALEM

Drei Tage Jerusalem: Kurzprogramm für die touristischen Highlights

Neun Wege durch die Heilige Stadt

Sehenswürdigkeiten am Rande der Stadt

Ausflüge nach Jericho und Betlehem sowie ans Tote Meer

Drei Tage in Jerusalem

1. Tag:	Rundgang durch die Altstadt
2. Tag	Jenseits der Altstadtmauern
3. Tag:	Mit dem 99er Bus durch die Neustadt

Die Altstadt von Jerusalem

Jerusalem mit seiner über 5000jährigen Geschichte ist eine Stadt der Gegensätze. Dies wird in den folgenden drei Rundgängen lebendig. Sie vermitteln einen ersten Eindruck und lassen den Wunsch, mit dem sich Juden seit jeher am Ende des Pessahfestes auf der ganzen Welt voneinander verabschieden, auch für den Besucher Wirklichkeit werden: »Nächstes Jahr in Jerusalem«.

1. Tag: Rundgang durch die Altstadt

Die Altstadt Jerusalems ist in ein armenisches, ein christliches, ein moslemisches und ein jüdisches Viertel geteilt. Entsprechend ihrer jeweiligen Bewohner, den Institutionen und religiösen Stätten konnten die Viertel bis heute ihren eigenständigen Charakter bewahren. Als imaginäre Trennung können die alten Hauptstraßen der hadrianischen Aelia Capitolina gelten. Die vom Jaffator Richtung Tempelberg verlaufende King David Street entspricht dem römischen Decumanus Maximus und der am Damaskustor beginnende Suq Khan Ez-Zeit nimmt die Lage des alten Cardo Maximus auf.

Die Besichtigungstour durch die Altstadt beginnt am Jaffator. Hier befinden sich auch die zwei Aufgänge zur nördlichen und südlichen **Stadtmauerpromenade.** Die von Süleyman dem Prächtigen im 16. Jh. wiedererrichtete Stadtmauer gewährt einen phantastischen Blick auf das alte und neue Jerusalem (s. S. 72). Gleich südlich des Tores erstreckt sich die **Zitadelle,** deren Grundmauern auf eine Festung aus der Zeit der Hasmonäer (2. Jh. v. Chr.) zurückgehen. Herodes der Große ließ sie erheblich vergrößern, und auch in späterer Zeit diente sie noch als Bollwerk gegen Angriffe aus Westen. Heute beherbergt die Zitadelle ein anschauliches Museum zur Geschichte der Stadt. Den südwestlichen Bereich der Altstadt, das **Armenische Viertel,** beherrscht der für Außenstehende nur während der kurzen Gottesdienstzeiten zugängliche armenische Klosterkomplex (s. S. 65). Mit Schulen, Bibliotheken, Werkstätten, einem Museum zur armenischen Geschichte, Kunst und Kultur, der Jakobuskirche und Wohnhäusern gleicht er einer kleinen Stadt innerhalb der Altstadt.

Zurück zum Platz vor dem Jaffator folgt der Rundweg der engen Stufengasse, der King David Street mit unzähligen Andenkenläden, hinab, bis rechts die Jewish Quarter Street abzweigt. Sie verläuft auf dem römisch-byzantinischen **Cardo,** von dem an ihrem südlichen Ende einige

Säulen wieder aufgerichtet sind. Die Ruine der **Hurva-Synagoge** markiert das Zentrum des nach 1967 neu erbauten **Jüdischen Viertels.** Es wird hauptsächlich von Yeshiva-Studenten und jüdischen Familien, die ihren ständigen Wohnsitz in Israel haben müssen, in teuren Eigentumswohnungen bewohnt. Dieses einheitlich gestaltete Viertel mit schmalen Gassen, kleinen Plätzen, erholsamen Cafès und Restaurants beherbergt viele Synagogen und Religionsschulen sowie eine ganze Anzahl von Museen, die jeweils einzelne Aspekte der Jerusalemer Geschichte lebendig werden lassen. Von den jüdischen Versammlungshäusern sind besonders die vom 16. bis 18. Jh. errichteten **vier sephardischen Synagogen** sehenswert (s. S. 70).

Auf dem Weg zur Westmauer, im Volksmund auch »Klagemauer« genannt, kommt man am **Archäologischen Museum Wohl** vorbei, das die Ausgrabung eines reichen herodianischen Wohnviertels beherbergt (s. S. 71). Die Reste eines weiteren Wohnhauses, das bei der Eroberung Jerusalems durch Titus im Jahr 70 n. Chr. in Flammen aufging, sind in dem nahegelegenen **Verbrannten Haus** zu besichtigen (s. S. 71). Die **Westmauer** (s. S. 71) ist die heiligste Stätte der Juden. Sie ist ein bedeutender Überrest der Umfassungsmauer des 70 n. Chr. zerstörten herodianischen Tempels und scheint heute dem ehemaligen Standpunkt des Hauses von Jahwe am nächsten zu sein. Westlich und südlich der Umfassungsmauer des Tempelberges erstreckt sich der **Archäologische Garten Ophel,** in dem Besiedlungsspuren zu Tage kamen, die bis ins 10. Jh. v. Chr. zurückreichen (s. S. 75). Auf dem **Tempelberg** steht seit dem 7. Jh. v. Chr. das nach Mekka und Medina wichtigste Heiligtum des Islam, das Wahrzeichen und schönste Bauwerk Jerusalems, der **Felsendom.** Von dieser Stelle ist Mohammed auf seinem Pferd gen Himmel geritten, um Weisungen für die neue Religion, den Islam, entgegenzunehmen (s. S. 82).

Wenn man den Tempelberg durch das Bab el-Asbat ganz im Nordosten verläßt, gelangt man zum Löwentor der Altstadtmauer und damit auf die **Via Dolorosa,** den Leidensweg Christi. Die einzelnen Stationen des Kreuzweges sind durch Schilder, Reliefs und kleine Kapellen gekennzeichnet (s. S. 87). Gleich zu Beginn des Straßenzuges erinnert der **Teich Betesda** neben der St. Anna-Kirche an die Heilung eines Gelähmten durch Jesus. Einige Meter weiter beherbergt der Konvent der Notre Dame de Sion die Ausgrabungen des **Struthionteiches,** einer großen Doppelzisterne, und das sogenannte **Lithostrothos,** ein mit Steinen gepflasterter Platz, auf dem Jesus von Pontius Pilatus verurteilt worden sein soll. Interessant ist auch die Verbauung eines Teils des dreitorigen hadrianischen Stadttores in der **Ecce-Homo-Basilika** (s. S. 90). Auf Höhe des Österreichischen Hospiz zweigt die Via Dolorosa nach links ab, rechts führt die El-Wad Road zum Damaskustor. Ab hier

Grabeskirche

wird deutlich, daß man sich mitten im **Moslemischen Viertel** befindet. Die Betriebsamkeit nimmt deutlich zu, Straßenhändler preisen lautstark ihre Waren an, Antiquitäten- und Andenkenhändler locken mit schmeichlerischen Worten Touristen in ihre Läden, süße und salzige Köstlichkeiten verleiten immer wieder zum Probieren und Verweilen. Der Rundweg führt weiter auf der Via Dolorosa. Ein Abstecher zur 9. Station, wo Jesus zum dritten Mal stürzte, lohnt sich, da man von hier einen Blick in das **äthiopische Kloster Deir es-Sultan** werfen kann. Auf den Dächern der Helena-Kapelle und den anschließenden Gebäuden haben sich die Mönche kleine, einfache Unterkünfte errichtet. Der **Muristan** mit der Erlöserkirche und der nur wenige Schritte entfernten Grabeskirche bildet das Zentrum des **Christlichen Viertels.** Hier befand sich auch einst das Forum, der Hauptplatz der hadrianischen Aelia Capitolina. Heute ist der Muristan mit seinen Geschäften und kleinen Cafés ein ruhiger Pol zwischen den engen, betriebsamen Basargassen und dem nie enden wollenden Touristen- und Pilgerstrom in der **Grabeskirche.** Die unter den Kreuzfahrern errichtete Kirche umschließt die Kreuzigungsstätte Jesu, den Felsen Golgota, und das bereits unter Kaiser Konstantin aus dem Felsen herausgeschlagene Grab (s. S. 93), in dem Jesus Christus niedergelegt wurde, und von dem er nach christlichem Glauben wieder auferstanden ist. Die Ostergottesdienste in der Grabeskirche birgen ein unvergeßliches Erlebnis. Weitere Kirchen,

Klöster und religiöse Einrichtungen beherrschen die vielen kleinen Gassen des Christlichen Viertels. Die Christian Quarter Road mit vielen Devotionalienläden westlich der Grabeskirche mündet wieder in der King David Street, die zum Ausgangspunkt, dem Jaffator, zurückführt.

2. Tag: Jenseits der Altstadtmauern

In der zweiten Hälfte des 19. Jh. wurden die ersten Wohngebiete außerhalb der Altstadtmauern von Jerusalem errichtet. Ganz im Norden der alten Stadt erbauten reiche Araber ihre Prachtvillen, im Nordwesten errichteten Russen für ihre zahlreichen Pilger selbstverwaltete Unterkünfte. In Mea Shearim, damals ganz am Nordwestrand der Stadt gelegen, siedelten sich orthodoxe Juden an, und im Westen wurde das erste jüdische Viertel überhaupt jenseits der Altstadtmauern errichtet. Der Rundgang durch das moderne arabische und jüdische Zentrum von Jerusalem beginnt am Damaskustor im Norden der Altstadt. Hier herrscht eine orientalische Atmosphäre mit Straßenhändlern, die Gemüse, Obst, verschiedenartige Kleinutensilien und kühle Getränke lautstark anpreisen. Hinzu kommt das hektische Treiben um Kleinbusse und Taxis sowie die zahlreichen Schnellrestaurants mit köstlichem Schawarma und gegrillten Hähnchen. Die Straße geradeaus führt zu zwei interessanten Grabanlagen. In dem **Gartengrab** erkannte 1883 der britische General Charles Gordon das Grab Christi mit dem Felsen Golgota. Heute suchen vor allem junge Menschen diese Gartenanlage auf, um in einer angenehmeren, ruhigeren Atmosphäre als der Grabeskirche der Auferstehung Christi zu gedenken (s. S. 132). Etwas weiter nördlich gelangt man über eine breite, in den Fels geschlagene Treppe hinab zu den sogenannten **Königsgräbern.** In der prachtvollen Anlage vermutete man bis ins 19. Jh. die Gräber der Könige von Juda. Doch der spätere Fund eines Sarkophages mit Inschrift beweist, daß die Königin Helena von Adiabene im 1. Jh. n. Chr. dieses Grab für sich und ihre Angehörigen errichten ließ. Das nahegelegene **American Colony Hotel** läßt noch etwas von der Pracht erahnen, mit der die reichen Jerusalemer Araber im 19. Jh. ihre Stadtvillen ausschmückten. Um die Jahrhundertwende wohnten in dem Haus amerikanische und schwedische Bürger, die in das heilige Jerusalem kamen, um hier vor Ort soziale Arbeiten im Namen Jesu zu verrichten (s. S. 135).

Westlich schließt der Stadtteil **Mea Shearim** an. Schilder mit Verhaltensregeln an allen Zugängen weisen die Besucher darauf hin, daß es sich hier um ein ganz besonderes Viertel innerhalb der Stadt handelt. Hier leben die *Haredim,* die ultraorthodoxen Juden von Jerusalem mit

Der Ölberg mit der Kirche der Nationen

ihren eigenen Gesetzen, religiösen Überzeugungen und Lebensanschauungen, unabhängig vom Staat Israel und finanziert von ihren reichen Glaubensbrüdern im westlichen Ausland. Sie widmen sich ausschließlich der Religion und dem Studium der Thora. Am besten, man läuft ein wenig durch die Straßen des Viertels und beobachtet das Treiben der Einwohner, durch deren Kleidung und Sprache man sich in das Schtetlleben eines früheren Jahrhunderts zurückversetzt fühlt (s. S. 146).

Ganz in der Nähe, um die Jaffa Road, spielt sich das moderne jüdische Leben der Stadt ab. Viele Cafés, Restaurants, Discotheken, die Fußgängerzone **Ben Yehuda** mit ihren Geschäften und die Kunstgewerbeläden verbreiten das Flair einer ganz normalen westlichen Großstadt. Nichts läßt erahnen, daß man sich in einer ehrwürdigen, heiligen Stadt des Vorderen Orient mit einer über 5000jährigen Geschichte befindet. In dem Bereich östlich der Jaffa Road, oberhalb des modernen Rathauses, entstand Mitte des 19. Jh. für die zunehmende Zahl russischer Pilger ein Gebäudeensemble aus Herbergen, Krankenhaus, Konsulat und Missionshaus, in dessen Zentrum sich die orthodoxe Dreifaltigkeitskathedrale erhebt. Heute sind die verschiedenen Häuser anderen Zwekken zugeführt, und am Tage ist das Viertel sehr ruhig. Aber am Abend scheint sich hier, in den Kneipen und Cafés des **Russian Compound** die ganze Jugend von Jerusalem bei einem Glas Wein oder Bier zu treffen (s. S. 140).

Am Independence Park vorbei gelangt man auf der David Hamelech zum legendären **King David Hotel,** seit den 30er Jahren des 20. Jh. das Luxushotel der Stadt. Es geriet in negative Schlagzeilen, als im Juli 1946 eine jüdische Untergrundorganisation unter Leitung von

Menachem Begin einen ganzen Flügel des Hotels, in dem zu dieser Zeit die Briten eine militärische Kommandozentrale eingerichtet hatten, in die Luft sprengte. Auf der anderen Straßenseite erhebt sich der eindrucksvolle Bau des **YMCA,** von dessen Turm man eine hervorragende Sicht über Jerusalem hat und in dessen Restaurants auch am Sabbat gute Küche geboten wird.

Unterhalb des Bloomfield Gardens, in dem das Familiengrab Herodes des Großen zu finden ist, erstreckt sich **Yemin Moshe** mit **Mishkenot Sha'ananim,** dem ersten außerhalb der Altstadtmauern errichteten jüdischen Viertel. Der Engländer Sir Moses Montefiore erbaute zwei Langbauten mit gleichgroßen Wohneinheiten und einer gemeinsamen vorgelagerten Veranda sowie eine Windmühle, die die Selbstversorgung der neuen Bewohner außerhalb des gesicherten Stadtterritoriums gewährleisten sollte. Heute sind in den restaurierten Bauten ein Musikzentrum und eine Künstlerherberge untergebracht. In den umliegenden beschaulichen Häusern findet man hin und wieder kleine Galerien ambitionierter Maler und Kunsthandwerker (s. S. 124). Der Rundgang endet im Café der Cinémathèque, dem bedeutenden Filmzentrum von Jerusalem, bei einem guten Salat und mit Blick über das Hinnomtal auf den Zionsberg und die Altstadtmauern.

3. Tag: Mit dem 99er Bus durch die Neustadt Jerusalems

Die 99er Buslinie bietet Touristen, Pilgern und Kurzbesuchern einen Überblick über die Neustadt Jerusalems mit ihren Sehenswürdigkeiten auf einer Rundfahrt von gut 90 Minuten. Allerdings darf man sich nicht der Illusion hingeben, diese Sightseeing-Tour hätte auch nur das geringste mit Stadtrundfahrten, wie wir sie kennen, zu tun. Die Fahrer erwähnen meist lediglich die Namen der Sehenswürdigkeiten in Englisch und Hebräisch. Das Gute an dieser Linie ist jedoch, daß man jederzeit den Bus verlassen und den begehrten Ort in Augenschein nehmen kann, um später mit einem anderen 99er Bus die Rundfahrt wieder aufzunehmen.

Die Abfahrt des Busses erfolgt stündlich am Fuße des Jaffatores (So bis Do von 10–16 Uhr, Fr und feiertags 10–12 Uhr). Es gibt Tickets für eine Rundfahrt, aber auch Tages- oder Zweitageskarten, mit denen man die Fahrt beliebig oft unterbrechen kann. Jeder Mitreisende erhält einen Plan, auf dem die 26 angefahrenen Stationen verzeichnet sind. Hier seien nur die Sehenswürdigkeiten erwähnt, bei denen auf jeden Fall ein Ausstieg lohnt. Die Fahrt führt zunächst in den Westen der Stadt vorbei am legendären King David Hotel, dem Liberty Bell Garden zum Holyland Hotel mit dem einzigartigen **Modell des antiken Jerusalem** zur Zeit des 1. Jh. n. Chr. Im Maßstab 1:50 präsentiert sich die Stadt mit ihren einst prächtigen Palastgebäuden und dem Zweiten Tempel (s. S. 162). Nicht weit erhebt sich in der Senke neben dem Teddy Stadium das Malha Shopping Center, die größte Einkaufsmeile Jerusalems mit zahlreichen Cafés und Schnellimbissen.

Die Fahrt führt weiter zum Herzl-Berg mit dem angrenzenden Yad Vashem Holocaust Memorial. Auf der höchsten Erhebung der Stadt, dem **Herzl-Berg,** hat der Begründer des Zionismus seine letzte Ruhestätte gefunden. Neben ihm sind hier auch die israelischen Ministerpräsidenten bestattet worden, zuletzt Itzhak Rabin im Jahr 1995 (s. S. 158). Das **Yad Vashem Holocaust Memorial** ist die bedeutendste jüdische Gedenkstätte für Holocaust und Heldentum der Welt, und beherbergt auch ein großes Holocaust-Forschungszentrum, in dem noch viele

Gedenkstätte Yad Vashem

Zeugnisse auf ihre Auswertung warten. Zahlreiche Künstler haben sich hier in Bildern, Skulpturen und Gedenkstätten mit dem Thema Judenverfolgung und -vernichtung auseinandergesetzt (s. S. 159). Das **Israel-Museum** liegt eingebettet zwischen der nach 1948 neu errichteten Hebräischen Universität und dem Israelischen Parlament, der Knesset. Es beherbergt die größte archäologische Sammlung des Landes mit dem berühmten Schrein des Buches, in dem viele der Schriftrollen vom Toten Meer aufbewahrt werden, und weltweit die bedeutendste Ausstellung zu Bräuchen und Merkmalen aller jüdischen Gemeinschaften der Diaspora. Ergänzt wird das Museum durch eine umfangreiche kunstgeschichtliche Abteilung und den Billy Rose Kunstgarten (s. S. 153). Am zentralen Busbahnhof vorbei, von dem stündlich Überlandbusse in alle Richtungen des Landes starten, führt die Rundfahrt auf den **Berg Skopus** im Nordosten der Stadt (s. S. 167). Hier befindet sich die erste Hebräische Universität, deren Lehrbetrieb während der fast 19 Jahre anhaltenden Stadtteilung unterbrochen werden mußte. Der Bus folgt dem Hügelkamm südwärts Richtung Auguste-Viktoria-Hospital und **Ölberg,** an dessem Hang zahlreiche Gotteshäuser an Ereignisse aus dem Leben Christi erinnern (s. S. 102). Am Fuße des Ölberges beginnt jenseits der Kirche der Nationen am östlichen Hang des **Kidrontals** ein riesiges jüdisches Gräberfeld, dessen Nutzung bis ins 2. Jt. v. Chr. zurückreicht (s. S. 114). Interessant sind die aus den Felsen geschlagenen, architektonisch reich gestalteten Grabanlagen des 2. und 1. Jh. v. Chr. (s. S. 115) Bevor der Bus wieder zu seinem Ausgangspunkt zurückkehrt, streift er noch den **Mount Zion,** auf dem seit langer Zeit von Juden und Moslems das Grab Davids verehrt wird und der neben anderen Stätten, die an Ereignisse aus dem Neuen Testament erinnern, auch das Coenaculum, den Abendmahlssaal Jesu, beherbergt (s. S. 118).

Jerusalem für Kenner

Das Muristan-Viertel

Weg 1: Vom Jaffator zur »Klagemauer«

Auf den Spuren archäologischer Zeugnisse wird die wechselvolle Geschichte der Stadt von ihren Anfängen bis in die Neuzeit lebendig. Viele kleine Museen, aber auch das Straßenbild, Cafés und Geschäfte berichten vom jüdischen Leben damals und heute.

Für den Besuch Kaiser Wilhelms II. im Jahr 1898 wurde zwischen dem L-förmigen Zugang des Jaffatores und der südlich anschließenden Zitadelle eine Bresche in die Stadtmauer geschlagen. So konnte der Kaiser hoch zu Roß auf einer breiten Straße, die über den aufgefüllten Stadtmauergraben verlegt wurde, würdig die Altstadt betreten. Heute wird sie hauptsächlich von Taxifahrern und Anlieferern frequentiert. Die Verlängerung dieser Zufahrtsstraße, die **King David Street,** führt durch die Altstadt bis zum Tempelberg und ist einer der beliebtesten Einkaufssuks für Touristen. Hier findet man alle erdenklichen Souvenirs von Keramikerzeugnissen über Holyland-Kerzen bis zu Kleidern und Lederwaren. In römisch-byzantinischer Zeit war dieser Treppenweg, der Decumanus Maximus, eine der zwei Hauptstraßen der Stadt.

Die **Zitadelle** ist seit 1983 Stadtmuseum, das sich auf vielfältige Weise mit Modellen, Ton- und Lichtschauen, Videofilmen und verschiedenen Tafeln und Objekten der Geschichte Jerusalems widmet (Mo–Do 9–17, Fr, Sa und feiertags 9–14 Uhr; im Winter tägl. 10–16 bzw. 14 Uhr). Im 2. Jh. v. Chr. wurde der Bereich um die spätere Zitadelle durch eine Mauer in die Stadt miteinbezogen. Leichte Angriffsmöglichkeiten für Feinde veranlaßten die Hasmonäer zur Verstärkung dieser Mauer. Herodes der Große gestaltete diesen Stadtteil vollkommen neu. Er ließ drei mächtige Verteidigungstürme erbauen, die er nach seinem Freund Hippikos, seinem Bruder Phasael und seiner Lieblingsfrau Mariamne benannte. In deren Schatten erstand ein prächtiger Palast. Nach archäologischen Untersuchungen erstreckte dieser sich fast bis zum Bereich der heutigen Südmauer. Den Palast beschreibt der zeitgenössische jüdische Historiker Flavius Josephus als ein Gebäude, das an Prunk und Ausstattungsluxus alles bisher im Land erbaute übertraf. Titus ließ ihn im Jahre 70 n. Chr. bis auf die Grundmauern abreißen.

Statt dessen wurde der Platz als Lager für seine 10. Legion genutzt. Erst im 12. Jh. unter den Kreuzfahrern wurde hier eine Burg zu Verteidigungszwecken mit fünf Türmen erbaut. Die Mamelucken erneuerten sie im 14. Jh., und Süleyman der Prächtige zog sie im 16. Jh. mit in seine Stadtmauer ein. Die Ausgrabungen im Hof veranschaulichen die verschiedenen Bau- und Nutzungsphasen im Bereich der Zitadelle. Besonders auffallend ist die massive Bauweise aus mächtigen, sorgfältig behauenen Steinquadern zur Zeit Herodes des Großen. Das Minarett aus dem 16. Jh. markiert die Moschee, die unter Saladin in eine kreuzfahrerzeitliche Halle der Verteidigungsanlage eingebaut wurde. Interessant ist der Blick von dem Phasaelturm – heute wird er Davidsturm genannt – im Nordosten der Zitadelle. Zum einen gewährt er einen guten Überblick über die Ausgrabungen, zum anderen bietet er eine hervorragende Sicht über die Altstadt. Im Vordergrund, Richtung Nordosten, ist im Christlichen Viertel ein etwa 77 mal 44 m großes ehemaliges Wasserbecken erkennbar. Dieses Hezekiahs- oder auch Patriarchenteich genannte Reservoir wurde wahrscheinlich in herodianischer Zeit angelegt und versorgte zeitweise die Grabeskirche und die umliegenden Klöster mit Wasser.

Der südwestliche Bereich der Altstadt wird **Armenisches Viertel** genannt. Den größten Teil nimmt der Komplex des armenischen Klosters mit Bibliothek, Schulen, Wohnbauten ein, der für Außenstehende nur während der kurzen Gottesdienst-

Vom Jaffator zur »Klagemauer«

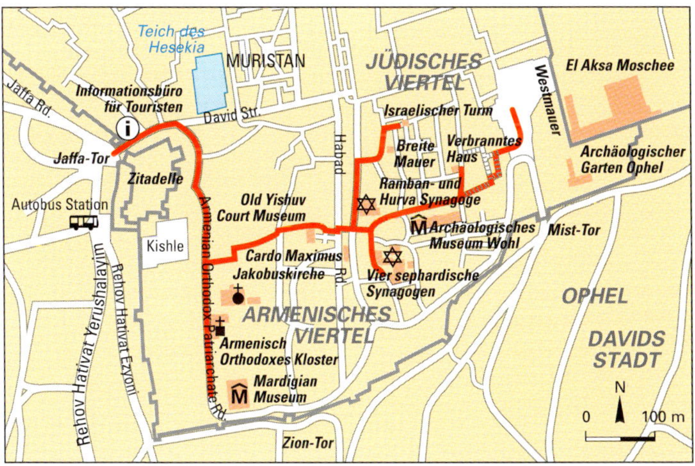

zeiten betreten werden kann (Mo–Fr 6–7, 15–15.30 Uhr; Sa und So 6–9.30 Uhr), ansonsten sind seine Tore geschlossen. Ausgenommen davon ist das **Mardigian Museum** ganz im Süden des Bezirks (tägl. außer So 10–17 Uhr). Der Zutritt erfolgt über die Armenian Orthodox Patriarchat Road. Die interessanten Zeugnisse armenischer Kunst und Geschichte sind in den Umgängen einer alten theologischen Schule mit hübschem Innenhof und Garten ausgestellt. Die benachbarte Bibliothek enthält alle wichtigen Druckerzeugnisse, die sich mit Armeniern beschäftigen. Die **Jakobuskirche** bildet den Mittelpunkt des Armenischen Viertels. Nach der Überlieferung (Apostelgeschichte 12,2) soll Herodes Agrippa I. hier im Jahr 44 n. Chr. den Apostel Jakobus durch das Schwert hingerichtet haben. Die heutige Kirche stammt im wesentlichen aus dem 12. Jh. Es ist ein dreischiffiger Kuppelbau mit im 17. Jh. angefügter Vorhalle (Narthex). Rechts vom Eingang hängen seltsame Bronze- und Holzstücke. Sie ersetzten seit dem 9. Jh. das Läuten der Glocken, welches zu dieser Zeit von den Moslems in der Stadt verboten wurde. Diese Art und Weise, die Gläubigen zum Gebet zu rufen, hat sich bis heute erhalten. Die zahlreichen, im Gotteshaus integrierten Kapellen stammen zum Teil aus älterer Zeit, wie beispielsweise die des Jakobus und des Menas, eines ägyptischen Märtyrers, im linken Seitenschiff. In ihnen werden heute die Schätze des Patriarchats aufbewahrt. Die Armenier sind berühmt für ihre Keramik. Typische Stücke mit alten tradierten Motiven findet man in einem Laden gegenüber vom Eingang zur Jakobuskirche.

Direkt östlich des armenischen Klosters schließt das **Jüdische Viertel** an. Seit 1948, der Gründung des Staates Israel, bis 1967 befand sich die Jerusalemer Altstadt unter jordanischer Herrschaft. Während dieser 19 Jahre war das Jüdische Viertel unbewohnt und verfiel zunehmend. Die Eroberung der Altstadt während des Sechstagekrieges ermöglichte den allmählichen Wiederaufbau und bot die günstige Gelegenheit, das ganze Gebiet archäologisch zu untersuchen. Das Resultat ist ein Viertel, das sich durch die Einheitlichkeit der Gebäude, die Ruhe in den Gassen und auf den Plätzen deutlich von den anderen Altstadtbereichen abhebt. Sämtliche Gebäude sind mit dem ortstypischen hellen Kalkstein verkleidet. An vielen Ecken, an fast jedem Haus weist eine Tafel auf ein historisches Gebäude oder eine Begebenheit im alten Jerusalem hin. Geprägt wird das Viertel durch viele religiöse Institute und Schulen für die orthodoxen Juden, die hier den Hauptanteil der Einwohner stellen. Das **Old Yishuv Court Museum** in der Or Hahayim Street Nr. 6 ist ein wiedererrichtetes Wohnhaus des ausgehenden 19. Jh. Seine Räumlichkeiten und die Ausstellungsstücke geben Einblicke in verschiedene Aspekte jüdischen Lebens dieser Zeit (tägl. 10–16; Fr 10–13 Uhr). Nicht weit entfernt kam

Ruine der Hurva-Synagoge

bei Ausgrabungen in der Jewish Quarter Street ein etwa 180 m langes Stück des **Cardo Maximus** zu Tage, einer der Hauptstraßen der römisch-byzantinischen Stadt. Die Prachtstraße war einst von Säulenhallen und Geschäften flankiert. In dem heute unterirdisch liegenden Teilbereich, der in die King David Street, dem alten Decumanus Maximus, einmündet, sind elegante Läden eingerichtet. In unmittelbarer Nachbarschaft stehen die Ruinen der **Ramban** und der **Hurva Synagoge.** Rabbi Moshe ben Nachman, auch Ramban genannt, etablierte nach der Kreuzfahrerzeit wieder eine jüdische Gemeinde in der Stadt. Als Bethaus ließ er um 1267 die Ramban Synagoge erbauen. Sie gilt heute als die älteste Synagoge Jerusalems. Der eindrucksvolle, rekonstruierte Steinbogen gehört zur Hurva Synagoge und trug vormals deren mächtige Kuppel. Anfang des 18. Jh. begannen aschkenasische Juden unter Rabbi Yehuda Hassid mit dem Bau des Gebäudes, stellten es aber nicht fertig. Deshalb wurde die Synagoge *HaHurva,* die Ruine, genannt. Nach 1967 entschied man sich, sie als markante Ruine und Mahnmal zu erhalten. Auf dem anschließenden Platz laden Cafés zu einer kleinen Pause ein.

Etwas abseits des Weges ist zwischen Wohnbauten ein offener Grabungsabschnitt mit einem gewaltigen Stück Mauer, der sogenannten **Breiten Mauer,** zu sehen. Dieses

Die Armenier in Jerusalem

Im Jahre 301 n. Chr. setzte sich das Christentum als offizielle Staatsreligion bei den Armeniern durch, und nur 100 Jahre später waren die ersten christlichen armenischen Pilger auf dem Weg ins Heilige Land und nach Jerusalem. Begleitet von armenischen Händlern richtete sich eine Gemeinde auf Dauer in Jerusalem ein, wo sie ohne Unterbrechung bis heute Bestand hat. Im 7. Jh. soll es mehr als 70 armenische Klöster in der Heiligen Stadt und ihrer Umgebung gegeben haben. Sie beteiligten sich aktiv an der durch die byzantinische Kaiserin Helena im 4. Jh. wachsenden Bautätigkeit im Bereich der heiligen Stätten. Nach dem Konzil von Chalkedon (451 n. Chr., Verurteilung der von der armenischen Kirche vertretenen monophysitischen Lehre und Erklärung der Zweinaturenlehre als verbindlich) splittete sich die armenische Kirche von der griechischen und erlitt für einige Jahrzehnte herbe Rückschläge durch die byzantinischen Herrscher. Jerusalems Eroberung durch die Araber im Jahr 638 n. Chr. stärkte aber schon bald wieder ihre Position und ihre Kontrolle über zahlreiche christliche Stätten, die sie ihrer frühen Präsenz in Jerusalem verdankten. Edikte des Propheten Mohammed und des Kalifen Umar sollten außerdem ihre Existenz und ihr Eigentum in Jerusalem unter arabischer Herrschaft sichern. Die Griechen verfügten allerdings über ein entsprechendes Edikt, und so wurde die Authentizität dieser Schriften wohl zurecht angezweifelt. Durch sie wird der Zwist der einzelnen Kirchen um die Vorherrschaft über die religiösen Stätten um so deutlicher. Die armenischen und griechischen Gemeinden führten unter den Arabern ein annähernd gleichberechtigtes Leben. Während der Kreuzfahrerherrschaft verbesserte sich die Situation der Armenier, da das lateinische Königreich der Levante mit dem armenischen Königreich von Kilikien gut kooperierte. Im 11./12. Jh. errichteten sie ihren Hauptsitz, die große Jakobuskirche mit dem Kloster, nördlich vom Mount Zion, an einem Ort, an dem Jakobus der Jüngere, der erste Bischof von Jerusalem, lebte und begraben wurde. Das Kloster wurde in der Gestalt ausgebaut, daß es die jährlich zunehmende Zahl an armenischen Pilgern aufnehmen konnte.

Unter den Ayubiden und den Mamelucken bewahrten die einzelnen christlichen Gemeinschaften in den folgenden Jahrhunderten weitgehend ihre Stellungen. Die Osmanen stärkten die Position der Armenier, in dem sie die anderen in Jerusalem vertretenen monophysitischen Gemeinschaften, das sind die Jakobiten, Kopter und Äthiopier, in Abhängigkeit zu ihnen stellten. Bis heute drückt sich diese Abhängigkeit während des Osterfestes in den Besuchen ihrer obersten Kirchenherren beim armenischen Patriarchen und der Übergabe eines Kerzenbündels für das Heilige Feuer aus. Die Streitigkeiten um Besitztümer an den Heiligen Stätten verstärkten sich zwischen den einzelnen Kirchen während der folgenden vier Jahrhunderte. Im 18. und 19. Jh. unterstützten die europäischen Mächte sogar einzelne Kirchen. So standen die Franzosen und Österreicher auf der Seite der Lateiner, während die Russen die Interessen der Griechisch-Orthodoxen wahrten. Jerusalem, das bis dahin eher außerhalb irgendwelcher Verhandlungen dieser Länder lag, erlangte durch die Kirchenstreitigkeiten um den Besitz an den heiligen Stätten zunehmend an Wichtigkeit bei diplomatischen Gesprächen und war häufig auch Anlaß zu internationalen Konflikten. Insgesamt führten die Armenier einen langen, manchmal erfolglosen Kampf gegen das Übergreifen der griechisch-orthodoxen und der lateinischen Kirche. Sie verloren Privilegien in der Grabeskirche, die Kontrolle über einige andere religiöse Orte und standen im 17., 18. und 19. Jh. jeweils für einige Jahre kurz vor dem Verlust ihres religiösen Zentrums, dem St. Jakobus-Kloster, an die Griechen. Um den Kirchenstreitigkeiten Einhalt zu gebieten, erließ Sultan Abdulmejid im Jahr 1852 das Gesetz des Status Quo. Es besagt, daß die damaligen Besitz- und Zuständigkeitsverhältnisse um die heiligen Stätten gesetzlich beibehalten werden sollten. Diese Regelung hat bis heute Gültigkeit.

Die armenische Gemeinde von Jerusalem war im Grunde immer eine religiöse Gemeinde, deren Zentrum die klösterliche Bruderschaft von St. Jakobus bildete. Sie bestand aus aktiven Kirchenherren und einer Gruppe von Laien, die auch aus religiösem Grund in die Stadt kamen, hier aber als Händler und im Verwaltungsbereich Fuß faßten. Diese Gemeinschaft änderte deutlich ihre Zusammensetzung im frühen 20. Jh., als zahlreiche verfolgte Armenier aus Anatolien in Jerusalem Zuflucht suchten. Im Jahr 1800 sollen nur 500 Armenier in Jerusalem gelebt haben, im Jahr 1910 bereits 1300 und bis zum Jahr 1920 kamen weitere 10 000 Flüchtlinge nach Palästina. Sie wurden ohne irgendwelche Habe und meist mit dem Verlust von Familienangehörigen aus Flüchtlingslagern in Syrien, Libanon und Irak nach Jerusalem weitergesandt. Zur Aufnahme von 4000 Menschen baute man das armenische Kloster spontan in ein Flüchtlingslager um. Die Verfolgten kamen in die Stadt, um ihr Leben zu retten und nicht aus religiösen oder geschäftlichen Gründen wie alle früheren Gemeindemitglieder. Ihr kultureller Hintergrund war ein anderer, und sie sprachen türkisch. Diese Unterschiede mußte die Klostergemeinde neben den finanziellen Problemen spontan bewältigen. Viele der Flüchtlinge zogen während der britischen Mandatszeit in andere Länder weiter, einige ließen sich in Städten an der Küste, andere in der direkten Umgebung von Jerusalem nieder oder blieben auch in der Stadt. Sie faßten in Palästina Fuß, in dem sie in der Mandatsverwaltung oder für ausländische Firmen arbeiteten und sich als Verkäufer verdingten.

Einen weiteren Schlag erhielt die armenische Gemeinschaft durch den Arabisch-Israelischen Krieg von 1948. Viele Armenier, die in den Küstenstädten oder Nachbarorten von Jerusalem wohnten, suchten erneut Zuflucht in dem Kloster, das mitsamt der Altstadt in jordanische Hand gelangte. Ihr auf israelischer Seite verbliebenes Hab und Gut wurde konfisziert und einer Verwaltung, die sich mit dem zurückgelassenem Eigentum beschäftigte, übergeben. Diese übersandte allerdings in den folgenden Jahren einen Teil des aus den Geschäften resultierenden Geldes an Jordanien. So konnte sich das erneut großen finanziellen Belastungen ausgesetzte Kloster neben anderen Spenden, wie z. B. von armenischen Gemeinden im Ausland, finanziell über Wasser halten. Einige Armenier waren während des Krieges in der israelischen Zone geblieben. 19 Jahre lang, zwischen 1948 und 1967, hatten sie kaum einen Zugang zum Gemeindeleben in Jerusalem. Ihnen wurde nur einmal im Jahr erlaubt, das St. Jakobus-Kloster aufzusuchen. So ernannte das Patriarchat einen Priester auf israelischer Seite und sandte regelmäßig führende Geistliche aus Jordanien nach Israel, um die dortigen Gemeindemitglieder zu besuchen und das Gemeinschaftsleben trotz aller Beeinträchtigungen in gewissen Bahnen aufrecht zu erhalten.

etwa 7 m breite und bis zu 3 m hohe Mauerstück ist Teil des Fundaments einer Befestigungsmauer, die wahrscheinlich unter König Hezekias am Ende des 8. Jh. v. Chr. angelegt wurde. Noch etwas weiter nördlich weist ein Schild auf den **Israelischen Turm** (So–Do 9–17, Fr und feiertags 9–13 Uhr). Über Treppenstufen gelangt man hinab zu dem mächtigen Turm mit einer Mauerstärke von 4 m, der in das 7. Jh. v. Chr. datiert wird. Verbrennungsspuren und Pfeilspitzen, die im Umfeld zutage kamen, bringen den Befestigungsturm in Zusammenhang mit der babylonischen Plünderung Jerusalems im Jahr 586 v. Chr.

Von der Mishmerot HaKehuna Street gelangt man über Treppen hinab zum Eingang der **vier sephardischen Synagogen** (So, Mo, Do und Fr 9.30–16, Di und Fr 9.30–12.30 Uhr). Ein osmanisches Gesetz besagte, daß kein fremdes Gotteshaus höher als eine Moschee erbaut werden dürfe. Diese Vorschrift und die im Laufe der Jahrhunderte wachsende Umgebung haben dazu beigetragen, das die Synagogen unterhalb des heutigen Wohnhorizontes liegen. Hier war seit dem ausgehenden 16. Jh. das geistige Zentrum der sephardischen Gemeinschaft von Jerusalem. Durch die Yohanan Ben Zakkai Synagoge aus dem frühen 17. Jh. gelangt man in den ältesten, nach dem Propheten Elijah benannten Betraum. Dieser wurde im Jahr 1586 eröffnet. Der prächtige Thron, auf dem einst Elijah gesessen haben soll, verbrannte während des Unabhängigkeitskrieges. Er wurde durch einen neuen ersetzt. Der mittelalterliche Thoraschrein und der Traubaldachin stammen aus einer Synagoge in Livorno, Italien. Von hier aus ist über eine Treppe die Frauengalerie erreichbar. Über die Zentrale Synagoge, ehemals als Frauentrakt für die Yohanan Ben Zakkai Synagoge genutzt, gelangt man in die Istanbul Synagoge. Sie wurde 1764 von Juden aus dieser Stadt eingerichtet. Der Thoraschrein stammt ursprünglich aus einer alten Synagoge in Ancona und der Baldachin mit vier Holzsäulen aus Pesaro.

Lohnenswert ist der Besuch des **Archäologischen Museums Wohl** (So–Do 9–17, Fr und feiertags 9–13 Uhr). In vorbildlicher Weise wird hier die Erforschung eines Wohnviertels frührömischer, herodianischer Zeit (d. h. von etwa 37 v. Chr. bis 70 n. Chr.) präsentiert. Das restaurierte Grabungsgelände befindet sich im Untergeschoß des Yeshivat HaKotel, eines großen Thora-Zentrums. Der Eingang liegt vom Hurva-Platz kommend in der schmalen Karaim Street. Die Ausgrabung erfolgte zwischen 1971 und 1974. Die Räumlichkeiten und Mauerverläufe von sechs zwei- bis dreistöckigen Häusern können noch heute nachvollzogen werden. Im Untergeschoß befanden sich Vorrats- und Bedienungsräume, im Erd- und gegebenenfalls im Obergeschoß die Wohnräume. Bei zwei Häusern sind die Räume um einen Innnenhof gruppiert. Auffallend sind die vielen Bäder mit Badewannen, Zisternen, Schwimmbecken und Ritualbädern *(miqva)*. Sie bezeugen, daß hier eine wohlhabende Schicht lebte, die sich den Luxus eigener Badeanlagen leisten konnte. Die Ausstattung der Häuser wird durch zahlreiche erhaltene Mosaike, Wandfresken und Stuckverkleidungen sowie durch Steintische und Keramikerzeugnisse lebendig. Ganz in der Nachbarschaft zeigt das **Verbrannte Haus** ebenfalls die Überreste eines herodianischen Wohnhauses (So–Do 9–17 Uhr, Fr und feiertags 9–13 Uhr). Alles Inventar wird so dokumentiert, wie es die Feuerbrunst des Kaisers Titus am 2. September im Jahr 70 n. Chr. hinterlassen hat. Eine audio-visuelle Vorführung in verschiedenen Sprachen schildert die historischen Ereignisse und das Leben der jüdischen Bevölkerung in dieser Zeit.

Über Treppenstufen geht es hinab zum großen Platz vor der **Westmau-**

Auf den Mauern der Altstadt

Löwentor

Im 16. Jh. ließ Sultan Süleyman der Prächtige rund um die Stadt eine ansehnliche Mauer errichten. Im Süden sollte sie die heiligen Stätten auf dem Zionsberg miteinbeziehen. Fehlende Geldmittel seitens des Sultans und der dort ansässigen Franziskaner vereitelten jedoch dieses Vorhaben. Süleymans Unzufriedenheit über die Verkürzung der Mauer spiegelt sich in der Legende, daß er den verantwortlichen Baumeister dafür hinrichten ließ.

Die Mauer ruht zum Teil auf älteren Fundamenten. Sieben Tore ermöglichen den Eintritt in die Stadt. Der begehbare Bereich der Stadtmauer zieht sich vom Stephanstor (Löwentor) im Osten bis zum Misttor im Süden. Nur das Stück entlang des Tempelberges ist aus religiösen Gründen gesperrt. Von den Zinnen der Festungsmauer bieten sich eindrucksvolle Blicke in die Altstadt und über die neuen Viertel Jerusalems mit den umliegenden Tälern und Bergen. Aufstiegsmöglichkeiten für die 3,5 km lange Mauerpromenade gibt es am Jaffa- und am Damaskustor, der Abstieg ist bei fast allen anderen Toren möglich (tägl. 9–16 Uhr, Fr und an Feiertagen 9–14 Uhr). Der **nördliche Mauerring** umfaßt in seiner östlichen Hälfte das Christliche Viertel, dessen zentrales Gebäude die Grabeskirche mit ihren Anbauten ist. Zahlreiche christliche Konfessionen unterhalten in diesem Altstadtbereich Klöster, Schulen und Hospize. Kirchtürme prägen die Dachlandschaft. Östlich des Neuen Tores, dem nordwestlichen Eingang zum Christlichen Viertel, der erst im 19. Jh. in die Mauer geschlagen wurde, steht der große Gebäudekomplex des Salvatorklosters. Seit dem 16. Jh. beherbergt es die *Custodia di Terra Sancta* (Kustodie des Heiligen Landes). Papst Klemens VI. beauftragte im Jahre 1342 den Franziskanerorden, die lateinischen Interessen an den heiligen Plätzen im Land Palästina zu wahren.

Außerhalb der Stadtmauer schweift der Blick zunächst über das westlich liegende Neubauviertel Mamilla mit dem seit 1998 bezugsfertigen Hilton im Hintergrund, im Nordwesten an der Jaffa Road erhebt sich das Rathaus und weiter östlich das imposante, mit einer Marienstatue bekrönte Hospiz Notre Dame aus dem 19. Jh., dessen Restaurant gute französische Küche bietet. Das Damaskustor ist das aufwendigste und mit seinen zwei Türmen und der Zinnenbekrönung schönste Stadttor Jerusalems, das unter Sultan Süleyman errichtet wurde. Der L-förmige Zugang blieb bis heute erhalten. Von der Brücke aus kann man hinab auf profilierte Fundamente des römischen Stadttores blicken, die bei Ausgrabungen in den 70er Jahren zum Vorschein kamen. Am Damaskustor beginnt der Suk, die arabischen Marktstraßen und damit das Moslemische Viertel. Es wird vom Haram esh-Sharif, dem Tempelberg mit Felsendom und Aqsa-Moschee, beherrscht. In den Straßenzügen stehen noch viele Häuser aus der Mameluckenzeit aufrecht, die heute nach und nach renoviert werden. Ihre Portale sind mit schönen Stalaktiten geschmückt; auffallend ist die geschmackvolle ornamentale Verwendung von weißem Kalkstein, rosafarbenem Marmor und schwarzem Granit. In der Aqabat et-Taqiyeh, die vom Tempelberg in Richtung Grabeskirche führt, sind einige der interessanteren mameluckischen Bauten zu finden. Ein langes Stück der Via Dolorosa verläuft durch das Moslemische Viertel. Vom Damaskustor bietet sich ein schöner Blick auf das bunte, lebendige Treiben der arabischen Händler. Weiter geht es auf der Mauerpromenade zum Herodestor. Im Neustadtgebiet sind auf halber Strecke über der arabischen Busstation zwei Felshöhlen erkennbar. Sie gehören zum Bereich des Gartengrabes, von dem der englische General Charles Gordon meinte, es sei das Grab Jesu Christi. Außerhalb, am Fuß der Mauer ist der unscheinbare Eingang zu den Steinbrüchen Salomos. Das Herodestor bildet den Hauptzugang zum Moslemischen Viertel. Von hier fällt der Blick auf die Bauten des Rockefeller-Museums mit einer bedeutenden archäologischen Sammlung, im Hintergrund erheben sich der Skopus- und der Ölberg mit seinen Kirchen. Am Löwen- bzw. Stephanstor endet die nördliche Stadtmauerpromenade. Von hier führt die Straße ins Kidrontal. Die Außenseite des Tores schmücken beidseitig je zwei Löwenreliefs aus mameluckischer Zeit. Sultan Süleyman soll sie aus einem älteren Bau hierher versetzt haben, da ihm im Traum zwei Löwen befahlen, die verfallene Stadtmauer wieder aufzubauen.

Die **südliche Mauerpromenade** führt vom Jaffator zum Misttor. Der Aufgang am Jaffator befindet sich hinter der Davidszitadelle an der Außenseite der Mauer. Im südwestlichen Bereich der Altstadt steht der große ummauerte Komplex des armenischen Klosters. Mit seinen dreistöckigen Wohnbauten, Werkstätten, Schulen und einer öffentlichen Bibliothek sowie dem armenischen Patriarchat wirkt es wie eine kleine, separate Stadt in der Stadt. Abgesehen vom Museum für armenische Kunst und Geschichte ist der Bezirk für Außenstehende meist nicht zugänglich. Jenseits der Mauer fällt der Blick auf den Sultansteich, der früher als Wasserreservoir diente und in dem heute Rockkonzerte und andere Großveranstaltungen stattfinden. Die Entstehungszeit des Bekkens ist unbekannt, eine umfangreiche Renovierung fand unter Sultan Süleyman im 16. Jh. statt. In südlicher Verlängerung des Pools schließt das Hinnomtal an. Es umfaßt den Berg Zion mit dem Grab Davids, dem Saal des letzten Abendmahls von Jesus und seinen Jüngern und dem Ort, an dem der Herr von Petrus dreimal verleugnet wurde. Das Zionstor bildete in römischer Zeit das südliche Haupttor der Stadt. Heute gewährt es Zugang zum Armenischen und Jüdischen Viertel. Letzteres beeindruckt durch seine moderne, verschachtelte und sehr geschlossen wirkende Architektur. Zu Füßen der Mauer sind archäologische Reste in Gartenanlagen eingebettet, die von herodianische bis in byzantinische Zeit reichen. Bevor die Mauerpromenade am Misttor endet, fällt der Blick Richtung Südosten über die Stadt Davids bis zum Kidrontal und dem arabischen Dorf Silwan.

er, der heute heiligsten jüdischen Stätte. Diesen Teil der Stützmauer, die Herodes der Große 20 v. Chr. für seinen Tempel errichtete, nannte man über viele Jahrhunderte auch »Klagemauer«. Juden suchten immer wieder dieses Mauerstück auf, das dem von Gott als Heimstätte erwählten Platz auf Erden am nächsten war, um zu beten und die Zerstörung des Tempels zu beklagen. Bis 1967 war der Bereich vor der Mauer mit Häusern dicht bebaut, heute beherrscht ein weitläufiger Platz mit Trinkwasserbecken die heilige Stätte. Wie bei allen jüdisch-religiösen Stätten, gibt es eine Unterteilung in Frauen- und Männerbereich. Mit bedecktem Kopf ist es jedem gestattet, an die Mauer zu treten. In die Spalten des mächtigen herodianischen Mauerwerks stekken Gläubige nach ihrem Gebet Zettel mit Bitt- und Dankesworten an Jahwe, ihren höchsten Gott. Nach religiösem Brauch verläßt man die Mauer seitwärts oder rückwärts gehend. Links des heiligen Bezirks setzt an der Westmauer der **Wilsonbogen** an. Er überspannte einst das Tyropöontal und ermöglichte als Viadukt den direkten Zugang von der Oberstadt auf den Tempelberg. Der Bogen ist nach seinem Ausgräber, dem englischen Archäologen Charles Wilson, benannt.

Die Eröffnung des etwa 488 m langen **Westmauertunnels** hat 1996 nicht nur für Schlagzeilen in den Nachrichten gesorgt, sondern auch zahlreiche Tote gefordert. Dieser unterirdische Gang am Fuß des Tempelberges beginnt an der »Klagemauer« und mündet in die Via Dolorosa nahe der Geißelungskapelle. Teilbereiche des Tunnels stammen bereits aus hasmonäischer Zeit und sollten den Struthionteich mit Wasser versorgen. Unter Herodes lief eine Straße entlang der Mauer. Das letzte Stück bis zur Via Dolorosa mußte jedoch noch durch den Fels geschlagen werden, was die Palästinenser als deutlichen Eingriff in ihr Stadtviertel und vor allem als eine Gefährdung der Stätte ihrer wichtigsten Heiligtümer in Jerusalem ansahen. Seit 1997 kann der Tunnel nach vorheriger Anmeldung (Ortswahl: ✆ 27 13 33) besucht werden. Der Zugang befindet sich etwa in der Mitte der Nordseite des großen Platzes vor der »Klagemauer«. Südlich des Tempelberges liegt der **Archäologische Garten Ophel** mit Ein- und Ausgang beim Misttor (So–Do 9–16 Uhr, Fr und feiertags 9–14 Uhr). Hier kamen Funde zutage, die vom 10. Jh. v. Chr. bis in die osmanische Zeit reichen. An der Südwestecke des Tempelberges sind besonders gut erhaltene herodianische Spiegelquader zu sehen, von denen die Größten eine Länge von etwa 10 m und ein Gewicht von über 50 Tonnen aufbringen. Die Ansätze des Robinsonbogens auf halber Mauerhöhe gehören zu einem

Ritualbad im Ophel

breiten Treppenaufgang aus herodianischer Zeit. Er ermöglichte den Zugang von der Straße zu den Portiken am Südrand des Tempelbergplateaus. Auf dem Niveau der Straße ist der untere Bereich dieses monumentalen Treppenaufganges zum Teil erhalten. In seiner Längsseite befanden sich kleine Läden. Den Bereich südlich des Tempelberges, den die Stadtmauer Süleymans miteinschließt, füllt ein großer Hof mit angrenzenden Räumlichkeiten, ein Palast aus omaijaddischer Zeit, aus. Jenseits der Stadtmauer sind Wohnstrukturen mit Zisternen aus verschiedenen Zeiten erhalten. Eine monumentale Freitreppe führte einst zu den »Huldatoren«, einem Doppel- und einem Dreifachtor auf der Südseite des Tempelberges. Durch sie betraten die Pilger an Festtagen den Tempelbezirk. Die Tore selbst sind zugemauert und nur noch in ihren Bögen erkennbar. Ein Stück der Freitreppe konnte am westlichen Doppeltor ausgegraben werden, das heute allerdings durch die angrenzende Stadtmauer zum Teil verdeckt ist.

Wilsonbogen

Weg 2: Auf dem Tempelberg

Der Berg Morija, der heutige Tempelberg, ist für die drei großen monotheistischen Weltreligionen einer der heiligsten Orte auf der Erde. Hier sollte Abraham seinen Sohn Isaak opfern, hier diskutierte Jesus mit den Gesetzeslehrern und hier trat Mohammed seine Himmelsreise an.

Geschichte

Der Ursprung des Tempelbezirks läßt sich anhand des Alten Testaments zurückverfolgen. Um Gehorsam gegenüber Gott zu beweisen, sollte Abraham seinen einzigen Sohn Isaak auf dem Berg Morija opfern. Der Sohn lag schon auf dem Altar, das Messer hatte der Vater bereits zum tödlichen Stoß erhoben, da lenkte ein Engel jedoch rechtzeitig ein, und Abraham konnte statt des Sohnes einen Widder seinem Gott darbringen (Genesis 22). Nach jüdischer und islamischer Überlieferung wird dieser Berg Morija mit dem heutigen Tempelberg identifiziert. Später errichtete König David auf dieser Felsspitze einen Altar zum Dank, daß Jerusalem von einer Pestepedemie verschont geblieben war (2 Samuel 24, 18). Er brachte die Bundeslade – eine Akazienholztruhe mit den zwei Gesetzestafeln – in die Stadt und errichtete für sie eine einfache Aufbewahrungsstätte mitten auf dem Berg (Exodus 26). Jerusalem erhob er damit zum religiösen Zentrum des Reiches. Sein Sohn und Nachfolger König Salomo (um 968–930 v. Chr.) veranlaßte den Bau des Ersten Tempels (1 Könige 5–6). Dazu ließ Salomo den Berg Morija ins Stadtgebiet miteinbeziehen. Am Südrand des Plateaus stand der Königspalast. Der Tempel, von dem bis heute archäologisch nichts bekannt ist, wurde 587 v. Chr. von dem Babylonier Nebukadnezar II. zerstört, aber etwa 70 Jahre später nach alten Plänen wiedererrichtet (Esra 6,3). Dieser wahrscheinlich schlichte Bau sollte erst nach einem halben Jahrtausend durch ein neues, glanzvolles Gotteshaus ersetzt werden. Herodes der Große befahl den Baubeginn dieses Zweiten Tempels – eigentlich ist es der dritte Tempelbau – für das Jahr 19 v. Chr. Bereits ein Jahr später konnte der Tempel eingeweiht werden. Durch Einebnungen und aufwendige Substruktionen wurde eine Plattform von 300 × 480 m für das Heiligtum geschaffen. Die architektonische Ausgestaltung des Bezirks mit umlaufenden Säulenhallen und diversen Gebäuden zog sich jedoch über acht Jahrzehnte hin. An der

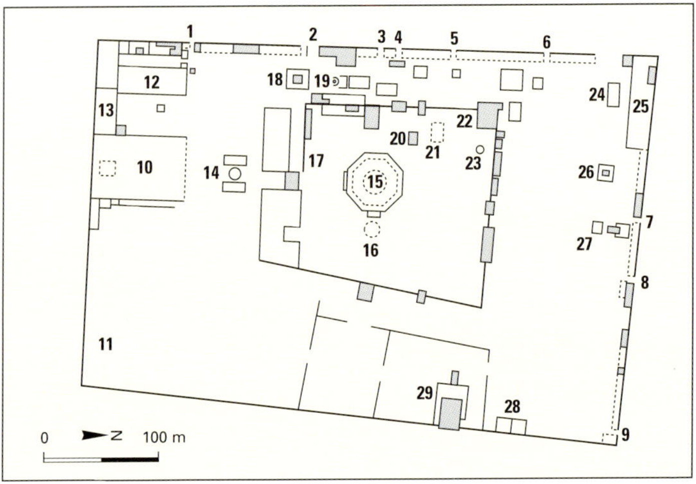

Auf dem Tempelberg
1 Maghrebinertor (Bab el-Maghariba) 2 Kettentor (Bab el-Silsileh) 3 Latrinentor (Bab el-Matara) 4 Baumwolltor (Bab el-Qattanin) 5 Eisentor (Bab el-Hadid) 6 Gefängnistor (Bab el-Habs) 7 Bab el-Atim 8 Bab Hitta 9 Bab el-Asbat 10 Aqsa-Moschee 11 Ställe Salomos 12 Weiße Moschee 14 Reinigungsbrunnen 15 Felsendom (Qubbet es-Sakhra) 16 Kettendom (Qubbet es-Silsileh) 17 Kanzel des Burhan ed-Din 18 Mosesdom (Qubbet Musa) 19 Sebil Qait Bey 20 Himmelfahrtsdom (Qubbet el-Miraj) 21 Hebrondom (Qubbet el-Khalil) 22 Georgsdom (Qubbet el-Khadr) 23 Geisterdom (Qubbet el-Arwah) 24 Sebil Ala ed-Din el-Basir 25 Omariye-Schule 26 Qubbet Süleyman 27 Sebil es-Sultan Süleyman 28 Thron Salomos (Moschee Kursi Süleyman) 29 Goldenes Tor

Ost- und Südseite sowie an der Westmauer des Tempelberges sind heute noch längere Stücke der aus riesigen Quadern errichteten herodianischen Umfassungsmauer erhalten.

Der triumphale Sieg des späteren Kaisers Titus im jüdischen Krieg endete mit der Plünderung und Einäscherung des Tempels 70 n. Chr. Wie die Reliefs des Titusbogens in Rom zeigen, wurden die Beutestükke in die Hauptstadt des Reiches gebracht. Kaiser Hadrian erbaute an der Stelle des herodianischen Tempels 120 n. Chr. ein Jupiterheiligtum. Unter Konstantin dem Großen wurde aber auch dieser Tempel wieder zerstört. Im 4. Jh. ermunterte Kaiser Julian Apostata die Juden, ihr

Heiligtum erneut aufzubauen. Ein Erdbeben und Brände verhinderten dieses Vorhaben. Bis zum Einzug der Araber 638 n. Chr. diente der Tempelberg vor allem als Steinbruch. Kalif Omar I. errichtete am Südrand des Plateaus einen Gebetsort für die Moslems. Der heilige Felsen, auf dem Abraham sein Opfer darbrachte und von wo Mohammed in den Himmel aufstieg, wurde unter dem Kalifen Abd el-Malik (685–705) mit einem Schrein überdacht. Dieses neue islamische Heiligtum, die Qubbet es-Sakkra, besaß die gleichen Rechte wie die Kaaba in Mekka. Eine Pilgerfahrt *(Hadsch)* nach Jerusalem konnte demnach die im Islam vorgeschriebene nach Mekka ersetzen. 1099 übernahmen die Kreuzfahrer die Macht. Sie nutzten den Felsendom fortan als Kirche, als *Templum Domini* (Tempel des Herrn); die 715 errichtete Aqsa-Moschee diente ihnen unter dem Namen *Templum Salomonis* als Herrschersitz. Hier gründete der fränkische Ritter Hugo de Payens für die Jerusalempilger den Templerorden, benannt nach seinem Hauptsitz. Als die Araber durch Saladin 1187 erneut die Macht über Jerusalem errangen, wurde der Felsendom wieder ein islamisches Heiligtum, was er bis heute geblieben ist. Während der langen arabischen Herrschaft änderte der Tempelberg zunehmend sein Aussehen. Viele der kleinen Bauten, Pergolen, Brunnen und Kioske wurden von den Mamelucken im 14./15. Jh. errichtet. In dieser Zeit erlangte der Tempelberg weitgehend sein heutiges Erscheinungsbild.

Lage und Aufbau

Der Haupteingang zum Tempelberg, Haram esh-Sharif (arab. »erhabenes Heiligtum«), heute ein heiliger Bezirk für Moslems, befindet sich an seiner Südwestecke, oberhalb der Westmauer beim **Magrebinertor** (Bab el-Maghariba; tägl. außer Fr 8–12, 13.30–15 Uhr). Nur Moslems ist es gestattet, den Tempelberg durch alle anderen Tore zu betreten. Vor dem Eingang werden die Taschen kontrolliert. Es wird streng auf angemessene Kleidung geachtet. Rauchen ist verboten. Eintrittskarten für die beiden Hauptheiligtümer, den Felsendom und die Aqsa-Moschee, sowie für das Islamische Museum werden in kleinen Kiosken innerhalb des Bezirks verkauft. Schuhe, Taschen, Fotoapparate und Videokameras dürfen in die zwei Heiligtümer nicht mitgenommen werden.

Der Haram esh-Sharif umfaßt ein leicht trapezförmiges Areal, das über neun Tore – sechs an seiner Westseite, drei an der Nordseite – zugänglich ist. Den Südbereich des Tempelberges beherrscht heute die **Aqsa-Moschee.** Ihr Name »Die entfernteste (Moschee)« besagt nach der 17. Sure des Korans, daß sich hier der von Mekka aus am weitesten entfernte Gebetsort befindet, zu dem Allah seinen Propheten Mohammed führte. Um 715 wurde der

Himmelfahrtsdom

erste Großbau errichtet. Je sieben Seitenschiffe rahmten das etwa 83 m lange Mittelschiff. Die Moschee nahm fast die ganze Breite des Tempelberges ein. Erdbebenschäden im Laufe der Jahrhunderte führten 1034/35 unter dem Kalifen el-Zahir schließlich zu einem etwas kleineren Neubau mit nur noch fünf Schiffen. Die Gestalt des heutigen Gebetshauses resultiert im wesentlichen aus dieser Wiedererrichtung. Für die Nutzung des Gebäudes als Hauptquartier der Kreuzfahrer sind einige Anbauten hinzugekommen, ein Bereich der Moschee wurde als Kirche umgestaltet. Saladin und seine Nachfolger sorgten für die reiche Ausschmückung und fortwährende Restaurierung ihres seit dem 12. Jh. wieder moslemischen Gotteshauses. Die letzten größeren Maßnahmen mußten getroffen werden, nachdem die Moschee im Sechstagekrieg 1967 durch eine Granate und zwei Jahre später ihr Inventar durch Brandstiftung stark beschädigt wurde.

Hinter einer schmalen Vorhalle erstreckt sich der Säulenwald des Gebetsraumes. Das Mittelschiff ragt mit 17 m über den jeweils drei etwa 12 m hohen Seitenschiffen hinaus. Die Säulen aus Carraramarmor sind ein Geschenk Mussolinis aus dem Jahr 1938. Die Bemalung der im Hauptschiff eingezogenen Holzdecke spendete im selben Jahr der ägyptische König Faruk. Ein reich mit Mosaiken des 11. Jh. geschmückter Bogen trennt das Mittelschiff vom Kuppelraum. Die stilisierten Palmwedel symbolisieren das Paradies. Im Kuppelraum stiftete Saladin die schöne Einfassung des *Mihrab* (Gebetsnische) und einen reich verzierten hölzernen *Mimbar* (Kanzel), der 1968 leider der Brandstiftung zum Opfer fiel. Die fast 18 m hohe Kuppel ist innen mit einem goldgrundigen Mosaik aus dem späten 12. Jh. geschmückt, außen seit 1927 mit Bleiplatten gedeckt. Im Ostbereich der Moschee erinnert die Gebetsnische des Zacharias, im Westbereich die nicht zugängliche Weiße Moschee (Frauenmoschee) an die Bauveränderungen durch die Kreuzfahrer.

Links neben dem Eingang zur Aqsa-Moschee führt eine Treppe zu den Substruktionen des Baus. Hier befand sich ursprünglich der herodianische Aufgang zum Tempelberg. Zwei große, monolithe Säulen des Hulda-Tores stehen noch an ihrem ursprünglichen Ort. Eine weitere Treppe östlich der Aqsa-Moschee gewährt Zugang zu den **»Ställen Salomos«.** Herodes der Große ließ für die Tempelplattform gewaltige Substruktionsgewölbe über einer Fläche von etwa 5000 m^2 anlegen. Auf 88 Pfeilern, die aus großen Quadersteinen zusammengesetzt sind, ruht in 9–10 m Höhe das Tonnengewölbe. Löcher an den Pfeilern berichten von der Nutzung der Räumlichkeiten als Pferdestall durch die Kreuzfahrer. Heute dienen sie als zusätzliche Gebetsräume und sind nur mit Sondergenehmigung zugänglich.

Die Südwestecke des Tempelberges nimmt heute das **Islamische Museum** ein. Die Architekturstücke auf dem Vorhof gehörten zu Bauten aus dem näheren Umfeld. In dem Eingangsbereich des Museums berichten Fotos und Kleidungsstücke von einem Blutbad, das sich am 8. Oktober 1990 auf dem Tempelberg ereignete, als extreme Juden demonstrativ versuchten, einen Gründungsstein für den dritten Tempel über das moslemische Heiligtum zu legen. Die anschließenden Räume zeigen interessante Stücke islamischer Kulturgeschichte, wie z. B. verschiedene Koranabschriften, Lampen, Waffen und Textilien. Der südliche Gebäudetrakt des Museums stammt aus der Kreuzfahrerzeit. Beachtenswert sind hier neben der Kreuzgewölbe-Architektur das Eisengitter aus dem 12. Jh., das bis ins 20. Jh. hinein den Felsen im Felsendom abgrenzte, die kreuzfahrerzeitliche Marmorballustrade, die bis ins 19. Jh. den Mirhab der Aqsa-Moschee schmückte, sowie einige schöne Fenster aus Stuck und Glas aus dem 16. Jh.

Acht Treppen ermöglichen den Zugang auf das Plateau, von dessen Mitte sich der weithin sichtbare Felsendom erhebt. Säulenarkaden aus verschiedenen Jahrhunderten krönen die Aufgänge. Sie werden »Waagschalen« genannt, denn nach dem moslemischen Glauben werden hier am Jüngsten Gericht die Seelen der Menschen gewogen. Neben der Arkade an der Südseite der Terrasse, dem direkten Aufgang von der Aqsa-Moschee zum Felsendom, steht eine schöne Sommerkanzel aus dem 14. Jh. Für ihre Errichtung verwendete Burhan ed-Din zahlreiche byzantinische und kreuzfahrerzeitliche Bauteile. Der **Felsendom** (Qubbet es-Sakhra) gehört mit Mekka und Medina zu den wichtigsten Pilgerstätten des Islam. Er umschließt den heiligen Felsen, von dem Mohammed auf seinem Pferd Buraq die nächtliche Himmelsreise antrat. Der Kalif Abd el-Malik beschäftigte von 687 bis 691 byzantinische und persische Künstler mit der Errichtung des Schreins. Es ist ein schlichter Zentralbau aus Kreisen und zwei um 90° zueinander versetzten Quadraten, die so ein Achteck bilden, das Ganze mit einer großen Kuppel bekrönt. Weiße geäderte Marmorplatten schmücken den unteren Bereich der Außenwände, ornamentale Fayencen ersetzen seit Süleyman dem Prächtigen (1561) die ursprüngliche Mosaikverkleidung. Kacheln und Marmorplatten sind heute eine Erneuerung von 1963 im originalen Dekor. Die Kuppel ließ der 1999 verstorbene König Hussein von Jordanien erneuern und mit vergoldeten Aluminiumplatten abdecken, nachdem 1994 ein israelischer Fanatiker diese mit einem Maschinengewehr zerstört hatte. Vier nach den Himmelsrichtungen weisende Portale führen in den Schrein. Geöffnet ist in der Regel nur das Westtor. Zwölf Pfeiler und 28 Säulen tragen im Inneren die hölzerne Decke des doppelten Umgangs. Einige der Marmorsäulen, die unterschiedliche Maße und Kapitelle besitzen und eingeritzte Kreuze tragen, stammen aus älteren byzantinischen Bauten. Goldgrundmosaiken bzw. Marmorplatten schmücken die Arkaden über den Säulen-Pfeilerstellungen. Die Kuppel erhebt sich 31 m über dem Felsen. Sie ist mit vergoldetem Stuck auf rotem Grund ausgekleidet. Ihre Konstruktion aus zwei Schalen, die einen Hohlraum von 0,6 bis 1,5 m bilden, ermöglicht es, zum bekrönenden Halbmond auf der Spitze der Kuppel zu gelangen. Im Inneren fällt von ihrer Mitte eine goldene Kette auf den Felsen, den Nabel der Welt, hinab. Gedämpftes Licht dringt durch die 16 bunten Glasfenster des Tambours in den Raum. Die rein pflanzlich-ornamentale Ausschmückung des Felsendoms hält sich konsequent an das islamische Bilderverbot. Nur beim genaueren Hinsehen und mit etwas Phantasie sieht man, wie die Künstler bei der Auswahl der Marmorplatten mit diesem Verbot spielten. An einem Pfeiler läßt die Maserung des Steins Vögel erkennen, die aus einem Kelch trinken, an einem anderen starrt uns eine Eule entgegen. Den Teppichboden spendete König Hussein ebenfalls im Jahr 1994. Das Muster weist dem Gläubigen aus jeder Ecke des Raums die Richtung nach Mekka.

Der heilige Felsen ist mit einer hölzernen Balustrade umgeben. In der Südwestecke schützt ein Reliquienschrein den Fußabdruck Mohammeds. Im Schrein werden auch Barthaare des Propheten aufbewahrt. Die Fingerabdrücke des Erzengels Gabriel, der den Fels bei der

Der Tempel Herodes' des Großen

Das bedeutendste Heiligtum der Juden, der Tempel in Jerusalem, hatte durch Kriegswirren und Plünderungen sehr gelitten. So beschloß Herodes der Große, ihn vollkommen neu wiederzuerrichten und prächtiger auszubauen als je zuvor. Das jüdische Volk war jedoch mißtrauisch und glaubte, Herodes wolle unter Vorspiegelung eines geplanten Neubaus nur den alten Jahwe-Tempel abreißen lassen und anschließend behaupten, die Kosten für den Bau eines neuen Heiligtums wären zu hoch. So zwangen sie ihn, alle Materialien für den Neubau im voraus bereitzustellen. Herodes beschwichtigte sein Volk, in dem er nicht nur das Steinmaterial herbeischaffen, sondern auch erfahrene Handwerker von überall herkommen ließ und sogar 1000 Priester zu Steinmetzen, Zimmerleuten und Dekorateuren ausbildete. Sie sollten für den Bau des Allerheiligsten, des Tempels selbst, zuständig sein, damit es nicht durch ›unreine‹ Hände entweiht wurde. Er selbst als Nichtjude soll den Tempel nie betreten haben. Dies ist wohl auch der Grund, weshalb er das Umfeld des Heiligtums in großem Stil ausbauen und sehr prachtvoll gestalten ließ.

Archäologisch ist nur wenig von dieser großartigen Anlage erhalten. Ausgrabungen sind im Bereich jüdischer und islamischer Heiligtümer verboten. So bietet neben der erhaltenen Stützmauer lediglich die ausführliche Beschreibung des jüdischen Schriftstellers Flavius Josephus (37/38– ca. 100 n. Chr.), der den Tempel noch selbst aufsuchen konnte, eine Vorstellung von dem größten jüdischen Heiligtum. Im Norden wurde das Hügelplateau eingeebnet, im Süden mit Hilfe von mächtigen Stützmauern aufgeschüttet. So entstand eine Plattform von 144 000 m^2. Sie entsprach ungefähr der doppelten Größe des alten Tempelareals. Um alle vier Seiten verlief eine doppelte Säulenreihe aus weißem Marmor, überdacht mit Tafelwerk aus Zedernholz. Nur auf der Südseite ließ Herodes den Umgang mit 162 korinthischen Säulen in vier Reihen als die sogenannte Königliche Halle noch prächtiger gestalten. Von Westen mündete eine breite Freitreppe aus dem Tyropöontal in der Königlichen Halle (die Reste sind in dem sogenannten Robinson-Bogen erkennbar). Neben diesem Aufgang führten noch weitere sieben Portale in das Innere des Tempelbezirks. Auf der Südseite konnten die Besucher über eine breite Treppenanlage durch die zwei »Hulda-Tore« (Maulwurfstore) auf den Tempelvorplatz gelangen. Von ihnen verliefen prächtige, mit floralen und geometrischen Mustern verzierte Gänge durch die gewaltigen Substruktionen, auf denen sich die Königliche Halle erhob. Der mit farbigen Steinen ausgelegte Platz um den eigentlichen Tempel war für alle Menschen zugänglich, wie auch seine Bezeichnung als Vorhof der Heiden nahe legt. Der Tempel erhob sich auf einer Terrasse, die über rundumlaufenden Stufenanlagen erreichbar war. Warnungstafeln in griechischer und lateinischer Sprache wiesen den Besucher daraufhin, daß für Nichtjuden das Betreten des Tempels bei Todesstrafe verboten sei. In der 18 m hohen, festungsartig wirkenden Umfassungsmauer ermöglichten zehn Tore den Eingang in den inneren Tempelbezirk. Auf der Ostseite konnten Frauen durch das »Schöne Tor« in den ihnen vorbehaltenen »Vorhof der Frauen« gelangen. Eine halbrunde Treppenanlage verband den Hof mit dem westlich anschließenden »Vorhof der Männer«. Dann folgte der Brandopferaltar und der eigentliche Tempel mit dem Heiligen und Allerheiligsten, deren Wände und Türen überreich geschmückt und ganz vergoldet waren. Im Bereich des Heiligen wurden weltberühmte Kunstwerke aufbewahrt, u. a. der prachtvolle siebenarmige Leuchter, den Titus auf seinem Triumphzug mit sich führte. Flavius Josephus lobt besonders den babylonischen Vorhang, der das Allerheiligste verbarg. Aus verschiedenen Materialien in zahlreichen Farben gewoben, stellte er das Weltall dar. Das Allerheiligste war für niemanden zugänglich. Lediglich der Hohepriester betrat einmal im Jahr, am Versöhnungstag, diesen gänzlich leeren Raum. Hier brachte er seinem Gott ein Rauchopfer auf dem Grundstein dar, auf dem einst im Salomonischen Tempel die Bundeslade gestanden hatte. Im Gegensatz zu der äußeren Hallenarchitektur, die viele hellenistische Elemente aufweist, schien der Tempel selbst in altorientalischer Tradition und an den salomonischen Tempel anknüpfend erbaut worden zu sein. Ein im Talmud überliefertes Sprichwort verdeutlicht die damalige Wirkung dieses großartigen Gotteshauses auf die Juden: »Man sagt, wer den Bau des Herodes nicht gesehen hat, hat keinen schönen Bau gesehen.«

Der Tempel Herodes´ des Großen
A Tempel mit Heiligem und Allerheiligstem B Brandopferaltar C Vorhof der Priester D Vorhof der Männer E Nikaner-Tor F Vorhof der Frauen
G Schöne Pforte H Susa-Tor (Goldenes Tor) I Dreifaches Tor mit unterirdischem Treppenaufgang (Hulda-Tor) J Zweifaches Tor mit unterirdischem Treppenaufgang (Hulda-Tor) K Freitreppe in das Tyropöontal (Robinson-Bogen)
L Unterirdisches Tor (Barclay-Tor) M Coponius-Tor mit Brücke des Xystus (Wilson-Bogen) N Tor der Vorstadt P Schaf-Tor T Tadi-Tor
1–9 Tempeltore 10 Steinbrüstung mit Warnungstafeln 11 Gelände des heutigen Felsendoms

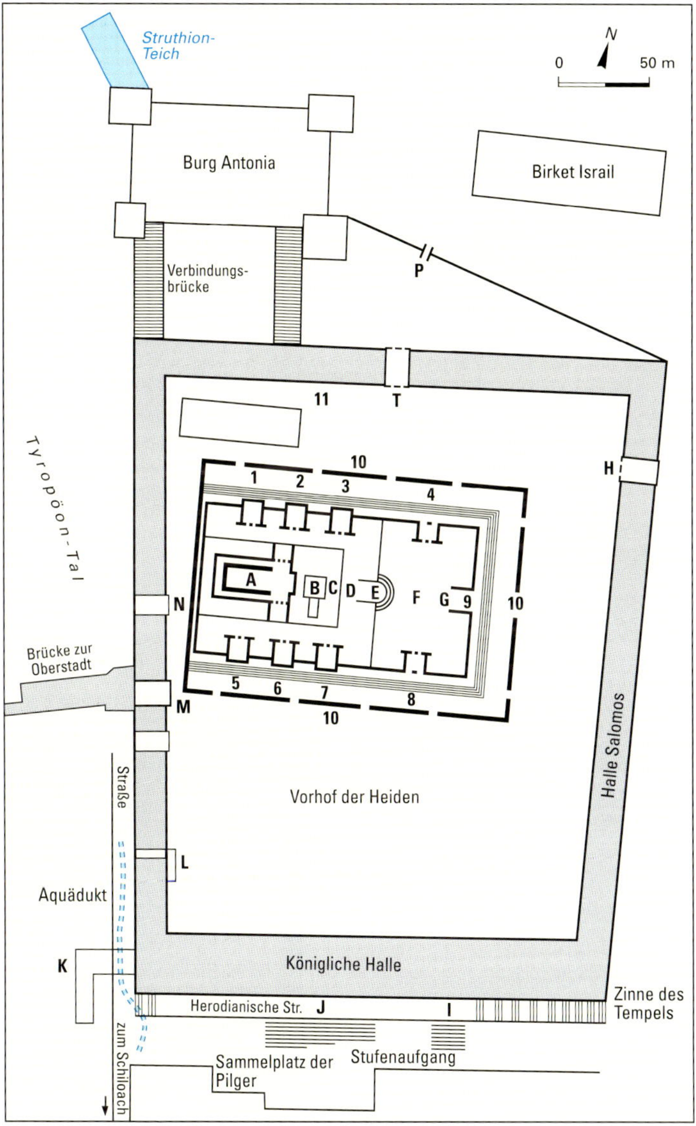
Struthion-
Teich
N
0
50 m
Burg Antonia
Birket Israil
Verbindungs-
brücke
P
11
T
H
Tyropöon-Tal
10
1
2
3
4
A
B
C
D
E
F
G
9
10
N
Brücke zur
Oberstadt
5
6
7
8
M
10
Halle Salomos
Straße
Vorhof der Heiden
L
Aquädukt
K
Königliche Halle
Zinne des
Tempels
Herodianische Str.
J
I
zum Schiloach
Sammelplatz der
Pilger
Stufenaufgang

Auffahrt des Propheten zurückhielt, sollen sich in der Mitte der östlichen Felskante eingedrückt haben. Im Nordbereich des Felsens bedecken zwei Steinplatten eine Grube, die mit einem Kanal verbunden ist. Wahrscheinlich wurde hier in der Zeit des jüdischen Tempels das Opferblut aufgefangen. Im östlichen Bereich des Felsens führt eine Treppe zu einer Höhle hinab, in der Elias, Abraham, David und Salomo von den Moslems verehrt werden. Eine weiße Marmorplatte in ihrem Boden trennt sie von dem »Seelenbrunnen«, einer tieferliegenden Höhlung. Hier versammeln sich nach islamischer Tradition die Seelen der Verstorbenen in Erwartung des Jüngsten Gerichts zum Gebet.

Auf dem Tempelberg und der Terrasse des Felsendoms stehen weitere Heiligtümer, die im Laufe der Jahrhunderte diesem Plateau sein heutiges Aussehen gaben. Bemerkenswert ist der **Kettendom** (Qubbet es-Silsileh), der direkt vor dem Ostportal des Felsendoms steht und den Mittelpunkt des gesamten Areals einnimmt. Der Kalif Abd el-Malik ließ diesen allseits offenen Pavillon im 7. Jh. v. Chr. wahrscheinlich als Schatzkammer errichten. Benannt ist der Dom nach einer Legende, die hier den Gerichtsplatz von Salomo lokalisiert. Sie besagt, daß derjenige, der die vom Dach herabhängende Kette in den Händen hielt und die Unwahrheit sagte, vom Blitz getroffen wurde.

Zu den schönsten Kleinbauten auf dem Tempelberg gehört der **Sebil Qait Bey,** eine Brunnenstiftung des Sultan Qait Bey von 1482, zwischen Felsendom und Kettentor gelegen. Der rechteckige, etwa 13 m hohe Bau ist eine mameluckische Arbeit. Die umlaufende Inschrift erwähnt neben Koranzitaten einen Vorgängerbau und Restaurierungsmaßnahmen am derzeitigen Gebäude während des Jahres 1883. Die ungewöhnliche Gestalt des Sebils steht der gleichzeitigen Grabarchitektur nahe.

In dem überdachten Suk jenseits des **Baumwolltores** (Bab el-Qattanin) kann man in beschaulicher Atmosphäre und bei frischem, köstlich zubereitetem Pfefferminztee den Besuch des Tempelberges ausklingen lassen.

Besuch aus Fernost am Felsendom

Weg 3: Entlang der Via Dolorosa

Durch die belebten Gassen des Moslemischen und Christlichen Viertels der Altstadt führt der Weg, den Jesus Christus vom Ort seiner Verurteilung bis nach Golgota zurücklegte. Heute rahmen ihn nicht nur die Kreuzwegstationen, sondern neben Andenkenläden auch Spuren der römischen Stadtanlage und wichtige religiöse Einrichtungen.

Hinter dem Stephanstor (s. S. 72) liegt rechterhand die **St. Anna-Kirche** mit dem **Teich Betesda** (tägl. außer So 8–12 u. 14–18, im Winter bis 17 Uhr). Hier heilte Jesus einen 38 Jahre lang gelähmten Mann von seiner Behinderung (Johannes 5, 1–18), und hier wird seit dem 5./6. Jh. die Geburtsstätte von Jesus Mutter Maria lokalisiert. Königin Alda, die Witwe Balduins I., ließ die St. Anna-Kirche vor 1150 erbauen, zu Ehren von Anna und Jojakim, den Eltern der Gottesmutter, deren Haus nach christlicher und später islamischer Tradition an diesem Ort gestanden haben soll. Nach der Einnahme Jerusalems durch Saladin 1187 diente diese Kreuzfahrerkirche über 700 Jahre als Moschee, bis Mitte des 19. Jh. Sultan Abdul Medschid I. sie als Dank für die im Krimkrieg geleistete Hilfe den Franzosen übergab. Seit ihrer Restaurierung im 19. Jh. steht sie unter der Obhut der Weißen Väter, einer katholischen Weltpriestergenossenschaft für die äußere Mission. Der romanische Bau mit ersten frühgotischen Einflüssen zeichnet sich durch Schlichtheit und besonders gute Akustik aus. Die Krypta ist zu einem großen Teil aus dem Fels geschlagen und wird als Geburtsstätte Marias verehrt.

Seit die Geburt Marias unter den Kreuzfahrern an diesem Ort ins Zentrum des Bewußtseins rückte, verlor sich das Gedenken an den Teich Betesda. Erst archäologische Untersuchungen im späten 19. und im 20. Jh. konnten Betesda, das Haus der Barmherzigkeit, wieder historisch fassen. Nordwestlich der St. Anna-Kirche sind vermutlich bereits um 200 v. Chr. zwei trapezoide Becken mit einer Fläche von insgesamt etwa 5000 m^2 in den Fels gehauen worden, deren Wasserstand durch ein kompliziertes Kanalisationssystem reguliert wurde. Der Teich diente in erster Linie zur Wasserversorgung des Tempelhofes, aber das östlich anschließende Höhlensystem mit Badeanlage läßt auch auf einen frühen Kult- und Heilbetrieb schließen. Eine prunkvolle Ausgestaltung mit Säulenhallen erhielten die Doppelzisternen im Zuge des Tempelneubaus unter Herodes dem Großen (37–4 v. Chr.). Wie Votiv- und Inschriftenfunde belegen, wurde hier in römischer Zeit eine Asklepioskultstätte eingerichtet. In der ersten Hälfte des 5. Jh. erbauten die Byzantiner zur Erinnerung an die Heilung des Gelähmten eine dreischiffige Basilika auf der Trennmauer zwischen den Becken. Auf Stützbogenpfeilern schwebten ihre Seitenschiffe über dem Wasser. Bereits 614 wurde die Basilika bei der Eroberung Jerusalems durch die Perser wieder zerstört. Ihr unmittelbarer Nachfolgebau war neben dem Heilungswunder auch dem Gedächtnis der Geburt Marias geweiht. Anfang des 11. Jh. ist sie von Sultan el-Hakim bis auf die Grundmauern zerstört worden. Die Kreuzfahrer bauten zwei neue Kirchen: die St. Anna-Kirche und eine kleine einschiffige Kirche zu Ehren der Heilung des Gelähmten. Letztere erhob sich über einer schmalen Zisterne, die bereits die Byzantiner vom Nordteich abgetrennt hatten. Bis auf eine weitere schmale Zisterne wurden die großen Wasserbecken im Laufe der Zeit mit Schutt angefüllt und überbaut.

Herodes der Große ließ an der Nordwestecke des Tempelberges die **Burg Antonia** zum Schutze vor dem Feind und als Residenz errichten. Benannt hatte er sie nach seinem Gönner Marcus Antonius, was auf eine Erbauungszeit vor 31 v. Chr. hinweist, d. h. vor der Schlacht bei Actium, in der Antonius dem späteren Kaiser Augustus unterlag. Er errichtete die massive viertürmige Festungsanlage in dem Bereich der

Entlang der Via Dolorosa

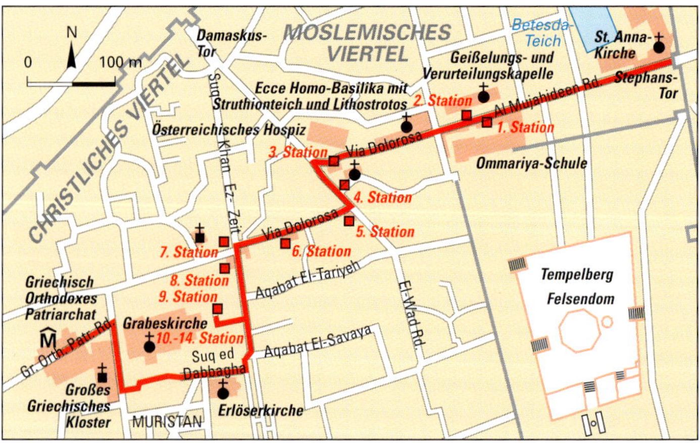

St. Anna-Kirche mit Teich Betesda

Stadt, der schon zur Zeit des ersten Tempels durch den Hananelturm besonders gesichert wurde. 70 n. Chr. ließ Titus im Zuge der Zerstörung Jerusalems auch die Burg dem Erdboden gleich machen. Heute ist die Antonia vollkommen überbaut, lediglich das Felsplateau, auf dem sie sich einst erhob, ist im Stadtbild zu erkennen. Da nach der christlichen Tradition Jesus auf dem Gelände der Antonia zum Tode verurteilt wurde, beginnt hier der Leidensweg Christi, die **Via Dolorosa.** Im Evangelium sind nur acht Stationen (1., 2., 5., 8., 10., 11., 12. und 14.) überliefert. Die anderen sechs sind nach und nach durch Tradition und Frömmigkeit hinzugekommen. Der heutige Verlauf der Via Dolorosa mit seinen 14 Stationen ist im 16. Jh. festgelegt worden. Sie sind durch Mauerinschriften, Kapellen und Säulen hervorgehoben. Seit Jahrhunderten folgen jedes Jahr am Karfreitag Tausende von Gläubigen dem Leidensweg Jesu. Am Freitag jeder Woche findet eine Prozession unter Anleitung von Franziskanermönchen (im Sommer um 16 Uhr, im Winter um 15 Uhr) statt, und jeden Tag sieht man kleine Pilgergruppen, die mit einem Holzkreuz zur Grabeskirche ziehen. Die **1. Station,** Jesus wird zum Tode verurteilt (Matthäus 27, 22–26), befindet sich aus praktischen Gründen in der Ommariya-Schule, die heute den Platz der Antonia auf dem Felsplateau einnimmt. Im Hof der Schule sammeln sich allwöchentlich die Pilger für die Freitagsprozession. Durch die Fenster an der Südseite des Hofes hat man einen herrlichen Blick auf den Tempelberg mit dem Felsendom.

Auf der gegenüberliegenden nördlichen Seite der Lions' Gate Road (Al Mujahideen) liegt der Franziskanerkonvent (tägl. 8–12 u. 14–18 Uhr, im Winter 13–17 Uhr) mit der **2. Station:** Jesus nimmt das Kreuz (Johannes 19, 16b–17). Rechts vom Eingang steht die **Geißelungskapelle.** Der Kreuzfahrerbau ist nach Plänen des Architekten Antonio Barluzzi, die den ursprünglichen Bau berücksichtigen, 1927–29 wiedererrichtet worden. Die Glasfenster zeigen die Bestrafung Christi, den sich händewaschenden Pilatus und den triumphierenden Barabbas. Die Kuppel schmückt eine Dornenkrone. Die **Verurteilungskapelle** linkerhand des Eingangs ist 1903 über einer byzantinischen Kirche erbaut worden. Reste vom römischen Straßenpflaster, dem Lithostrotos, sind hier sichtbar. Außer einem Bibelinstitut beherbergt der Konvent auch ein archäologisches Museum (tägl. außer So 9–11.30 Uhr), in dem interessante Funde, Fotos und Pläne von den langjährigen Grabungen der Franziskaner in Jerusalem und im Heiligen Land ausgestellt sind.

In der nächsten Querstraße, der El Madana Elhamra, befindet sich der Eingang zum **Struthionteich** und dem sogenannten **Lithostrothos,** die von den Nonnen des Klosters Notre Dame de Sion verwaltet werden (tägl. außer So 8.30–12.30 u. 14–17 Uhr, im Winter bis 16.30 Uhr). Der Struthionteich ist ein künstlich in den Fels geschlagenes Wasserbekken, das unter Herodes dem Großen zur Versorgung der Burg Antonia diente. In römischer Zeit, vielleicht unter Kaiser Hadrian, wurde das Becken durch die Einfügung einer Längsmauer in eine Doppelzisterne verwandelt und mit einem Tonnengewölbe überdeckt. Aus der Zeit Hadrians stammt auch das gut erhaltene Steinpflaster mit Querrillen, die das Ausrutschen von Pferden verhindern sollten, Wasserablaufrinnen und eingeritzten Spielen. Es gehörte zu einer platzähnlichen Anlage, vielleicht einem Forum. Nach christlicher Tradition soll hier, auf diesem Steinpflaster, Jesus von Pontius Pilatus verurteilt worden sein. Zum Konvent der Notre Dame de Sion gehört auch die **Ecce-Homo-Basilika.** 1868 wurde sie zum Gedenken der Verurteilung Jesu und der Worte Pilatus' »Seht diesen Menschen« geweiht (Johannes 19, 5). In ihren Chorraum sind eindrucksvoll der nördliche Durchgang eines dreitorigen Hadriansbogens einbezogen, der ursprünglich den östlichen Eingang zur Aelia Capitolina markierte, sowie Teile des römischen Straßenpflasters. Der mittlere Durchgang des Bogens überbrückt die Via Dolorosa.

An der Einmündung der Via Dolorosa in die El-Wad Road steht rechter Hand der imposante Bau des **Österreichischen Hospizes zur Heiligen Familie.** 1857 als Pilgerhaus und Stätte der österreichischen Präsenz im Heiligen Land erbaut, diente das Gebäude während des

Zweiten Weltkrieges als Internierungslager und später zeitweise als Krankenhaus. 1985 wurde es seinem österreichischen Eigentümer zurückgegeben und konnte 1988 wieder den Betrieb als Pilgerhospiz aufnehmen. Das von Leopold Kupelwieser geschaffene Altarbild der Hauskapelle zeigt die Heilige Familie, die Patrone des Hospizes, bei ihrer Ankunft in Jerusalem. Neben der Dachterrasse, die einen faszinierenden Blick über die Altstadt ermöglicht, lohnt auch ein Besuch des gemütlichen Cafés, das zu einer Tasse Schümli mit warmem Apfelstrudel einlädt.

Eine kleine, 1947 von der polnischen Gemeinde errichtete Kapelle erinnert an die **3. Station** des Leidensweges. Wie das Relief von Thaddeus Zieliensky über dem Portal zeigt, stürzte Jesus hier das erste Mal unter der Last des Kreuzes. In diesem Bereich der Via Dolorosa sind römische Steinplatten, die 1979/80 bei Sanierungsarbeiten der Straße zum Vorschein kamen, in das heutige Straßenpflaster eingefügt worden. Wenige Meter weiter begegnete Jesus seiner Mutter Maria. Ein Relief über dem Eingang zur armenischen Kirche der Schmerzen Mariä zeigt die **4. Station** an. Die Darstellung des byzantinischen Bodenmosaiks in der Krypta erinnert ebenfalls an dieses Ereignis. An der Biegung, wo die Via Dolorosa als Stufengasse zum Golgotafelsen hinaufführt, gedenkt die 1881 erbaute Franziskanerkapelle der **5. Station.** Als Soldaten bemerkten, daß Jesus

3. Station des Leidensweges Christi

den steilen Weg nicht mehr mit dem Kreuz bewältigen würde, zwangen sie den Feldarbeiter Simon von Kyrene, das schwere Kreuz zu übernehmen (Markus 15,21). Auf halber Höhe, gleich hinter der zweistöckigen Gassenüberbauung kündet eine Holztür mit Eisenbeschlägen von der **6. Station.** Eine Frau namens Veronika reichte Jesus ihren Schleier, damit er sein Gesicht von Blut und Schweiß trockne. Sein Antlitz prägte sich dabei in das Tuch, welches heute im Petersdom in Rom aufbewahrt wird. Die Kapelle wird von den Kleinen Schwestern Jesu betreut. Bei Restaurierungsarbeiten in den 50er Jahren des 20. Jh. kamen Mauerreste zum Vorschein, die vermutlich zu einem byzantinischen Kloster gehörten. Die Via Dolorosa trifft bald auf die vom Damaskustor kommende Hauptbasarstraße Suq Khan ez-Zeit und die **7. Station.** Hier fiel Jesus zum zweiten Mal. Die Tradition vermutet, daß er an dieser Stelle die damalige Stadtgrenze erreichte und sie durch ein Tor, an dem die Todesurteile angeschlagen waren, verließ. Wenige Schritte die Aqabat el-Khanqa hinauf erinnert linker Hand an der Außenmauer des griechischen Klosters des Heiligen Charalambos ein kleines Relief an die **8. Station.** Es zeigt den Golgotafelsen mit einem Kreuz und den Schriftzeichen IC XC NIKA, was besagt »Jesus Christus siegt«. Hier tröstete Jesus die weinenden Frauen und sagte zu ihnen, daß sie nicht über ihn, sondern über sich selbst und ihre Kinder weinen sollen (Lukas 23,28). Die nächste Station kann heute nicht mehr auf direktem Wege erreicht werden, daher muß man auf die Basarstraße zurückkehren, um von dort über eine Treppe zum koptischen Kloster zu gelangen. Die Säule links neben dem Eingang zum Kloster bezeichnet die **9. Station.** Jesus stürzte hier zum dritten Mal. Eine zweite Tür neben der Säule ermöglicht den Eintritt in den Hof des **äthiopischen Klosters Deir es-Sultan,** das sich über der Helenakapelle der Grabeskirche befindet. Die Mönche leben in einfachen Unterkünften. Von hier kann man durch ihre Kapelle zum Vorhof der Grabeskirche mit den letzten vier Stationen hinabsteigen. Da die Kapelle aber nicht immer zugänglich ist, führt der Weg zurück auf den Suq Khan ez-Zeit. Nach wenigen Metern verzweigt sich die belebte Marktstraße in drei parallelführende Suks. Im Suq el-Khawajat werden fast ausschließlich Textilien, im Suq el-Attarin die verschiedenartigsten Gewürze und Süßigkeiten und im Suq el-Lahhamin überwiegend frisches Fleisch verkauft. Vor den Basarstraßen steht rechter Hand das russisch-orthodoxe Alexanderhospiz, ihm gegenüber die evangelisch-lutherische Erlöserkirche mit dem Muristan. Grabungen unter diesen Gebäuden haben Teile der Stadtmauer zur Zeit Jesu ans Licht gebracht. Anstelle des **Muristan** befand sich das Forum der unter Kaiser Hadrian eingerichteten Aelia Capitolina. Der Platz war immer noch Handelszentrum, als hier 1073 italienische

Erlöserkirche

Kaufleute das Johanneshospiz erbauten und wenige Jahre später weitere Herbergen mit Hospitälern der Benediktiner hinzukamen. Dadurch erhielt das Viertel seinen Namen: *Muristan* (persisch) bedeutet Hospitalviertel. Der Verfall dieses Stadtbereichs setzte im 17. und 18. Jh. ein. Sultan Abdulhamid II. schenkte 1868 die westliche Hälfte des Viertels dem griechisch-orthodoxen Patriarchat und die östliche dem Kronprinzen Friedrich Wilhelm von Preußen. Seit der Jahrhundertwende besteht der griechische Basar aus einem in sich geschlossenen Geschäftsviertel mit sich kreuzenden Gassen und einem Brunnen in der Mitte. Die **Erlöserkirche** (tägl. außer So 9–13, 13.30–17 Uhr) wurde 1898 im Beisein des Kaisers Wilhelm II. geweiht. Sie nimmt den Platz der Santa Maria Latina ein, einer Kirche, die Karl der Große im 9. Jh. hatte errichten lassen. Von ihrem Glockenturm, der Aufgang befindet sich rechts vom Eingang, hat man eine wundervolle Sicht über die Altstadt mit Grabeskirche und Felsendom bis hinauf zum Ölberg. Die Erlöserkirche mit den anschließenden Gebäuden ist heute Sitz der lutherischen Probstei für Jerusalem.

Der schmale Durchgang am Ende des Suq el-Dabbagha eröffnet den Blick auf die **Grabeskirche** (tägl. 5–21 Uhr; im Winter 4–19 Uhr). Von den Griechen wird sie auch kurz *Anastasis* (Auferstehung) genannt, was ihrer religiösen Bedeutung näher kommt. Die Grabeskirche steht nicht, wie man es von

Zuständig oder nicht?

Wem gehört die Grabeskirche?

Vor wenigen Jahren erwägte die Unesco, die Grabeskirche von der Liste des Weltkulturerbes zu streichen. Grund waren die ewigen Streitereien der Konfessionen, die Besitzrechte an der Kirche haben, sich aber über die notwendigen Renovierungsmaßnahmen nicht einigen konnten.

1852 erließ die türkische Regierung das Gesetz des Status quo über die wichtigsten christlichen Stätten des Heiligen Landes, d. h. die Verhältnisse an diesen Stätten sollen bleiben, wie sie sind. Zu dieser Zeit waren das griechisch-orthodoxe Patriarchat, das armenische Patriarchat und die Lateiner, vertreten durch die Kustodie des Heiligen Landes der Franziskaner, Haupteigentümer der Grabeskirche. Syrische, koptische und äthiopische Christen hatten Rechte an einzelnen Kapellen und Bereichen innerhalb der Anastasis bzw. auf ihrem Dach. Die Regierung wollte dadurch die Querelen beenden, die sich durch ständige Änderungen der Besitzverhältnisse unter den Christen ergaben. Diesen Status quo respektierte 1917 die britische Mandatsverwaltung, das haschemitische Königreich Jordanien erkannte ihn 1948 an, und der israelische Staat bestätigte ihn 1967. Auch heute gilt er uneingeschränkt. So ist beispielsweise die Einführung neuer Feierlichkeiten für alle beteiligten Konfessionen seit 150 Jahren untersagt.

Das Bauwerk ist gemeinsamer Besitz der Griechen, Lateiner und Armenier, die Rotunde mit Grabkapelle und der Salbungsstein werden von den verschiedenen Glaubensgemeinschaften gemeinsam genutzt. Die Gestaltung der einzelnen Kapellen bleibt der jeweils zuständigen Konfession überlassen. Streng geregelt sind der zeitliche wie räumliche Ablauf von Liturgien und Prozessionen, damit sich die einzelnen Konfes-

anderen bedeutenden Gotteshäusern gewöhnt ist, frei auf einem Platz, sondern versteckt und eingekesselt im Gewirr von Klöstern, Häusern und Gassen.

Die Stelle, auf der sich heute die Grabeskirche erhebt, wurde bereits im 1. Jh. n. Chr. von Judenchristen verehrt. Ausgrabungen unterhalb der Kirche und in ihrer unmittelbaren Umgebung haben ergeben, daß dieses Gebiet zu Christus Zeiten außerhalb der Stadtmauern lag. Es kamen zahlreiche Felsgräber zum Vorschein und Felsabarbeitungen, die auf einen Steinbruch schließen lassen. Mit dem Bau der römischen Stadt Aelia Capitolina wollte Kaiser sionen besonders an wichtigen Feiertagen nicht gegenseitig stören. Den Gottesdienst in der Grabkapelle beispielsweise halten die orthodoxen Griechen um 23.30 Uhr, die Armenier um 2.30 Uhr und die Katholiken um 6.30 Uhr. Die Sommerzeit, die in Europa und seit einigen Jahren ebenfalls in Israel und damit auch im besetzten Ostjerusalem gilt, bleibt vor den Toren der Grabeskirche. Der Status quo sieht diese Änderung nicht vor. Welche Konfession würde auch auf eine kostbare Stunde im Frühjahr verzichten, bzw. wer hätte das Recht auf die zusätzliche Stunde im Herbst? So finden die Gottesdienste in den Sommermonaten jeweils eine Stunde später statt als in den offiziellen Listen angegeben.

Die geregelten Eigentumsverhältnisse schützen nicht vor Unstimmigkeiten bei Renovierungsarbeiten am gemeinsamen Besitz. Die große Kuppel über der Grabkapelle ist dafür ein beredtes Zeugnis. 68 Jahre lang stützte eine Eisen-Holzkonstruktion die durch Brand geschädigte Kuppel. Die Zuständigen, d. h. die Griechen, Lateiner und Armenier, konnten sich lange Zeit nicht über Renovierung und Ausmalung einigen. Gespräche, die sich über ein halbes Jahrhundert erstreckten, und schließlich die finanzielle Unterstützung eines unbekannt bleiben wollenden US-Amerikaners waren nötig, damit endlich am 2. Januar 1997 die neue Kuppel, gestaltet von dem kalifornischen Künstler Ara F. Normat, in einer feierlichen Zeremonie den Hausherren übergeben werden konnte.

Nicht nur in der Grabeskirche kommt es zu Unstimmigkeiten zwischen den einzelnen Konfessionen. Vor einigen Jahren kurz vor dem orthodoxen Weihnachtsfest stellten in der Geburtsgrotte von Betlehem die um Sauberkeit bemühten Mönche fest, daß die Zuständigkeit für ein Gesims ungeklärt sei. Eine Kommission von Mitgliedern der einzelnen Glaubensgemeinschaften beschloß daraufhin, einen neutralen Vertreter der Regierung um die Reinigung zu bitten. Das israelische Militär, die damalige Aufsichtsbehörde über die besetzten Gebiete, übernahm schließlich diese Arbeit.

Hadrian jede Erinnerung an das alte Jerusalem und auch an den Messias löschen. So ließ er 136 n. Chr. am Nordrand des neuen Forums (heute Muristan) einen Tempel für Aphrodite errichten. Die auf dem unebenen Gelände für dieses Gotteshaus nötige Tempelterrasse schloß den Felsen Golgota und die etwa 40 m entfernte Grabanlage mit ein. Als Konstantin der Große im Jahre 313 mit dem Toleranzedikt von Mailand das Christentum offiziell anerkannte, war die Erinnerung an die Stätte der Kreuzigung und der Auferstehung Christi nach wie vor präsent. Der Aphroditetempel wurde abgerissen, Golgota und das Grab von der Auffüllung befreit, der Felsen um diese zwei Stätten vertieft und geebnet. Den dreiteiligen, 150 m langen und 75 m breiten Kirchenbau entwarf der syrische Architekt Zenobios: Von Osten gelangte man über ein äußeres Atrium in das fünfschiffige Martyrion, nach Westen schlossen sich das innere Atrium mit dem Golgotafelsen und die Anastasis, ein Rundbau mit der Grabanlage in der Mitte, an. Die Kirche wurde 336 n. Chr. geweiht. Die Perser zerstörten sie bei ihrer Eroberung von Jeru-

Grabeskirche

1 Jakobuskapelle 2 Johannes- und Magdalenenkapelle 3 Kapelle der Vierzig Märtyrer 4 Abrahamskloster 5 Johanneskapelle 6 Jakobuskapelle 7 Hauptportal 8 Glockenturm 9 Frankenkapelle 10 Salbungsstein 11 Platz der Drei Marien 12 Rotunde 13 Grabkapelle mit Engelskapelle und Grabkammer 14 Kapelle der Kopten 15 Kapelle der orthodoxen Syrer mit Zugang zum Grab des Josef von Arimatäa 16 Altar der Maria Magdalena 17 Kapelle der Erscheinung 18 Sakristei der Franziskaner 19 Bogengang der Hl. Jungfrau 20 »Gefängnis Christi« 21 Chorumgang 22 Kapelle des hl. Longinus 23 Kapelle der Kleiderverteilung 24 Helenakapelle 25 Grotte der Kreuzauffindung 26 Verspottungskapelle 27 Adamskapelle 28 Golgatakapelle mit Altar der Kreuzannagelung, Stabat Mater-Altar und Kreuzigungsaltar 29 Griechischer Chor mit dem Nabel der Welt

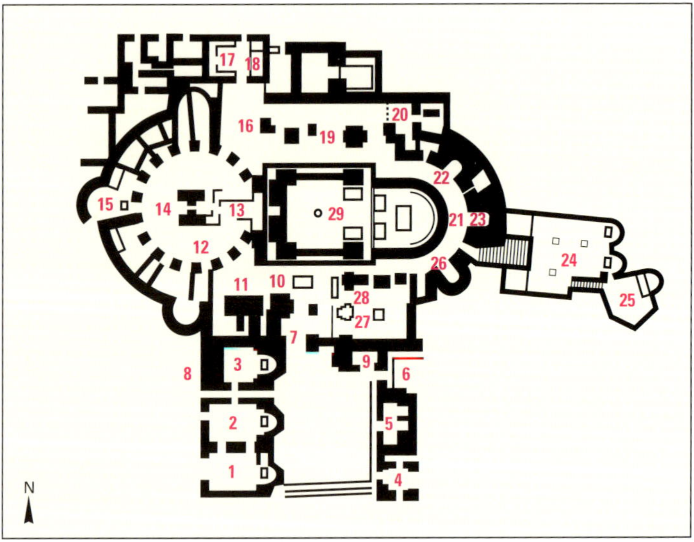

salem im Jahre 614. Um den sofortigen Wiederaufbau der Grabeskirche bemühte sich Abt Modestus. Sie ähnelte ihrem konstantinischen Vorgängerbau, nur lag nun zwischen Grabrotunde und Basilika ein offener Heiliger Garten, der den Felsen Golgota und ein Steinmal beherbergte, das als ›Nabel der Welt‹ gedeutet wurde. In den folgenden Jahrhunderten ist das Heiligtum den Christen zwar erhalten geblieben, aber Verfall und Beschädigung hinterließen ihre Spuren. 1009 befahl schließlich der Fatimidenkalif el-Hakim die Zerstörung der Kirche. Mit Unterstützung des Kaisers Konstantin Monomachos konnte die Kirche in reduziertem Maß, d. h. ohne die große Basilika, 1048 auf den alten Mauern wieder aufgebaut werden. Die Kreuzfahrer fanden diesen eher bescheidenen Bau 1099 bei ihrer Eroberung Jerusalems vor. Für einen derartig bedeutsamen Ort genügte er ihnen nicht, und so errichteten sie neben der Rotunde über dem ursprünglichen konstantinischen inneren Atrium eine romanische Kirche. Zum 50. Jahrestag der Eroberung fand die Einweihung der monumentalen Kirche statt. Sie vereinte nun das Grab und Golgota unter einem Dach. Die Grabeskirche wurde in die Obhut der Augustinermönche gegeben. 1187 verkaufte Saladin die Anastasis für 40 000 byzantinische Goldmünzen an die syrischen Christen. Der Kreuzfahrerbau blieb bis ins 19. Jh. fast unverändert. Als 1808 ein Feuer die Kuppel der Rotunde zum Einsturz brachte, berücksichtigten die Restaurierungsarbeiten nicht die romanische Architektur und die kreuzfahrerzeitliche Ornamentik. 1927 richteten Erdbeben erneute Schäden an. Die drei Haupteigentümer der Kirche, Griechen, Lateiner und Armenier, konnten sich bezüglich der Reparaturarbeiten lange Zeit nicht einigen, so sicherte 1938 die britische Mandatsverwaltung gefährdete Teile des Baus durch Eisen- und Holzkonstruktionen. Erst seit 1961 fanden durchgreifende Restaurierungen an der Grabeskirche statt. Die neue Kuppel der Rotunde konnte 1997 eingeweiht werden.

Der gepflasterte Vorhof aus dem 12. Jh. eröffnet den Blick auf die Südfassade der Grabeskirche. Im Osten schließen ihn das griechisch-orthodoxe Abrahamskloster, die armenische Johanneskapelle und die koptische Michaelskapelle ab. Letztere ermöglicht den Aufgang zum äthiopischen Kloster (s. S. 92) auf dem Dach der Helenakapelle. Westlich des Vorhofs liegen drei griechische Kapellen, die Jakobus, Johannes und Magdalena sowie den Vierzig Märtyrern geweiht sind. Die 19,5 m hohe Südfassade der Grabeskirche vermittelt heute noch eine Vorstellung von dem einst eindrucksvollen Kreuzfahrerbau. Das große Doppeltor, der einzige Zugang zur Grabeskirche, ist über zierlichen, abgetreppten Säulen mit leichten Spitzbogen bekrönt. Diese tragen reich ornamentierte Friese und Gesimse. Die Mittelfelder der Spitzbogen waren ursprünglich mit

Mosaiken gefüllt, die großen Türstürze schmückten Reliefs mit Szenen aus dem Leben Jesu. Den rechten Durchgang des Doppeltores ließ Saladin zumauern. Die Fensterfront oberhalb des korinthischen Konsolengesims nimmt die architektonische Gestaltung des Portals mit rahmenden Säulen und einer Fries-Gesimsgliederung auf. Rechts der Fassade führt eine Treppe zur Frankenkapelle, die zur Zeit der Kreuzfahrer direkt neben der Kreuzigungsstelle lag. Saladin ließ auch diesen Zugang vermauern. Links der Fassade erhebt sich über der Kapelle der Vierzig Märtyrer der mächtige quadratische Glokkenturm. Die oberen Stockwerke nebst Kuppel sind 1545 nach einem Erdbeben eingestürzt. Heute schützen ein Ziegeldach und Eisenbänder den Turm vor weiterem Verfall.

Seit dem Jahre 1244 liegt die Schlüsselgewalt für die Grabeskirche in der Hand zweier Jerusalemer Moslemfamilien: Familie Judeh verwaltet den Schlüssel, Familie Insaibi obliegt das Recht der Türöffnung bzw. -schließung. Das verdankt die Grabeskirche der Tatsache, daß sie nach Eroberung Jerusalems durch die Araber nicht wie viele andere christliche Gotteshäuser in eine Moschee oder einen profanen Bau umgewandelt wurde. Den Christen war es weiterhin erlaubt, ihr Heiligtum zu besuchen und Gottesdienst abzuhalten. Die Moslems behielten sich nur die Schlüsselgewalt über die einzige Eingangstür zur Kirche vor. Jeder Pilger, der in ihr Inneres wollte, mußte an sie einen Geldbetrag entrichten. Dieses Verfahren wurde bis ins 19. Jh. beibehalten. Zu dieser Zeit nahm allerdings der Pilgerstrom derart zu, daß sich die betroffenen Konfessionen auf einen festen jährlichen Betrag einigten, den sie den Moslemfamilien entrichteten, und so geregelte Öffnungszeiten für die Grabeskirche erreichten. Die kleine Leiter an der Fassade unterhalb des rechten Fensters auf dem Gesims hängt ebenfalls mit dieser Schlüsselgewalt der Moslems zusammen. Sie diente als Notein- bzw. -ausstieg für die Schlüsselinhaber, wenn sie das Portal nicht öffnen wollten. Von außen mußten sie über die Gesimse klettern, von innen über die Emporen. Heute symbolisiert die Leiter nur noch die Rechte der Moslems.

Das Innere der Grabeskirche wirkt beim ersten Besuch fremd und unübersichtlich. Ampeln, Mosaike, Ikonen, Altäre, Kapellen füllen das Gotteshaus, in dem viele christliche Konfessionen im Laufe der Jahrhunderte versuchten, in unmittelbarer Nähe ihres Hauptheiligtums, der Stätte der Kreuzigung und dem leeren Grab Jesu Christi, präsent zu sein. Gleich hinter dem Portal führt rechter Hand eine schmale Treppe auf den Felsen Golgota. *Golgota* (aramäisch) wie auch die lateinische Bezeichnung *Kalvaria* bedeuten Schädel. Diese Benennung bezieht sich auf die Form des Felsens und nicht auf seine Verwendung als Hinrichtungsplatz. Die 1810 erbaute Golgotakapelle ist zweigeteilt: Der nördliche Bereich untersteht den orthodoxen Griechen, der südliche Teil den Lateinern. Hier befinden sich drei weitere Stationen des Leidensweges Jesu: bei der **10. Station** wurde Jesus seiner Kleider beraubt (Johannes 19,23–24) und anschließend an das Kreuz genagelt (**11. Station;** Markus 15,23–24). Dieses Ereignis veranschaulicht das Mosaik an der Wand hinter dem Altar der lateinischen Kapelle. Der **12. Station,** Jesus stirbt am Kreuz (Lukas 23, 44–46), wird in dem griechisch-orthodoxen Bereich gedacht. Hinter dem Altar erheben sich lebensgroße Ikonen von Jesus, der Jungfrau Maria und Josef. Ein silberner Ring zu ihren Füßen markiert die Stelle im Felsen, an der das Kreuz errichtet wurde. Der Felsen selbst ist hinter Glas zu sehen. Den Altar zwischen den beiden Kapellen weihten die Katholiken den Schmerzen der Maria. Sie gedenken auf Golgota auch der 13. Station: Jesus Leichnam wird vom Kreuz abgenommen (s. u.). Unter Golgota befindet sich die griechisch-orthodoxe Adamskapelle, die ebenfalls einen Blick auf den Felsen freigibt. Das Blut Jesu soll hier durch einen Felsspalt auf das Haupt Adams getropft sein, damit er von den Paradiessünden befreit werde. ADAM steht hier auch für die gesamte Menschheit, da die vier Buchstaben auch den griechischen Bezeichnungen der Himmelsrichtungen entsprechen: Anatole = Osten, Dysis = Westen, Arktos = Norden, Mesembria = Süden.

Direkt gegenüber vom Eingangsportal der Grabeskirche liegt seit 1810 eine rötliche Kalksteinplatte. Hier gedenken die orthodoxen Kirchen der **13. Station** des Leidensweges: Jesus wird vom Kreuz abgenommen und einbalsamiert. Das große Mosaik an der dahinter liegenden Wand veranschaulicht das Geschehen: die Kreuzabnahme, die Trauer der Maria und die Grablege.

Westlich des Steins schließt die große Rotunde mit der Grabkapelle, dem heiligsten Ort der Christenheit, im Zentrum an. Hier ist die **14. Station** des Kreuzweges, die Stätte der Grablegung (Johannes 19,40–42) und der Auferstehung. Der Ratsherr und heimliche Anhänger Jesu, Josef von Arimatäa, erbat sich von Pilatus den Leichnam Christi, um ihn in dem Grab, das er für sich selbst in den Felsen geschlagen hatte, zu bestatten. Dieses Grab bestand aus einem größeren Vorraum und der Grabkammer mit seitlichem Bankgrab. Der Vorraum ist bereits den Baumaßnahmen Konstantins des Großen zum Opfer gefallen. Eingeebnet wurde das Grab unter dem Kalifen el-Hakim im Jahre 1009, aber nur vier Jahrzehnte später beim Neubau der Rotunde durch dickes Mauerwerk ersetzt. Dieses bildet den Kern der heutigen Stätte. Die kleine Kapelle wurde 1810 im türkischen Rokokostil errichtet. Ihre Raumaufteilung ist dem ursprünglichen Felsgrab nachempfunden. Sie trägt ein flaches Dach mit Balustrade und Pavillon. Schwere Leuchter, Ampeln und zwei Ikonen mit der Auferstehung Christi rahmen den Eingang. Der Marmorschrein im

Vorraum der Engelskapelle soll ein Stück des Rollsteins enthalten, mit dem das Grab Jesu einst verschlossen wurde. In der nur 2,07 m langen und 1,93 m breiten Grabkammer steht rechts die mit Marmorplatten verkleidete Grabbank. Über der Grabeskapelle erhebt sich die jüngst renovierte Kuppel der Rotunde. Seit Januar 1997 strahlt ein goldener Stern von der gläsernen Kuppelmitte, der die Auferstehung Christi darstellt. Die Strahlen verkörpern die zwölf Apostel. Jeder Strahl verzweigt sich an seinem Ende und symbolisiert die Heilige Dreifaltigkeit. Die leuchtende Wolke der Gegenwart Gottes ist in dem perlmuttfarbenen Hintergrund mit Sternen künstlerisch umgedeutet.

An der Rückwand der Grabeskapelle steht eine Andachtsstätte der Kopten. Unter dem Altar ist ein Stück des Grabfelsens zu sehen. Östlich der Grabeskapelle erhebt sich das Katholikon, die Hauptkirche der Griechen. Sie nimmt das einstige Mittelschiff der Kreuzfahrerkirche ein. Die beeindruckende Ikonostase trennt den Altarraum vom Gemeinderaum. Unter der Kuppel deutet ein marmornes Gefäß auf den seit 629 n. Chr. dort überlieferten Nabel der Welt hin. Die große Rotunde der Anastasis mit einem Durchmesser von etwa 33 m hat an drei Seiten Apsiden. In der westlichen Apsis ist die Kapelle der Jakobiten, einer syrischen Glaubensgemeinschaft, untergebracht. An dieser Stelle schneidet die Mauer der Anastasis eine ebenfalls in den Fels gehauene jüdische Grabanlage, das sogenannte Grab des Josef von Arimatäa. Hinter der Aula der Maria Magdalena – sie sah als erste den auferstandenen Jesus – liegt die Erscheinungskapelle der Franziskaner, ein Ort der Ruhe, während Führer ihren Reisegruppen lautstark die Sehenswürdigkeiten der Grabeskirche erklären. Hier befand sich ursprünglich die Sakristei der konstantinischen Kirche. Heute ist die Kapelle der Begegnung Jesu mit seiner Mutter geweiht. Der porphyrne Säulenstumpf rechts des Eingangs wird als die Geißelungssäule Christi bezeichnet. Durch den Bogengang der heiligen Jungfrau mit unterschiedlichen, z. T. antiken Säulen gelangt man zum sogenannten Gefängnis Christi, einem Gebäude aus byzantinischer Zeit. Drei apsidenförmige Kapellen, die dem Longinus, der Kleiderverteilung und der Verspottung gedenken, rahmen den alten Chorumgang der Kreuzfahrerkirche. Zwischen der mittleren und der südlichen Kapelle führt eine Treppe zur unterirdischen Helenakapelle hinab. Sie untersteht den Armeniern und ist der Kaiserin Helena, der Mutter von Konstantin dem Großen geweiht, die den Bau zahlreicher Kirchen und Krankenhäuser im Römischen Reich veranlaßte. Nach einer Legende aus dem 11./12. Jh. soll sie auch das Kreuz Christi gefunden haben. Das Gewölbe mit Kuppel der aus dem Fels geschlagenen Kapelle tragen vier unterschiedliche monolithische Säulen. Ursprünglich befand sich hier die Krypta des konstantinischen Martyrions. Im südlichen Seitenschiff führt eine Treppe zur Kreuzauffindungsgrotte, die vormals Teil eines Steinbruchs war und später lange Zeit als Zisterne diente. Hier gefundene Holzstücke gelangten als Reliquien in zahlreiche Kirchen überall auf der Welt.

Vom Vorhof der Grabeskirche führt eine enge Treppengasse zur Christian Quarter Street, in der sich ein Devotionaliengeschäft an das andere reiht. In einer Querstraße, der Greek Orthodox Patriarchat Road, weist rechter Hand ein unscheinbares Schild auf das kleine, aber sehenswerte **Museum des griechisch-orthodoxen Patriarchats** (tägl. außer So 10–13, 14–16 Uhr). Neben römischen und byzantinischen Funden, nicht nur aus Jerusalem, beherbergt es auch eine interessante Sammlung kirchlicher Objekte sowie ein besonders schönes Kapitell mit den Köpfen der Brüder Moses und Aaron von der Verkündigungskirche der Kreuzfahrer in Nazareth.

Das Geschäft mit dem Glauben blüht

Weg 4: Ölberg und Kidrontal

Die Leidensgeschichte Jesu nahm auf dem Ölberg ihren Anfang, aber von hier fuhr er auch in den Himmel auf. Der Messias der Juden wird über den Ölberg nach Jerusalem zurückkehren, und um ihm möglichst nahe zu sein, suchen fromme Juden eine Grabstätte an dem Südwesthang des Hügels.

Der Ölberg (arabisch: *et-Tur,* der Berg; hebräisch: *Har HaZetim*) erstreckt sich östlich der Altstadt, jenseits des Kidrontales. Er ist Teil einer Hügelkette, die im Norden mit dem Skopusberg (s. S. 167) beginnt und im Süden mit dem Berg des Ärgernisses (arabisch: *Baten el-Hawa*) ausläuft. Letzterer verdankt seinen Namen der Überlieferung, daß König Salomo hier zum Zorn seines Herrn, des Gottes Israels, zahlreiche Altäre für die heidnischen Götter seiner Frauen errichten ließ (1. Könige 11,7). An den unteren Bereich dieses Hügels schmiegt sich die arabische Ortschaft Silwan. Der Ölberg selbst wird von Juden und Christen gleichermaßen verehrt. Hier verbrachte Jesus nicht nur einen großen Teil seiner Zeit, er überquerte ihn auch immer wieder auf seinen Wegen nach Jericho, an den Jordan oder nach Bethanien; am Fuße des Ölberges im Garten Gethsemane wurde Jesus verhaftet, von der Bergkuppe fuhr der Auferstandene gen Himmel. Für die Juden ist der Berg heilig, da sich über einen weiten Bereich des Westhanges ihre größte und älteste Begräbnisstätte erstreckt. Der hier befindliche Bereich des Kidrontals wird auch Tal Joschafat genannt, in dem alle Völker am Tage des Jüngsten Gerichts, wenn der Messias erscheint, sich versammeln und gerichtet werden (Joel 4,12).

Um nicht den steilen Pfad bergan gehen zu müssen, ist es sinnvoll, mit dem Sammeltaxi vom Damaskustor bis zum Auguste-Victoria-Hospital zu fahren und von dort den Weg bergab zu nehmen. Wer auf die großartige Sicht vom Turm der Himmelfahrtskirche, die zur Auguste - Viktoria-Stiftung gehört, verzichten will, läßt sich in dem arabischen Dorf et-Tur aussetzen und beginnt die Tour an der Himmelfahrtsmoschee.

Die **Auguste-Viktoria-Stiftung** erhebt sich weithin sichtbar auf der

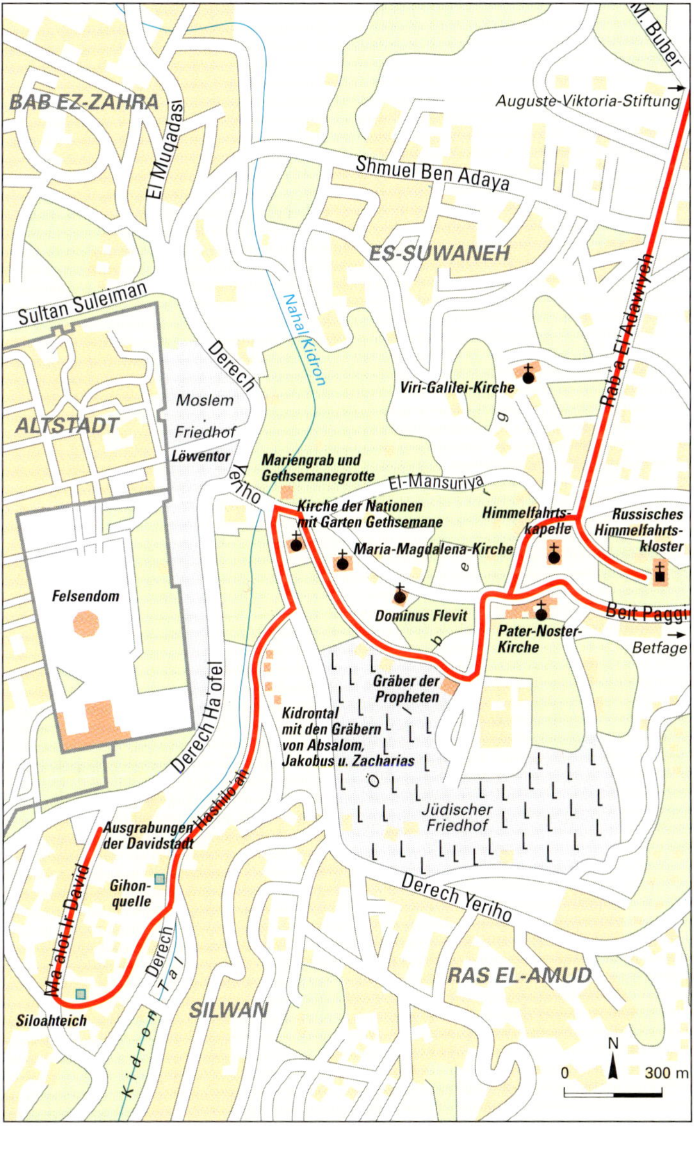

M. Buber
Auguste-Viktoria-Stiftung
BAB EZ-ZAHRA
El Muqadasi
Shmuel Ben Adaya
ES-SUWANEH
Sultan Suleiman
Nahal Kidron
Derech
Moslem
Friedhof
ALTSTADT
Löwentor
Rab'a El'Adawiyeh
Viri-Galilei-Kirche
Mariengrab und
Gethsemanegrotte
Yeriho
El-Mansuriya
Kirche der Nationen
mit Garten Gethsemane
Himmelfahrts-
kapelle
Russisches
Himmelfahrts-
kloster
Maria-Magdalena-Kirche
Felsendom
Dominus Flevit
Beit Paggi
Pater-Noster-
Kirche
Betfage
Derech Ha'ofel
Gräber der
Propheten
Kidrontal
mit den Gräbern
von Absalom,
Jakobus u. Zacharias
Jüdischer
Friedhof
Ausgrabungen
der Davidstadt
Hashilo'ah
Gihon-
quelle
Ma'alot Ir David
Derech Yeriho
Derech
Tal
RAS EL-AMUD
Siloahteich
SILWAN
Kidron
N
0
300 m

Nordkuppe des Ölberges. Am 2. November 1898 wandten sich Abgeordnete der evangelischen deutschen Gemeinden in Palästina mit der Bitte an Kaiser Wilhelm II., der auf seiner Orientreise gerade in Jerusalem verweilte, er möge den Bau eines Erholungshauses für Müde und Kranke auf den klimatisch günstigen Bergen um die Stadt unterstützen. Dieser sagte sofort zu, und 1910 war der Stiftungskomplex in Erinnerung an den Besuch seiner Gemahlin Auguste Viktoria in den Grundzügen fertiggestellt. Seine ursprüngliche Bestimmung als Hospiz, Erholungsheim und Gemeindezentrum konnte der Bau nie ganz erfüllen, da er bereits während des Ersten Weltkrieges als deutsches, später als türkisches Hauptquartier diente und schließlich nach dem Weltkrieg als Regierungssitz für die britische Mandatsmacht in Anspruch genommen wurde. Die Nutzung des Baus als reines Krankenhaus fand erstmals während des Zweiten Weltkrieges statt. 1950 übernahm der Lutherische Weltbund treuhänderisch das Auguste-Viktoria-Hospital. Von da an diente es vor allem der Betreuung arabischer Flüchtlinge aus der West-Bank. Die Nutzung als Krankenhaus mit einem Großteil an palästinensichem Personal konnte trotz aller Erdbeben- und kriegsbedingten Schäden am Bau ununterbrochen bis heute beibehalten werden. Eine Skulptur der Namensgeberin befindet sich im Innenhof des Hospitals, das ein Karree in romanischer Kreuzfahrerarchitektur umschreibt. An seiner Südseite schließt die evangelische Himmelfahrtskirche mit einem 45 m hohen Glockenturm an (tägl. außer So 8–17.30 Uhr, im Winter bis 17 Uhr). Zu Fuß oder mit dem Fahrstuhl bietet sich vom Turm ein einzigartiger Blick über die Stadt Jerusalem und die Judäische Wüste. Die Kirche ist vor allem wegen ihrer Deckenmalereien und Mosaikbilder sehenswert, die in ihrem Ensemble einen Eindruck der Kirchenbaukunst wilhelminischer Zeit vermitteln: In der Deckenmalerei über der Orgelempore thronen die Stifter Kaiser Wilhelm II. und seine Gemahlin Auguste Viktoria, das mittlere Joch bekrönt der Pantokrator umgeben von Erzengeln und den zwölf Aposteln, die Decke des Chorjochs ziert die Heilige Stadt Jerusalem mit ihren Königen aus der Kreuzritterzeit. Die vier hervorragenden Lünettenmosaike mit den Themen Anbetung der Könige und Hirten, Kreuzigung Christi, Jesus bei Maria und Martha in Bethanien sowie Jesus prophezeit seinen Jüngern den Untergang Jerusalems stammen von Ernst Pfannschmidt (1868–1941), der u. a. auch die Mosaiken der Kaiser-Wilhelm-Gedächtniskirche in Berlin gestaltet hat. Die Empore ermöglicht den Zugang zum Kaisersaal, der nach umfangreichen Restaurierungsarbeiten an Kirche und Hospital wieder in alter Pracht erstrahlt. Hier finden Vorträge, Konzerte, Gesprächskreise und Diskussionsabende statt, mit denen die Idee eines ökumenischen Zentrums verwirk-

Himmelfahrtskapelle

licht wird, das allen Pilgern und Reisenden gleich welcher Religionszugehörigkeit offensteht.

In dem ehemaligen Gärtnerhaus der Stiftung ist heute das Deutsche Evangelische Institut für Altertumswissenschaften des Heiligen Landes untergebracht.

Im Zentrum des Dorfes et-Tur steht die kleine **Himmelfahrtskapelle** in einer Mauerumfriedung. Der Eingang wird von einem Minarett und einer Moschee aus dem frühen 17. Jh. flankiert (keine festen Öffnungszeiten, eventuell klingeln). Um den Ort, von dem Jesus gen Himmel aufgefahren sein soll, errichteten die Kreuzfahrer im Jahr 1152 einen an allen Seiten offenen Schrein in Form eines Oktogons. Ihn umgab eine ebenfalls achteckige Säulenhalle, die zum Teil auf Mauern aus byzantinischer Zeit ruht. Hier entdeckten Archäologen auch eine Portikusanlage mit Rundbau aus der zweiten Hälfte des 4. Jh., durch die der erste Kirchenbau an dieser Stelle nachgewiesen werden konnte – von Poimenia, einem Mitglied der kaiserlichen Familie, gestiftet. Das kreuzfahrerzeitliche Heiligtum war in ein stark befestigtes Augustinerkloster eingebunden, das nur wenige Jahrzehnte nach seiner Errichtung von Saladin wieder zerstört wurde. Den Himmelfahrtsschrein wandelte er in ein islamisches Heiligtum um, was es bis heute geblieben ist. Die Spitzbögen wurden zugemauert, das Oktogon mit einer Kuppel bekrönt. Von der Säulenhalle des 12. Jh. blieben nur geringe Reste in den Ecken der neuen Umfassungsmauer erhalten. An Christi Himmelfahrt dürfen Katholiken in der kleinen Moschee, die den rechten Fußabdruck Jesu enthält, das Fest begehen. Die orthodoxen Kirchen feiern außerhalb, im Hof unter Zelten.

Auf dem Weg zur Pater-Noster-Kirche sieht man zwischen Häusergewirr den 60 m hohen **Glockenturm des russischen Himmelfahrtsklosters** (Frauenkloster) aufragen. Von dort bietet sich ein hervorragender Rundblick über Jerusalem und das Kidrontal. Die Öffnungszeiten des Klosters und damit des Turmes sind allerdings sehr begrenzt (Di und Do 9–12 Uhr).

Nur wenige Schritte auf einer schmalen Straße in östlicher Richtung lag einst das Dorf **Betfage** (Haus der grünen Feigen). Von hier ritt Jesus am Palmsonntag auf einem Esel nach Jerusalem (Matthäus 21,1–11). Er hat das Tier mit Hilfe eines Felsblockes bestiegen, der Mittelpunkt einer kreuzfahrerzeitlichen Kirche wurde. Die Kreuzritter schnitten den Fels zu einem quadratischen Block aus und schmückten ihn auf allen Seiten mit Fresken. Diesen Felsblock fand ein Bauer im Jahr 1876 wieder, die Franziskaner kauften das Land und errichteten um den Fels eine neue Kirche. Die jährliche Palmsonntagsprozession der Christen führt von Betfage den Ölberg hinab bis zur St. Anna-Kirche jenseits der Altstadtmauer.

Dort, wo sich heute die **Pater Noster-Kirche** erhebt, lehrte vermutlich einst Jesus seinen Jüngern das Vaterunser (Lukas 11,1–4; Matthäus 6,9–13). Auf Grund dieser Überlieferung erwarb die französische Prinzessin Aurelie de la Tour d'Auvergne 1868 das Grundstück und ließ darauf die heutige Kirche erbauen (tägl. außer So 8.30–12 Uhr, 15–17 Uhr). Ihren Kreuzgang und die Wände der Vorhalle schmücken unzählige Majolikatafeln mit dem Vaterunser in verschiedenen Sprachen. Bei Ausgrabungen im Jahr 1910 kamen nahe der Kirche eine Höhle und Mauerreste einer Basilika zum Vorschein. Die Grotte, in der Jesus seine Jünger unterrichtete, zählte für Kaiser Konstantin neben der Geburtsbasilika in Betlehem und der Grabeskirche zu den wichtigsten christlichen Stätten. Seine Mutter, die Kaiserin Helena, veranlaßte im frühen 4. Jh. den Bau einer Basilika mit Atrium,

Auf dem jüdischen Friedhof: Steine statt Blumen zum ewigen Gedenken

der **Eleona** (Ölbaumbasilika). Der Chor des dreischiffigen, fast 30 m langen Kirchenbaus lag direkt über der Grotte. Im Jahr 614 zerstörten die Perser die Kirche. Die Kreuzfahrer unterhielten nur noch einen kleinen Andachtsraum auf ihren Ruinen.

Bevor es nun den Weg bergab geht, lohnt ein Abstecher zur Aussichtsterrasse gegenüber vom Intercontinental Hotel. Hin und wieder wartet dort auch ein williges Dromedar, das sich gerne gegen ein Entgelt reiten und fotografieren läßt. Von hier hat man einen herrlichen Blick auf Jerusalem: im Vordergrund der jüdische Friedhof, der sich den Ölberg hinabzieht, jenseits des Kidrontales der Tempelberg mit der Aqsa-Moschee und dem Felsendom. In der Mitte seiner Ostmauer hebt sich der zugemauerte Doppelbogen des Goldenen Tores hervor. Im Hintergrund des Panoramas erstreckt sich die Altstadt, das Jüdische Viertel wird durch die Stadtmauer Süleymans begrenzt. Am Horizont zeichnen sich die Hagia Maria Zion-Abtei auf dem Berg Zion und der monumentale Bau des King David-Hotels in der Neustadt ab.

In einer großen unterirdischen Grabanlage am Wegeknick werden

Der Architekt Antonio Barluzzi

Bauten zur Ehre Gottes

Das Dach der Kapelle Dominus Flevit am Hang des Ölberges hat die Form einer Träne – Jesus soll an diesem Ort über Jerusalem geweint haben. Die Form der Engelskapelle im Hirtenfeld bei Betlehem erinnert an ein Beduinenzelt, wie es Schafhirten nutzten – hier erschien der Engel Gabriel den Hirten und berichtete von der Geburt des Gottessohnes. Das Kuppelinnere der Geißelungskapelle an der Via Dolorosa trägt eine Dornenkrone – das Leiden Jesu wird jedem bewußt, der im Inneren der Kapelle verweilt.

Antonio Barluzzi, der wie kein anderer seit der Kreuzfahrerzeit das Heilige Land mit Gotteshäusern prägte, bemühte sich immer wieder, die historisch-christlichen Ereignisse in Form seiner Architekturen Gestalt werden zu lassen. Er entwickelte seinen eigenen Stil, nahm Rücksicht auf archäologische Überreste und integrierte sie in seinen Bauten. Er war sehr geschichtsbewußt und wünschte, daß die Gläubigen beim Anblick seiner Architekturen die Ereignisse früherer Zeiten spürten, sich intensiv mit ihnen auseinander setzen konnten. Barluzzi war ein Franziskanermönch und lebte sehr zurückgezogen. Ihm kam es nicht auf persönlichen Beifall und Anerkennung an, er lebte und arbeitete allein zur Ehre Gottes. Er wurde mit Lobeshymnen überschüttet, aber er selbst redete selten darüber. Ihm war es wichtig, das irdische Jerusalem zu rühmen.

Antonio Barluzzi erblickte im Jahr 1884 als dreizehntes Kind von Camillo und Maria Anna Barluzzi in Rom das Licht der Welt. Mit fünf Jahren fertigte er bereits bemerkenswerte Zeichnungen von Kirchen an und, nachdem er sich intensiv mit religiösen Themen befaßt hatte, beschloß er, mit 18 Jahren Priester zu werden. Da aber noch ein Großteil seiner Geschwister zu Hause lebte und der Vater früh verstorben war, riet ihm sein Beichtvater, noch etwas bis zur endgültigen Entscheidung zu warten. So absolvierte Antonio vorerst wie sein älterer Bruder Giulio ein Architekturstudium. Ihm folgte er auch nach Palästina, um in Jerusalem seine erste Arbeit, den Bau eines italienischen Krankenhauses, in Angriff zu nehmen. Damit begann im Oktober 1912 seine Karriere als Architekt im Heiligen Land. Der Ausbruch des Ersten Weltkrieges zwang ihn jedoch, nach Rom zurückzukehren. Und kurz nach Ostern im Jahr 1915, er war nun 30 Jahre alt, trat er in das Römische

Seminar ein, um für die Priesterschaft zu studieren. Ihm fiel die Entscheidung nicht leicht, und er schwankte zwischen starker Leidenschaft und großer Unsicherheit. Am 25. Mai ging er zum italienischen Militär. Dieses schickte ihn als Ingenieursoffizier wieder zurück nach Palästina, um dort an der Alliiertenexpedition teilzunehmen. Über Umwege konnte er das von ihm erbaute italienische Krankenhaus in Jerusalem inspizieren und Bericht erstatten. Im Januar 1918 zog er wieder in sein altes Haus in der Heiligen Stadt und half der dort tätigen Missionsgemeinschaft. Der Krieg endete im November 1918. Der Sieg der Alliierten ebnete den Weg für ein großes Bauprogramm im Heiligen Land, und Antonio Barluzzi öffneten sich alle Türen. Kirchen auf dem Mount Tabor und im Garten Gethsemane sollten errichtet werden. Insgesamt hüteten die Franziskaner 75 heilige Plätze in Palästina. Antonios Vision, daß die Architektur der neu zu bauenden Gotteshäuser das ausdrücken sollten, was die Orte an geschichtlich-religiösen Ereignissen in sich bargen, stieß auf große Anerkennung. Im Mai 1919 kehrte Barluzzi nach Rom zurück, um seinen alten Beichtvater, den Priester Corrado, zu fragen, wie er weiterverfahren solle, oder ob er besser ins Seminar zurückkehre. Dieser meinte, er solle vorerst die Kirchen errichten und dann könne man weitersehen. Antonio Barluzzi baute in den folgenden Jahrzehnten nicht nur in Jerusalem und Palästina, sondern auch Schulen, Krankenhäuser und Kirchen in Jordanien, Syrien und auf Sardinien. Nach dem israelisch-jordanischen Krieg von 1948 gestaltete sich seine Arbeit in Israel zunehmend schwieriger. Es war häufig unmöglich, die militärische Linie zu überqueren und Baumaterialien, wie z. B. Sand vom Toten Meer für die Errichtung der Engelskapelle in das Hirtenfeld bei Betlehem zu transportieren. Aber Barluzzi gab nicht auf und steckte seine ganze Lebenskraft in die Projekte.

Als Antonio Barluzzi – er war bereits über 70 Jahre alt – von Betphage nach Nazareth ging, um dort einen weiteren Auftrag für einen Kirchenbau zu erhalten, bekam er zum ersten Mal in seinem Leben eine Absage für sein Projekt. Ein anderer Architekt wurde beauftragt. Kurz darauf schrieb er in einem Brief: »Der Dompfaff hat seine Federn verloren.« Seine Freunde in Rom wußten, wie ihn diese Entscheidung mitgenommen hatte. Er packte seine Sachen und fuhr zurück in die Heimatstadt, wo er seine letzten Jahre in einem Franziskanerkloster zubrachte, das auch als römisches Delegationsbüro für die Brüder im Heiligen Land diente. Am Abend des 14. Dezember 1960 starb Antonio Barluzzi im Alter von 76 Jahren in Rom.

Giebelmosaik der Kirche der Nationen

die **Gräber der Propheten** Haggai, Sacharja und Maleachi (6.–5. Jh. v. Chr.) vermutet (So–Fr 9–15 Uhr). Eine Treppe führt zu einem runden Platz hinab, von dem Gänge zu zwei konzentrischen Halbkreisen führen, in deren Wände Schachtgräber eingeschlagen sind. Diese Form der Grabanlage ist allerdings erst für das 1. Jh. n. Chr. belegt. Inschriften über den Bestattungsschächten besagen zudem, daß die Gräber vor allem im 4.–5. Jh. n. Chr. in Gebrauch waren.

Weitere Gräber aus römischer und byzantinischer Zeit sind in dem Garten der Franziskanerkapelle **Dominus Flevit** (lateinisch: »der Herr weinte«) entdeckt worden (tägl. 8–12, 14.30–17 Uhr). Die Straße dorthin und hinab zum Kidrontal führt zwischen hohen Mauern, die zur linken Seite den jüdischen Friedhof und zur rechten die Grundstücke einiger Kirchen begrenzen, hindurch. In der gepflegten Gartenanlage der Franziskaner sieht man rechter Hand des Weges zwei Grabkammern, die mit Ossuarien (Knochenkisten) gefüllt sind. Neben diesen Ossuarien mit aramäischen, griechischen und hebräischen Inschriften, z. T. auch mit christlichen Symbolen kamen weiterhin Sarkophage sowie eine große Grabanlage zum Vorschein, die unzählige spätbronzezeitliche Beigaben wie Vasen, Waffen und Lampen enthielt. Die Ausgrabungen förderten auch Reste eines byzantinischen Klosters zu Tage und Mosaike einer kleinen Kirche aus dem 6. Jh. Diese bezog der Architekt Antonio Barluzzi in den Bau seiner hübschen Kapelle in Form einer Träne ein. Die Kapelle war 1955 fertiggestellt und erinnert an das Ereignis am Palmsonntag, als Jesus den Ölberg hinunterritt und beim Anblick der Stadt über ihr zukünftiges Schicksal weinen mußte (Lukas 19,41–44).

Folgt man der Straße etwas weiter bergab, öffnet sich rechts das Tor zum Garten der russisch-orthodoxen **Maria Magdalenen-Kirche** (Di und Do 10–11.30 Uhr). Zar Alexander III. (1881–1894) ließ sie zum Andenken an seine Mutter Alexandowna erbauen. Ihre Schutzpatronin war Maria Magdalena. Die Kirche ist mit den sieben vergoldeten Zwiebeltürmen im Stil des russischen Barock errichtet. Ein großes Tafelbild über der Ikonostase berichtet von Maria Magdalena, wie sie dem Kaiser Tiberius die Auferstehung Jesu erklärt. In der Krypta ist die Großherzogin Elisabeth Feodorowna bestattet, eine Schwester der letzten Zarin, die nach der Russischen Revolution mit der Zarenfamilie 1918 ermordet wurde.

Am Ende der Ölbergstraße liegt linker Hand der Eingang zum Garten Gethsemane mit der **Kirche der Nationen** (tägl. 8–12, 14.30–18 Uhr, im Winter bis 17 Uhr). Die acht sehr alten Olivenbäume lassen erahnen, wie es zur Zeit Jesu an diesem Ort ausgesehen haben könnte. Im Garten Gethsemane (hebräisch: *Gat Schemanim:* »Ölkelter«) hielt Jesus sich häufig mit seinen Jüngern auf; hier überfiel ihn aber auch die Todesangst in der letzten Nacht vor seiner Kreuzigung (Matthäus 26, 36–46). Dieses Ereignis hütet die Kirche der Nationen, auch Kirche der Agonie genannt. Der Architekt Antonio Barluzzi hat 1920 zu Beginn der Arbeiten am heutigen Bau Mauerzüge und schöne Mosaike einer byzantinischen Vorgängerkirche entdeckt. Sie wurde wahrscheinlich unter Kaiser Theodosius I. (379–395) errichtet und ist somit möglicherweise die im Bericht der Pilgerin Aetheria erwähnte *ecclesia elegans* aus dem 4. Jh. Der byzantinische Bau von etwa 25 m Länge und 16,35 m Breite hatte drei Apsiden und war durch zwei Säulenreihen in drei Schiffe geteilt. In einem unregelmäßigen Felsstück vor der Hauptapsis, das an Höhe über den Fußboden hinausragte, also beim Bau der Kirche bewußt miteinbezogen wurde, muß der Felsen erkannt worden sein, an dem Jesus in seiner letzten Nacht gebetet hatte. Diese byzantinische Kirche wurde 614 beim Einfall der Perser zerstört. Erst Jahrhunderte später errichteten die Kreuzfahrer hier einen neuen wuchtigen Bau. Seine genaue Ost-West-Achse wich um etwa 13 Grad von der Ausrichtung des Vorgängers ab. Es war ebenfalls ein dreischiffiger Bau mit drei Apsiden an der Ostseite.

Antonio Barluzzi ließ bei der Errichtung der heutigen Kirche Mauerzüge des kreuzfahrerzeitlichen Baus im Garten stehen. Seine Kirche ruht auf den Fundamenten der byzantinischen *ecclesia elegans.* Besonders schöne Bereiche des einstigen Mosaikfußbodens sind durch Glasdekken im Boden sichtbar gelassen. 1924 konnte die Kirche der Nationen durch Spenden vieler Länder geweiht werden. Zwölf kleine Kuppeln aus Bleiplatten bedecken den Bau. An ihren Innenseiten tragen sie die Wappen der Nationen, die an der Finanzierung des Neubauprojektes beteiligt waren. Blaugraue Alabasterfenster lassen das Innere der Kirche auch bei Tageslicht dunkel erscheinen und wie der gemalte Sternenhimmel an die Zeit denken, in der Jesus seine letzten Stunden an diesem Ort verbrachte. Die monolithen rotbraunen Kalksteinsäulen symbolisieren den einstigen Olivenhain. Der Altar steht auf dem nackten heiligen Fels, den ein schmiedeeisernes Gitter einrahmt, das an die Dornenkrone erinnert. Die Mosaiken veranschaulichen Ereignisse, wie z. B. Jesus in äußerster Verlassenheit am Felsen kniet, und den Judaskuß. Über den drei großen Gewölbebogen der Vorhalle erhebt sich das eindrucksvolle Giebelmosaik mit Christus als Mittler zwischen Gott und der Menschheit. Statuen der vier Evangelisten stehen auf den Portalsäulen, den Giebel bekrönen zwei Hirsche, die zum Kreuz hinaufschauen und an den Psalm 42,2 erinnern: »Wie der Hirsch lechzt nach frischem Wasser, so schreit meine Seele, Gott, zu dir.«

Jenseits des Garten Gethsemane steht das Grabmal des arabischen Historikers Mudjir ed-Din el-Hanabi († 1522). Er erwähnte, daß Mohammed, während er des Nachts nach Jerusalem reiste, über dem Grab seiner ›Schwester Maria‹ ein Licht gesehen hätte. Seitlich des moslemischen Säulengrabmals führen zwei Treppenläufe hinab zum Vorhof des **Mariengrabes** (tägl. 6–11.45, 14.30–17 Uhr). Über Marias Tod gibt es im Neuen Testament keine Nachricht. Ihr Tod wird aber allgemein auf dem Berg Zion angenommen, ihre Bestattung soll im Tal Joschafat erfolgt sein. Die Überlieferung, daß ihr Grab in Ephesos liegt, konnte bisher keine Bestätigung finden. Ein monumentales Portal aus der Kreuzfahrerzeit gewährt Einlaß in die Kirche Mariä Himmelfahrt. Ursprünglich unterstand die heilige Stätte den Franziskanern. Im Jahr 1757 erlangten die orthodoxen Griechen und Armenier mit Hilfe der osmanischen Regierung die Besitzrechte für die Kirche mit dem Mariengrab. Breite Marmorstufen führen hinab in die dunkle unterirdische Krypta. Kleine Kapellen links und rechts der Treppe sind dem hl. Joseph sowie dem hl. Joachim und der hl. Anna geweiht. Die Krypta hat die Form eines lateinischen Kreuzes. In der Mitte ihres östlichen Arms steht die Grabkapelle Marias. Ursprünglich war das Bankettgrab in den Fels des Ölberges hineingehauen worden. Seine spätere Freistellung innerhalb der Krypta verdankt es wahrscheinlich dem Vorbild des Heiligen Grabes, das für die konstantinische Basilika ebenfalls aus dem umgebenden Fels herausgeschlagen wurde. Die Verehrung Marias als Mutter des Propheten Isa (Je-

Im Garten Gethsemane

sus) durch die Moslems zeigt sich in dem Mihrab (Gebetsnische), der auf Höhe des Grabes in die Südwand eingelassen ist und Richtung Mekka weist.

Wieder auf den Vorhof zum Mariengrab zurückgekehrt, führt links ein schmaler Gang zur **Gethsemanegrotte** (tägl. 8.30–12, 14.30–17 Uhr). In dieser Höhle verbrachte Jesus mit den Jüngern die Nacht vor dem Pessahfest im Jahre 30 n. Chr. Und hier wurde er in der selben Nacht von Judas verraten und durch Tempelwächter abgeführt. Die Höhle war in byzantinischer Zeit mit Mosaiken ausgelegt, von denen rechts des Eingangs Spuren erhalten sind. Durch ein Gitter kann man in eine Eintiefung blicken, zu der Stufen hinabführen. Der Vermutung, daß es sich hier um ein Grab handelt, widerspricht, daß eine Rinne in die Vertiefung führt. Vielleicht läßt sie sich mit der Tatsache erklären, daß die Höhle zum Grundstück Gethsemane (Ölkelter) gehörte und hier das Öl der Olivenbäume gekeltert und aufbewahrt wurde. Unter den Kreuzfahrern waren die Wände der heutigen Franziskanerkapelle mit Fresken geschmückt.

Nach Besichtigung der Gethsemanegrotte kann der Weg an dieser Stelle unterbrochen und an einem anderen Tag fortgesetzt werden. In die Altstadt kehrt man durch das Stephanstor (Löwentor) zurück. Dabei steht links des Weges ein abstraktes Denkmal aus Eisen, das israelischen Fallschirmjägern gewidmet ist. Der erhobene Flügel symbolisiert den

Sieg von 1967, der gebrochene herabhängende steht für die gefallenen Soldaten dieses Sechstagekrieges.

Etwa 100 m südlich der Kirche der Nationen führt rechts ein Weg in das **Kidrontal.** Die Stadt ist bemüht, das Tal mit den interessanten Grabbauten durch angenehme, vom Tempelberg herabführende Promenaden zugänglich zu machen. Der Kidron wird von keiner Quelle gespeist, sondern führt nur während der Wintermonate Wasser, das sich durch Regen von den Hängen des Tempelberges, des Skopus und des Ölberges im Tal sammelt. Heute wird das Wasser durch Rohre unterhalb der Straße geleitet. Das Kidron-

Das Gräberfeld im Kidrontal

tal vereinigt sich südlich des Ophels mit dem Hinnomtal, das den westlichen Teil des alten Jerusalems umfaßt. Gemeinsam führen sie ihre Wasser im Wadi en-Nar durch die Judäische Wüste zum etwa 25 km entfernten Toten Meer.

Links des Weges trifft man nach wenigen Metern auf einige Grabbauten. Sie sind Teil der großen jüdischen Nekropole, die sich am Ölberg hinaufzieht und deren Nutzung bis ins 2. Jt. v. Chr. zurückreicht. Das erste aus dem Fels gehauene Monument, das **Grab des Absalom,** stammt aus dem 1. Jh. v. Chr. Die Zuschreibung an Absalom ist unhistorisch, hat aber eine lange Tradition. Vorübergehende bewarfen es über Jahrhunderte mit Steinen, in Erinnerung an die Auflehnung Absaloms gegen seinen Vater David (2 Samuel 15–18). Der quadratische Kubus mit Pfeiler- sowie ionischer Halb- und Viertelsäulengliederung ist aus dem Fels geschlagen. Die dicke Attikazone, ein aufsitzender Zylinder und das abschließende Kegeldach sind aus mächtigen Steinplatten gefügt. Der Einlaß in die Grabkammer des etwa 15 m hohen Grabmonuments liegt an der Südseite über dem Kranzgesims. Ein Ziergiebel an der rückwärtigen Seite des Hofes schmückt den Eingang zu einer weiteren in den Fels geschlagenen Grabanlage mit acht Kammern, ebenfalls aus dem 1. Jh. v. Chr. Etwas weiter südlich erscheint oben im Felsen die dorische Fassade des **Jakobusgrabes.** Der schwere Architrav ruht auf zwei freistehenden Säulen, hinter der Halle schließen mehrere in den Fels gehauene Grabkammern an. Nach christlicher Tradition soll hier Jakobus, der erste Bischof von Jerusalem, bestattet sein. Eine hebräische Inschrift aus wahrscheinlich herodianischer Zeit auf dem Architrav nennt die Priesterfamilie Bene Hesir als Besitzer des Grabes. Stilistisch muß die Grabanlage aber bereits in der zweiten Hälfte des 2. Jh. v. Chr. entstanden sein. Keine 10 m weiter steht das eindrucksvolle **Grab des Zacharias.** Es ist ganz, einschließlich der Dachpyramide, aus dem Felsen geschlagen. Die architektonische Gliederung des Kubus' ähnelt der Gestaltung des Absalomgrabes, nur der Architrav ist nicht weiter ausgearbeitet. Dieses Grab wird in das 1. Jh. v. Chr. datiert und häufig als Ehrenmal in Verbindung mit dem Grab für die Familie Bene Hesir gesehen, da beide Anlagen durch einen Gang miteinander verbunden sind. Weitere Gräber, als Kammern in den Fels gehauen, sieht man immer wieder entlang des Weges und an den Hängen unterhalb des Dorfes Silwan (hebräisch: Kefar HaShiloa).

Keine 500 m weiter durch das Tal führt rechts eine moderne Treppe zur **Gihonquelle** hinab. Gihon bedeutet »Sprudler«, denn das frische Quellwasser sprudelt in bestimmten Zeitabständen stoßartig auf. Das reichliche und gute Quellwasser veranlaßte die kanaanitischen Jebusiter auf dem Bergsporn, dem Ophel (hebräisch: »Buckel«), eine Stadt zu errichten. Hinzu kam die günstige Lage zwischen zwei steil abfallenden Tälern, dem Kidrontal im Osten und dem Tyropöontal im Westen. Von letzterem ist heute durch die Jahrtausende währende Aufschüttung von Bauresten kaum noch etwas zu erahnen. Die zum Tempelberg hinaufführende Straße Ma'alot Ir David spiegelt in etwa den Verlauf des Tales wider. Aus strategischen Gründen konnte die Quelle nicht in die Stadtmauer der Jebusiter (von der Reste bei Ausgrabungen in den 60er Jahren des 20. Jh. zu Tage kamen) miteinbezogen werden. Dies veranlaßte sie, für den Verteidigungsfall einen Tunnel von der Quelle bis unter das Stadtgebiet zu treiben. In Eimern konnte so das lebensnotwendige Wasser durch einen 13 m tiefen Schacht (Zinnor) geschöpft werden. Um 1000 v. Chr. gelang es Joab auf Befehl Davids durch wahrscheinlich diesen Schacht in die Stadt einzudringen und sie zu erobern (1 Chronik 11,6). Neue Ausgrabungen im Bereich der Quelle beweisen jedoch, daß sie mit einem Vorwerk aus großen, unbehauenen Steinen bereits um 1800 v. Chr. geschützt und befestigt war. Dadurch wird die Interpretation der Eroberung Jerusalems durch David an eben dieser Stelle wieder in Frage gestellt. Dieses älteste Wasserversorgungssystem von Jerusalem kann man über einen Treppenaufgang rechts der Gihonquelle besichtigen. Es ist nach seinem ersten Ausgräber Sir Charles Warren benannt. Ein kleines Museum berichtet über die archäologischen Aktivitäten auf dem Ophel (So–Do 9–17, Fr 10–13 Uhr).

Etwa 200 Jahre später war König Hiskia (727–698 v. Chr.) durch einen drohenden Assyrerangriff unter

Sanherib gezwungen, einen neuen, 533 m langen Kanal von der Quelle bis zu dem Siloahteich, einer großen Zisterne innerhalb des Stadtgebietes, in den Fels schlagen zu lassen. Diesen Kanal kann man heute von der Gihonquelle aus durchschreiten (So–Do 8.30–15, Fr 8.30–13 Uhr). Für diesen ca. 15minütigen, sehr eindrucksvollen Weg durch das kniehohe kühle Wasser benötigt man eine Taschenlampe. Wer keine dabei hat, kann sich auch einen Führer mieten. Der Kanal ist gut einen halben Meter breit und zwischen 1,60 und etwa 5 m hoch. Der Wasserstand bleibt trotz des Sprudelns weitgehend gleich. Die Zeit für den Bau des Kanals unter Hiskia war knapp, und so wurde er von zwei Seiten vorangetrieben. Die Meisterleistung der Bergleute, die sich beim Bau des gewundenen Kanals wahrscheinlich an einer Wasserader im Fels orientierten, läßt sich daran erkennen, daß sie im Berg mit nur einer Abweichung von ca. 50 cm aufeinandertrafen. Etwa 20 m jenseits der Quelle, wo der Kanal eine starke Linksbiegung macht, sieht man rechterhand eine Mauer, die einen anderen Kanal abschließt. Dieser führt zu dem Zinnor, dem senkrechten Schacht der Jebusiter. Der Hiskiatunnel endet in einer ca. 20 m tiefer liegenden Zisterne, dem Siloahteich. Die moderne Einfassung läßt nicht mehr erahnen, wie er zur Zeit Jesu aussah, als dieser hier einen Blinden wieder sehend machte (Johannes 9, 1–7). Unter Kaiser Hadrian wurde der Teich, wie archäologische Zeugnisse bestätigen, mit Vorhallen architektonisch reich ausgestaltet. Um die Mitte des 5. Jh. gedenkt eine Kirche der Kaiserin Eudokia Jesus' Blindenheilung. Wie viele andere Kirchen wurde auch sie beim Persersturm im Jahr 614 zerstört, der Teich blieb aber über die Jahrhunderte weiter in Benutzung. Heute nimmt eine kleine Moschee aus dem späten 19. Jh. den Platz der Kirche ein.

Der Weg in Richtung Altstadt führt über die steile Straße Ma'alot Ir David. Etwa 30 m, bevor sie auf die Derech Ha'ofel stößt, zweigt auf Höhe des Parkplatzes links ein schmaler Weg zu den **Ausgrabungen der Davidsstadt** ab (So–Do 9–17, Fr 9–13 Uhr). Gegenüber vom Eingang befindet sich ein kleines, von einem Araber bewirtschaftetes Café, in dem man bei einem köstlichen Pfefferminztee die Aussicht vom Ophel über das Kidrontal genießen kann. Der Ophel wird seit dem 19. Jh. archäologisch untersucht, und an den verschiedensten Stellen trafen die Ausgräber auf Mauerstrukturen, die z. T. bis in die Bronzezeit zurückreichen. In diesem eingezäunten Gelände wurden die festungsartigen Terrassensubstruktionen für den Palast König Davids ausgegraben. An gleicher Stelle befand sich vormals die Akropolis der Jebusiter. Nachdem Salomo seinen Herrschaftssitz in den Bereich des Tempelberges verlegt hatte, wurde dieser künstlich erhöhte und befestigte Hügel für anderweitige Wohnbauten genutzt.

Weg 5: Mount Zion

Der Zionsberg ist den drei großen monotheistischen Weltreligionen heilig: Das Grab Davids verehren Juden und Moslems, Christen gedenken hier der Stätte des letzten Abendmahls Jesu und des Todes von Maria, seiner Mutter.

Der Name Zion ist für Juden und Christen gleichbedeutend mit Jerusalem, mit der Stadt, von der das Gesetz und des Herrn Wort ausgehen wird (Jesaja 2,2). In der Zeit des Alten Testaments wurde die Stadt Davids, der heutige Ophel (2 Samuel 5,7), später die Stadt Salomos, insbesondere der Tempelberg, Zion genannt. Im 4. Jh. n. Chr. wechselte die topographische Zuordnung auf den westlichen Hügel der Stadt, der sich von der Davidszitadelle nach Süden zwischen Hinnomtal und Tyropöontal erstreckt. Zu dieser Zeit vermutete man dort auf Grund von Neuinterpretationen biblischer Texte die Stadt Davids. Auch heute noch wird dieser zum großen Teil außerhalb der Altstadt liegende Bergrükken Zion genannt. Nur vom 2. Jh. v. Chr. bis zur Zerstörung Jerusalems durch Titus (70 n. Chr.) und in byzantinischer Zeit unter der Kaiserin Eudokia lag dieses Gelände innerhalb der Stadtmauern. Bei der Aufmauerung und Verstärkung der Befestigung durch Sultan Süleyman im

Mount Zion

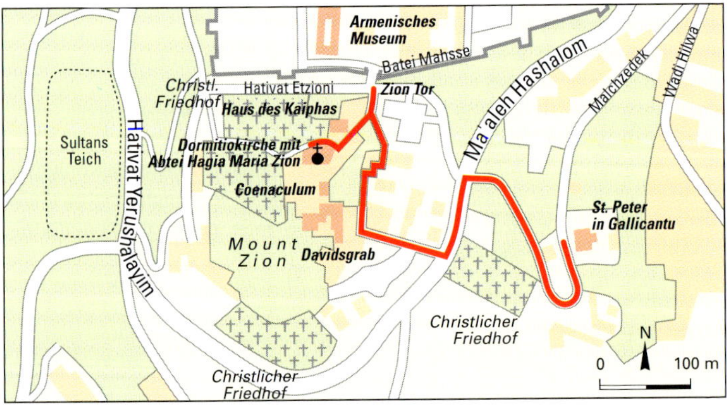

Dormitio-Kirche

16. Jh. wurde es wieder aus dem Stadtgebiet ausgeschlossen.

Gegenüber vom Zionstor erstreckt sich rechter Hand ein armenisches Kloster, auf dessen Gelände das **Haus des Kaiphas** vermutet wird. Jesus wurde nach seiner Gefangennahme in dieses Haus gebracht, dort dem Hohen Rat vorgeführt und von Kaiphas zum Tode verurteilt (Matthäus 26,57–68). Bisher konnten auf dem Grundstück lediglich Mosaike und eine Apsis freigelegt werden, Zeugnisse einer Kirche aus dem 5. Jh. n. Chr. Am Donnerstag vor dem orthodoxen Osterfest führt im Anschluß an die Fußwaschung in der Jakobuskirche (s. S. 66) eine armenische Prozession zu einer kleinen Kapelle, die im Bereich des mutmaßlichen Hauses des Kaiphas steht und an die Verurteilung Jesu erinnert.

Südlich des Klosterbezirkes führt rechts eine schmale Gasse zum Eingang der **Dormitio-Kirche** (tägl. 8–12, 12.30–18 Uhr; So ab 9.30 Uhr). Bis 1998 war die Abtei unter der Bezeichnung »Dormitio Mariae« (Entschlafung Marias) bekannt. Dieser Name erinnerte an den Ort des Todesschlafes der heiligen Maria, der Mutter Jesu. Da nur wenige Besucher etwas mit dem Begriff »Dormitio« anfangen konnten, beschloß man deren Umbenennung. Der heutige Name Hagia Maria Zion bezieht sich auf eine frühere Kirche aus byzantinischer Zeit.

Der weithin sichtbare, neoromanische Zentralbau dient als Wahrzeichen des Zionsberges. Kaiser Wil-

Der Deutsche Verein vom Heiligen Lande

Als Mitte des 19. Jh. Jerusalem-Pilger aus Köln und Aachen die Not der Christen und andere Hilfsbedürftige im Heiligen Land sahen, beschlossen sie im Jahr 1855 einen Verein zu gründen, um diesen Menschen mit viel sozialem Engagement und finanziell beizustehen. Der damalige Erzbischof unterstützte die Sache tatkräftig. So wurde Köln Sitz der Vereinigung, die zu dieser Zeit unter dem Namen Verein vom Heiligen Grabe bekannt wurde. Seit der Gründung übernimmt jeder neue Erzbischof von Köln mit seinem Amt auch automatisch die Präsidentschaft des Vereins. Heute zählt der Deutsche Verein vom Heiligen Land etwa 13 000 Mitglieder.

Neben dem Unterhalt eigener Institutionen fördert er auch verschiedene soziale Einrichtungen in Israel und den autonomen Gebieten. Dazu gehören die Unterstützung von christlichen Schulen, Kinderheimen und eines Behindertenheims für Kinder in En Kerem sowie die Förderung von Mutter-Kind-Einrichtungen, die Unterbringung von mittellosen Kranken in Hospitälern und die Sorge für die Sicherung des Lebensunterhaltes von Priestern und Ordensleuten, die im Heiligen Land tätig sind. Feste Einrichtungen des Vereins sind in Jerusalem das Paulushaus und die Schmidtschule sowie die Dormitio-Abtei auf dem Mount Zion. Letztere widmet sich intensiv ökumenischen Bereichen und fördert das Gespräch zwischen Christen, Juden und Moslems. Außerdem wird Theologiestudenten aus Deutschland in dem benachbarten, zugehörigen Josefshaus die Möglichkeit eines Studienjahrs im Heiligen Land geboten. In Qubeiba, einem arabischen Dorf wenige Kilometer nordwestlich von Jerusalem gelegen, unterhält der Verein zudem das Altenheim Beit Emmaus. Hier werden pflegebedürftige Alte – gleich welcher Religionszugehörigkeit – aufgenommen und von Salvatorianerinnen aus Österreich und Deutschland betreut. Und in Tabgha, dem biblischen Ort der Brotvermehrung am See Gennezareth, sorgte der Verein für die Wiedererrichtung einer Kirche aus dem 5./6. Jh. Dieser Platz ist heute für zahlreiche Pilger ein Ort der Stille und Besinnung.

Die soziale und caritative Sorge des Deutschen Vereins vom Heiligen Land wird solange bestehen bleiben, bis die ganze Region einer friedvolleren Zukunft entgegenblicken kann.

helm II. bekam dieses Stück Land bei seinem Besuch Jerusalems im Jahr 1898 von dem türkischen Sultan Abdul Hamid geschenkt. Er übergab es dem Erzbistum Köln, die Verwaltung übernahm der Deutsche Verein vom Heiligen Land. 1906 wurde die katholische Marienkirche eingeweiht. Ihr Architekt Heinrich Renard orientierte sich an der Pfalzkapelle von Aachen, die Karl der Große am Ende des 8. Jh. erbauen ließ. Das Innere schmücken zahlreiche Mosaike: Das Goldgrundmosaik in der Apsis zeigt Maria mit dem Jesuskind. Zwischen den Chorfenstern stehen die Propheten, die aller Welt die Ankunft des Messias verkündeten. Das Rundmosaik am Boden hat als zentrales Bildmotiv drei in sich verschlungene Ringe, die die heilige Dreieinigkeit symbolisieren. Tierkreiszeichen sowie die vier Propheten Jesaja, Jeremia, Daniel und Ezechiel rahmen dieses Mittelmotiv. Die Kapellen links und rechts des Zentralraumes sind dem heiligen Josef, Johannes dem Täufer, dem heiligen Bonifatius sowie den heiligen Drei Königen, den Schutzpatronen Bayerns und dem heiligen Benedikt geweiht. In der Krypta erinnert eine eindrucksvolle, liegende Skulptur an Marias Heimgang. Jesus erscheint im bekrönenden Kuppelmosaik und ruft seine Mutter zu sich. Sechs Medaillons mit den Porträts von Eva, Mirjam, Rachel, Ruth, Judith und Esther, den bedeutenden Frauen des Alten Testaments, umrahmen ihn.

Nach Verlassen der Kirche geht man wieder rechts die Gasse zurück, biegt nochmals nach rechts um und erreicht einen verwinkelten Gebäudekomplex mit dem Grab Davids und dem Abendmahlssaal (Coenaculum). Ein Bogentor auf der linken Seite öffnet sich zu dem Hof eines ehemaligen Pilgerhospizes, von dem Treppenstufen auf das Dach führen, von dem das **Coenaculum** betreten werden kann (tägl. 8–17, Fr 8–13 Uhr). Die schlichte, im gotischen Stil gehaltene Abendmahlskapelle war Teil der unter den Kreuzfahrern neu errichteten Basilika St. Marien vom Berge Zion. An deren Stelle soll bereits im 2. Jh. n. Chr. eine kleine Kirche gestanden haben, die im 4. Jh. durch eine fünfschiffige Basilika ersetzt wurde. Diese Hagia Maria Zion fanden die Kreuzfahrer von den Persern zerstört vor. Wie der schöne Mihrab verdeutlicht, wird das Coenaculum seit dem 16. Jh. als Moschee genutzt. In diesem Raum wird auch das Obergemach erkannt, in dem nach der Himmelfahrt Jesu das Pfingstwunder geschah (Apostelgeschichte 1,13; 2,1–4). In den Räumen unterhalb des Coenaculum liegt der Saal der Fußwaschung und das Grab Davids. Der Zugang erfolgt von der Gasse aus hinter dem überwölbten Durchgang links. Das **Davidsgrab** (tägl. 8–18, im Winter 17 Uhr; Fr 8–14 Uhr) wird auf dem Zionsberg seit dem 12. Jh. verehrt. Im 16. Jh. stellten Moslems ein Kenotaph auf. König David wurde jedoch nie auf diesem Hügel bestattet. Wie im Alten Testament (1. Könige 2,10) berichtet, begrub man ihn in seiner Stadt,

Denkmal bei St. Peter in Gallicantu

die sich auf dem Bergsporn zwischen Tyropöon- und Kidrontal erstreckte. Gegenüber vom Davidsgrab erinnert ein kleines Museum, die Halle der Märtyrer (Chamber of the Holocaust), an die Opfer des Nationalsozialismus.

Auf dem protestantischen Friedhof südlich der Abtei Hagia Maria Zion sind einige bekannte Personen bestattet, wie der britische Archäologe Sir William Matthew Flinders Petrie (gestorben 1942 in Jerusalem). Er führte bedeutende Ausgrabungen in Ägypten und Palästina durch und revolutionierte archäologische Grabungstechniken. Auch Oskar Schindler, dem Steven Spielberg 1993 mit seinem Kinohit »Schindlers Liste« ein Denkmal gesetzt hat, liegt hier begraben.

An der Ma'ale ha Shalom weist ein Eisengitter auf den Zugang zur Kirche **St. Peter in Gallicantu** (St. Peter zum Hahnenschrei; tägl. außer So 8.30–12, 14–17 Uhr). Sie erinnert an die dreimalige Verleugnung Jesu durch Petrus, ehe der Hahn krähte (Markus 14,66–72). Die moderne Kirche mit themenbezogenen Mosaiken wurde 1931 geweiht. Interessant sind die aus dem Fels gehauenen Bauten, Keller, Ställe und Zisternen, wahrscheinlich aus herodianischer Zeit, über denen die Kirche erbaut wurde. Hier vermutete man lange Zeit das Haus des Kaiphas, in dem Jesus die letzte Nacht vor der Verurteilung verbringen mußte. Die unterirdischen Gallerien wurden als Wachräume gedeutet, die tiefe Grube als Gefängnis. Wahrscheinlicher ist aber eine Nutzung der Höhlen als Zisterne und eine Lokalisierung des Hauses des Kaiphas auf dem Terrain des armenischen Klosters. Der ausgegrabene, alte Stufenweg neben der Kirche führte einst von der Anhöhe des Hügels bis zum Siloahteich (s. S. 117) hinab. Von der Aussichtsterrasse bei der Kirche hat man einen hervorragenden Blick über die drei, den Bergrücken umgebenen Täler.

Weg 6: Westlich der Altstadt

Zu Anfang des 20. Jh. erstreckte sich jenseits des Hinnomtals ein lebhaftes jüdisch-arabisches Handelsviertel. Heute beherbergt der Hang eines der nobelsten jüdischen Wohnviertel innerhalb des Stadtgebietes mit gehobenen Kunsthandwerksbetrieben und Studios.

Mitte des 19. Jh. entstanden die ersten Ansiedlungen außerhalb der Altstadtmauern. Die Behörden des zaristischen Rußland bildeten mit dem Bau von Hospizen für ihre zahlreichen Pilger eine Art Vorhut (s. S. 140). Sir Moses Montefiore errichtete kurze Zeit später für aschkenasische und sephardische Juden ein neues Viertel westlich der Altstadt, dessen Wahrzeichen die Windmühle ist. Dieses Gebiet verlor nach Teilung der Stadt im Jahr 1949 sehr an Attraktivität. In diesen grenznahen Streifen zogen nun überwiegend Flüchtlinge und Zuwanderer. Sie richteten hier zahlreiche kleine Handwerksbetriebe und Werkstätten ein. Nach 1967 begann eine rege Renovierungs- und Bautätigkeit, die das Viertel Yemin Moshe in eine Künstlerkolonie verwandeln sollte. Die alten Bewohner wurden in Stadtrandgebiete umgesiedelt. Heute macht das Viertel einen gepflegten, beschaulichen Eindruck, läßt aber nur wenig von dem hier geplanten künstlerischen und kulturellen Geist ahnen.

Vom Jaffator hat man einen guten Blick über das Viertel westlich der Altstadt: Geradeaus erstreckt sich die neue Davidsstadt mit dem Hilton-Hotel, weiter links folgt der monumentale Bau des King David Hotels, im Hintergrund der Turm des YMCA, und mitten im Grünen steht die Montefiore-Windmühle, die das Viertel Yemin Moshe markiert. Unterhalb des Jaffatores führt der Weg durch die **Khutzot HaYotzer** (Arts & Crafts Lane, Kunst- und Kunsthandwerkszeile), einem kleinen Straßenzug, in dem sich noble Silberschmiede und Maler die Hand reichen. Für sehr viel Geld kann man hier silberne Kerzenhalter, Schmuck, moderne Malerei und Webwaren direkt aus den Werkstätten erstehen. Folgt man dem Weg entlang des Hinnomtals, erstreckt sich linkerhand das Merill Hassenfeld Amphitheater. An dieser Stelle befand sich eine riesige Zisterne, **Sultansteich** genannt, die durch eine über 18 m hohe Staumauer vom Tal abgetrennt wurde. Ihr Entstehungsdatum ist nicht bekannt, genutzt wurde sie unter den Kreuzfahrern und aufwendig unter Sultan Süleyman im 16. Jh. restauriert. In dieser Senke fand am 14. 5.1978 ein

Konzert zum 30. Unabhängigkeitstag des Staates Israel statt. Der große Erfolg veranlaßte die Einrichtung eines ständigen Amphitheaters, in dem nun alljährlich verschiedene Aufführungen stattfinden.

Von der Arts & Crafts Lane führen Treppenaufgänge in das beschauliche Reihenhausviertel **Yemin Moshe,** das 1891 gegründet wurde. Hin und wieder stößt man auf kleine Verkaufsgalerien von ambitionierten Künstlern. Südlich davon erstreckt sich **Mishkenot Sha'ananim.** Sir Moses Montefiore reiste im Jahr 1860 von England aus ins Heilige Land und fand das jüdische Viertel der Altstadt vollkommen überfüllt vor. So veranlaßte er den Bau von Mishkenot Sha'ananim, was »Ruhiges

Westlich der Altstadt

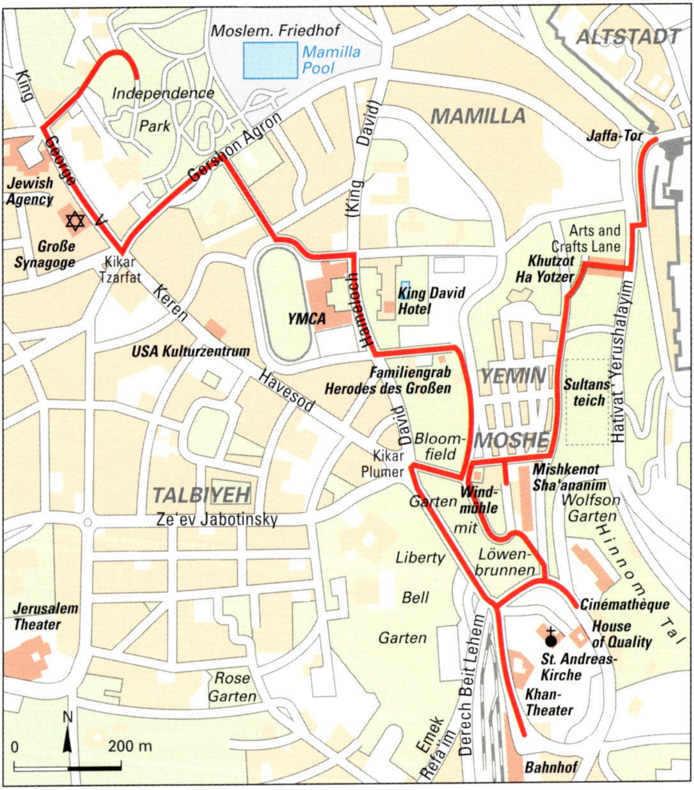

Wohnen« bedeutet. Dies bestand aus zwei niedrigen Langbauten mit mehreren, aneinandergefügten Wohneinheiten, denen jeweils eine gemeinsame überdachte Eingangsveranda vorgelagert war. Diese zwei Häuser sind 1973 wieder hergerichtet worden und dienen heute als Musikzentrum mit Aufnahmestudio bzw. Herberge für Künstler und Musiker. An den Wänden der Herberge hängen Fotografien der Gäste. Zu ihnen gehörten u. a. die Musiker Yehudi Menuhin, Arthur Rubinstein und Isaak Stern, die Maler Marc Chagall und Robert Rauschenberg sowie die Schriftsteller Simone de Beauvoire, Friedrich Dürrenmatt, Jean Paul Sartre und Leon Uris. Oberhalb von Mishkenot Sha'ananim steht eine **Windmühle,** die Montefiore in Auftrag gabe, damit die Selbstversorgung der neuen Anwohner gewährleistet sei. Aufgrund technischer Mängel bewegte sie allerdings nie ihre Flügel. Heute beherbergt sie ein kleines Museum, in dem Montefiores Leben und Werk gerühmt wird (So–Do 9–16, Fr 9–13 Uhr). Südlich schließt der **Bloomfield Garden** an, in dem ein hübscher Löwenbrunnen steht. Im Jahr 1989 schenkte die deutsche Bundesregierung diesen von Gernot Rumpf geschaffenen Brunnen der Stadt Jerusalem. Aus goldfarbener Bronze schuf der Künstler einen Lebensbaum, bekrönt von der Weltkugel und einer Friedenstaube, um den sich große und kleine Löwen, in Anspielung auf den Löwen von Juda, tummeln.

Jenseits der Derech Hebron, der Straße nach Betlehem und Hebron, führen Treppenstufen hinab zur **Cinémathèque.** Das Filmzentrum wurde in einem renovierten Gebäude des 19. Jh. untergebracht. Neben dem Vorführraum beherbergt es ein großes Filmarchiv, eine umfangreiche Bibliothek rund um das Filmwesen sowie ein Café, von dessen Terrasse man einen hervorragenden Blick auf den Zionsberg und über das Hinnomtal genießen kann. In diesem Zentrum finden Kurse zu verschiedenen Aspekten der Filmkunst statt, und im Sommer lädt es zum alljährlichen internationalen Filmfestival ein. Das **House of Quality** jenseits der Straße diente lange Zeit als Augenklinik. Heute kann man hier Künstlern in ihren Ateliers bei der Arbeit zusehen und ihre Werke oder auch Antiquitäten im Erdgeschoß erstehen.

Auf dem Weg zum Bahnhof passiert man die schottische **St. Andreas-Kirche** mit Hospiz. Sie wurde 1927 im Stil armenischer Klosterarchitektur erbaut. Auf dem Dach weht die Fahne mit dem Andreaskreuz. Die Legende berichtet, daß der Apostel und Bruder des Petrus in Patras (Griechenland) an ein Kreuz mit schrägen Balken geschlagen worden sein soll. Das südlich anschließende **Khan-Theater** war ursprünglich eine osmanische Herberge (Khan), in der Reisende ein Nachtquartier fanden. Heute sind in dem Gebäude ein Theater sowie ein Nachtclub mit Restaurant untergebracht.

Die Bahnstrecke Jerusalem – Tel Aviv wurde 1892 eröffnet. Zur Zeit verläßt allerdings kein Personenzug mehr den **Bahnhof** in Richtung Küste. Die gut ausgebauten Straßen und günstigen Busverbindungen haben die Fahrzeit für diese Strecke um mehr als die Hälfte reduziert. Es ist jedoch geplant, die eindrucksvolle Strecke durch die Schluchten des judäischen Landes zu elektrifizieren und für schnelle Züge befahrbar zu machen.

Südwestlich des Bahnhofs erstreckt sich die **German Colony** (Deutsche Kolonie), ein Viertel, in dem sich die Templer, eine Gruppe süddeutscher Protestanten aus Württemberg, im Jahr 1871 niederließen. Sie kamen nach Palästina, um eine ideale christliche Gemeinschaft im Heiligen Land zu gründen. Ihre Häuser entsprachen weitgehend der damaligen Architektur in Deutschland. Bibelzitate auf den Türstürzen in deutscher Sprache berichten von den ehemaligen Bewohnern. Die Templer mußten im Zweiten Weltkrieg das Land verlassen.

Der **Liberty Bell Garden** als Erholungszentrum mit Spielplatz, Konzertdarbietungen, Picknick- und Sportstätten setzt den Bloomfield Garden jenseits der David Hamelech fort. Die Kopie der amerikanischen Freiheitsglocke wurde 1976 zum 200. Jahrestag der Vereinigten Staaten im Garten aufgestellt. Sie trägt das Zitat aus dem Buch Leviticus: »Verkünde Freiheit durch das ganze Land und allen seinen Bewohnern.«

Durch den Bloomfield Garden, oberhalb der Windmühle führt der Weg vorbei am **Familiengrab Herodes des Großen** zum King David Hotel. Herodes selbst wurde im Herodeion (s. S. 198) bei Betlehem bestattet, aber einige seiner Angehörigen fanden in diesen äußerlich unscheinbaren Grabkammern ihre letzte Ruhestätte. Von einem Vorhof führt eine leicht abschüssige Treppe zum Eingang der Grabanlage. Diese wurde durch einen großen runden Stein verschlossen, der noch vor Ort liegt. Vier Grabkammern sind um einen kleineren Mittelraum symmetrisch angeordnet. Sorgfältig behauene Kalksteinquader verkleiden ihre Wände. Jenseits der Grabanlage mit dem Vorhof kam ein massives 18 mal 20 m großes und etwa 2 m in den Boden eingetieftes Fundament zu Tage. Wahrscheinlich trug es einst ein Gedenkmonument, vielleicht in Form einer Pyramide wie das Absalomgrab im Kidrontal (s. S. 115). Die zugehörigen Architekturglieder datieren die Anlage in das 1. Jh. v. Chr.

Das **King David Hotel** ist das geschichtsträchtigste und war bis vor kurzem das nobelste Hotel der Stadt. Heute steht es mit dem im Januar 1998 eröffneten, benachbarten Luxushotel Hilton in Konkurrenz um Staatsgäste und andere Notabeln, die Luxus wünschen, aber nicht unbedingt den Flair der 30er Jahre suchen. Im Auftrag der ägyptisch-jüdischen Bankiersfamilie Mosseri stellte der Schweizer Architekt Emile Vogt das King David Hotel im

King David-Hotel, YMCA und Montefiore-Windmühle im Viertel Yemin Moshe

Jahr 1931 fertig. Die Familie besaß bereits die vornehmsten Hotels in Kairo und ließ so auch die Repräsentationsräume dieses Baus dem damaligen Zeitgeschmack entsprechend mit hethitischen, assyrischen und phönizischen Schmuckelementen ausstatten. Das Dienstpersonal war in Pluderhosen und goldbestickten Jacken gekleidet, sie schienen den Märchen aus Tausendundeiner Nacht entstiegen. Während des Zweiten Weltkrieges und kurz danach nutzten die Briten mehrere Etagen des linken Flügels als militärische Kommandozentrale. Dies veranlaßte die Irgun Zwai Leumi, eine von Menachem Begin angeführte jüdische Untergrundorganisation, den ganzen Flügel am 22. Juli 1946 zu sprengen. Dabei kamen 90 Briten ums Leben. Die letzten Renovierungsarbeiten konnten erst vor kurzem abgeschlossen werden. Heute erstrahlt das Hotel in seinem alten Charme, allerdings mit nüchtern gekleideten Kellnern und Pagen. Es lohnt, Tee und ein Stück Kuchen auf der Terrasse des Hotels zu genießen, den Melodien der Zwei-Mann-Band zu lauschen und den Blick über die Altstadt schweifen zu lassen.

Preiswerter essen kann man im gegenüberliegenden **YMCA.** 1933 stellte der Amerikaner Arthur Loomis Harmon, Architekt des Empire State Building, im Auftrag des Weltbundes der Young Men's Christian Association das Gebäude mit dem 50 m hohen Turm fertig. Von diesem Glockenturm hat man einen hervorragenden Blick über die Stadt (Mo–Fr 9–15, Sa 9–13 Uhr). Die YMCA beherbergt neben dem Hotel ein Sportzentrum mit Schwimmbad, Fitnessraum, Tennis- und Squashhallen; Konzertsaal, Bibliothek und Andachtsraum sind in den Seitenflügeln untergebracht.

An der Ecke Ramban/King George Street rahmen das Haus des Oberrabbinats (Hekhal Shelomo), der höchsten religiösen Behörde von Israel, und die Jewish Agency den prächtigen 1982 fertiggestellten Bau der **Großen Synagoge** (So–Do 9–13, Fr 9–12 Uhr). Im Inneren beeindrucken die herrlichen Glasfenster. Das Shelomo Wolfson Haus, benannt nach seinem Stifter, beherbergt neben dem Oberrabbinat eine Thora-Bibliothek sowie ein Museum für jüdische liturgische Kunst und Folklore. Die Jewish Agency ist das Hauptbüro der zionistischen Weltorganisation. Sie wurde 1897 von Theodor Herzl ins Leben gerufen (s. S. 160). Neben ihr faßt das Gebäude den Jüdischen Nationalfonds und den Gründungsfonds, die sich u. a. mit Landkauf und Urbarmachung beschäftigen.

Jedes Jahr am 12. Mai wird der **Independence Park** (Unabhängigkeitspark) zur Festwiese der Jerusalemer Bevölkerung. Die Männer zünden kleine Kohlengrille, die Frauen breiten Salate und Kuchen auf mitgebrachten Campingtischen oder Decken aus, und die Kinder plantschen derweil in den künstlich angelegten Wasserläufen, spielen Ball oder lauschen den Liedern der Jugendlichen. In der östlichen Hälfte des Parks liegt der **Mamilla Pool,** eine alte riesige Zisterne, vielleicht aus herodianischer Zeit. Die Mamelucken nutzten sie aber mit Sicherheit im 15. Jh. für ihr Wasserversorgungssystem. Es schließt ein moslemischer Friedhof an, der im 13. Jh. angelegt und bis ins 20. Jh. hinein in Gebrauch war. Beachtenswert ist das Grab des Emirs Aidughdi Kubaki, der einst Statthalter in Syrien war, später vom Sultan nach Jerusalem verbannt wurde und hier im Jahr 1289 n. Chr. im Alter von 60 Jahren starb. Das einräumige, viereckige Grabmal mit wiederverwendeten Architekturstücken aus der Kreuzfahrerzeit wird von einer Kuppel bekrönt. Über dem Eingang nennt eine Inschriftentafel den hier Bestatteten.

Nur wenige Meter nördlich des Unabhängigkeitsparks erstrecken sich die modernen Einkaufsstraßen der Stadt mit vielen Cafés, Restaurants und Bars, in denen man sich nach dem Rundweg gut stärken kann.

Weg 7: Vom Damaskustor zur American Colony

Einst erstreckte sich nordöstlich der Altstadt eine weitläufige alte Nekropole, bis sich hier im späten 19. Jh. reiche Araber ihre Villen errichteten. Heute beherbergt das Viertel die Neustadt des arabischen Jerusalem.

Der Bereich nördlich der Altstadt ist arabisch geprägt. Hier befindet sich der zentrale arabische Busbahnhof, die Sammeltaxis mit Zielen in Ostjerusalem und den umliegenden Ortschaften warten in der Sultan Suleiman Street auf Kundschaft, und Taxis, die auch am Samstag fahren, stehen im Zwickel der Haneviim und der Hatzanhanim Street schräg gegenüber vom Damaskustor bereit. Auf dem Platz vor dem Damaskustor und in der Suleiman Street bieten arabische Händler ihre Waren in schlichten Kisten oder nur auf Tüchern feil. Ein Schnellimbis reiht sich an den nächsten, überall herrscht lautstarke Betriebsamkeit. Im Vergleich zu dem beschaulichen, gepflegten jüdischen Viertel westlich der Altstadt wird an den Häusern in den Straßenfluchten deutlich, daß hier Geld für eine Grundrenovierung fehlt. Es gibt kaum Kaufhäuser und öffentliche Verwaltungsgebäude, dafür aber viel Brachland aus der Zeit der Stadtteilung. Am nördlichen Rande verbinden moderne jüdische Vorstadtsiedlungen die westliche Stadt mit dem Berg Skopus. Im 1. Jh. n. Chr. erstreckte sich auf den Hügeln nördlich und östlich der Stadt ein großer Friedhof. Viele Gräber wurden in diesem Jahrhundert ausgegraben und mit schützenden Grünzonen umgeben. Eine Besiedlung erfolgte erst in der zweiten Hälfte des 19. Jh. Finanzstarke arabische Familien bauten hier prächtige Stadtvillen. Um die Jahrhundertwende prägten amerikanische und schwedische Auswanderer das Erscheinungsbild dieses Viertels. Heute gleicht es mit dem Trubel und seinen Menschen arabischen Großstädten.

Gegenüber vom Damaskustor erhebt sich der eindrucksvolle Bau des **Paulushauses** mit der **Schmidtschule,** die dem Deutschen Verein vom Heiligen Lande (s. S. 120) unterstehen. Das Paulushaus wurde 1908 als Pilgerhospiz eingeweiht, diente aber schon kurze Zeit später, während der Mandatszeit, als britische Kommandozentrale. 1950 beherbergte es für die kommenden 20

Jahre die Schmidtschule. Heute stehen seine Gästezimmer wieder deutschen Pilgern zur Verfügung. Unabhängig von der freundlichen Aufnahme im Hause lohnen ein Blick von der Aussichtsplattform des Daches über die Altstadt, die Besichtigung der Tempelmodelle, die nun im Untergeschoß ihren Standort gefunden haben und der Besuch des Kaiserzimmers mit seiner Originalausstattung, die Kaiser Wilhelm II. für diesen Empfangssaal stiftete.

Die Schmidtschule ist heute in einem Anbau aus den 60er Jahren des 20. Jh. untergebracht. Sie blickt auf eine über 100jährige Tradition zurück, ihr Gründer war der deutsche Pater Friedrich Wilhelm Schmidt. Arabische Mädchen christlicher und islamischer Religion werden in dieser Gesamtschule vom Kindergarten

Vom Damaskustor zur American Colony

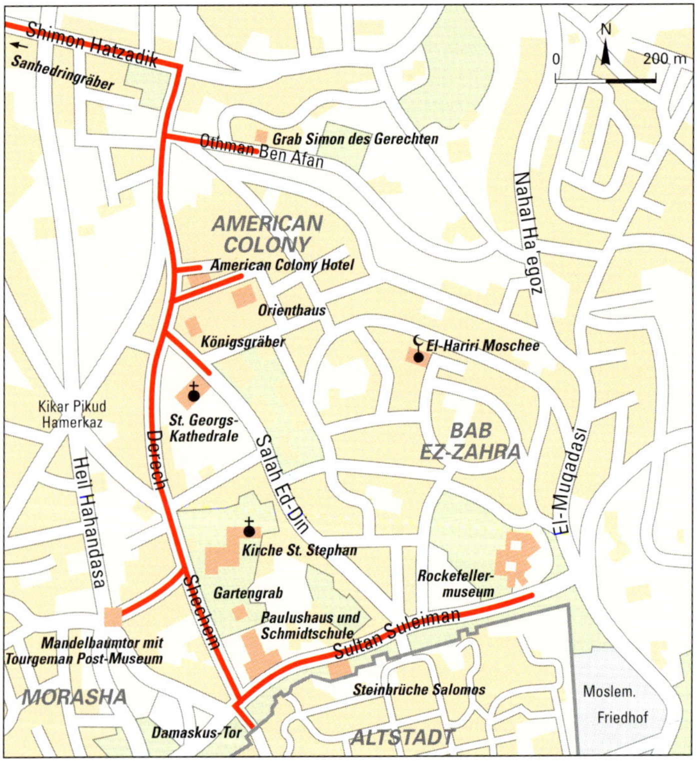

Steinbrüche Salomos

bis zum Abitur betreut und lernen friedliches Zusammenleben und Respektieren der religiösen Überzeugung des anderen.

Zwischen Damaskus- und Herodestor am Fuß der Altstadtmauer öffnen sich durch eine unscheinbare Tür die **Steinbrüche Salomos** (tägl. 9–16, Fr 9–14 Uhr). Etwa 200 m weit erstreckt sich die künstlich geschaffene Höhle unter der Altstadt. Bei den Steinbrucharbeiten, die u. a. auch Malachit lieferten, einen wertvollen weißen, von Herodes dem Großen geschätzten Kalkstein, ließ man mächtige Säulen als Stützen stehen. Der Steinbruch wird seit dem 3. Jh. n. Chr. auch Zedekiahöhle genannt, da angeblich durch dieses Höhlensystem der letzte König von Juda, Zedekia, 587 v. Chr. vor den Truppen Nebukadnezars kurzfristig entkommen konnte. Die Besichtigung dieser kühlen Hallen bietet Erholung nach dem quirligen Treiben um das Damaskustor.

Etwas abseits des Weges erhebt sich der markante Turm des **Rockefeller-Museums** (So–Do 10–17, Fr und an Feiertagen 10–14 Uhr). Im Jahr 1927 stiftete der amerikanische Industrielle John D. Rockefeller dieses bedeutende Museum für archäologische Funde aus Palästina. Nach 1967 wurde es dem Israel Department of Antiquities unterstellt und dem Israel-Museum (s. S. 148) angeschlossen. In chronologischer Folge und ansprechender Aufstellung werden dem Besucher Relikte, die zeitlich von der Steinzeit bis ins 18. Jh. reichen, geboten. Zu ihnen gehören Funde in verschiedenen Materialien aus Grabungen in Palästina (von der Steinzeit bis in die Eisenzeit), Holzarbeiten aus der Aksa-Moschee (8. Jh.), Stuckreliefs und -skulpturen aus dem Omayyadenpalast in Khirbat al-Mafjar bei Jericho (8. Jh.), kreuzfahrerzeitliche Friese vom

Südportal der Grabeskirche sowie Skulpturen und Keramik aus römischer und späterer Zeit. Neben den interessanten Objekten beherbergt das Museum einen Vortragssaal, Studienräume und eine umfangreiche Bibliothek. In den Galerien werden hin und wieder moderne Installationen und Kunstwerke den Antiken gegenübergestellt.

Von der Derech Shechem (Nablus Road) führt rechts ein kleiner Weg zum **Gartengrab** (tägl. außer So 8.30–12, 14–17.30 Uhr). Der britische General Charles Gordon erkannte 1883 als erster an dieser Stelle das Grab Christi und den Felsen Golgota. Ihm folgten viele Protestanten und die anglikanische Kirche. Der Felsen am Südrand des heutigen Areals inspirierte Gordon zu seiner Vermutung. Mit etwas Phantasie geben kleine Höhlen dem Stein das Aussehen eines Schädels – am besten ist der Eindruck von der gegenüberliegenden Altstadtmauer oder von dem unterhalb liegenden arabischen Busbahnhof nachzuvollziehen. Dies konnte nur Golgota, die Kreuzigungsstätte sein. In dem nahegelegenen Felsgrab mußte demnach Jesus bestattet worden sein. Das Grab besteht aus zwei Kammern, die hintere beinhaltet zwei Felsbarren als Grablegen. Durch eine kleine Öffnung dringt Licht ein. Das Hauptargument für die hiesige Lokalisierung der heiligen Stätte war für Gordon und seine Nachfolger die Überzeugung, das der Ort der Kreuzigung außerhalb der Altstadtmauern liegen muß. Diese Behauptung konnte durch archäologische Untersuchungen im Umfeld der Erlöserkirche, die einen anderen Verlauf der damaligen Stadtmauer belegen, widerlegt werden. Dennoch vermittelt das Gartengrab mehr von dem Eindruck, den die Jünger und Maria Magdalena bei Auffindung des leeren Grabes hatten, als der ständige Trubel in der Grabeskirche. Heute finden sich viele Jugendgruppen und Bibelreisende zum gemeinsamen Gebet und Gesang in dieser prächtig blühenden Gartenanlage ein. Gottesdienst wird jeden Sonntag um 9 Uhr gefeiert.

Ein Stück weiter auf der Derech Sechem (Nablus Road) erhebt sich rechts ein Dominikanerkloster mit der **Kirche St. Stephan.** Sie wurde im Jahr 1900 geweiht und ruht auf den Resten einer dreischiffigen Basilika mit Atrium aus byzantinischer Zeit. Der Fund von Relikten des hl. Stephan, des ersten christlichen Märtyrers, veranlaßte Eudokia, die Frau des Kaisers Theodosius II., zum Bau einer Basilika. Diese wurde kurz vor ihrem Tod im Jahr 460 fertiggestellt, die Kaiserin selbst fand hier ihre letzte Ruhestätte. Wie die meisten anderen christlichen Bauten in der Stadt zerstörten die Perser 614 auch die Stephansbasilika. Von den Kreuzfahrern wieder aufgebaut, erlag sie 1187 erneut Saladins Truppen. Ende des 19. Jh. erwarben französische Dominikaner das Grundstück, führten archäologische Untersuchungen durch und legten die Grundmauern der byzantinischen Basilika frei. Im heutigen Klosterkomplex erinnern der geometrische Mosaikfußboden, einige Gräber und die Pflasterung um das Zisternensystem an diesen Bau. Dem Kloster angeschlossen ist die berühmte École Biblique et Archéologique Française, die 1890 Frère Marie-Joseph Lagrange zur Erforschung des Heiligen Landes gründete.

Ein kleiner Abstecher nach links führt zum Kikar Pikud HaMerkaz (Central Command Square). Hier befand sich das **Mandelbaumtor,** der einzige Übergang zwischen dem israelischen und jordanischen Jerusalem in den Jahren 1948 bis 1967. Nur UN-Soldaten und Touristen stand diese Verbindung offen. Der Tourgeman Post-Bau war Stützpunkt des israelischen Militärpostens vor der Grenze. Nach umfangreicher Sanierung wurde 1989 in diesem Gebäude ein Multi-Media-Museum zur Dokumentation der 19 Jahre währenden Stadtteilung, finanziert von dem deutschen Verleger Georg von Holtzbrinck, eröffnet (So–Do 9–17, Fr und feiertags 9–13 Uhr).

Der Nablus Road in nördlicher Richtung folgend liegt rechterhand eine palästinensische Töpferei, in der seit vielen Jahren wundervolle Keramikwaren mit alten türkischen Mustern hergestellt werden. Ursprünglich wurde sie von Armeniern betrieben, die 1919 nach Jerusalem kamen, um Kacheln für die Reparaturen am Felsendom zu fertigen. Schräg gegenüber erhebt sich das Gebäude der YMCA für Ost-Jerusalem. Die **St. Georgs-Kathedrale,** im

In der St. Georgs-Kathedrale

Zwickel von der Nablus Road und der Salah ed-Din Street, der Hauptgeschäftsstraße von Ostjerusalem gelegen, präsentiert seit 1910 die anglikanische Kirche in Jerusalem. Interessant sind die Kniekissen auf den Stühlen, Geschenke von Privatpersonen und Kirchen aus der ganzen Welt. Sie symbolisieren die Verbundenheit mit der anglikanischen Kirche und der heiligen Stadt Jerusalem. Der Kathedrale sind eine Schule und ein Hospiz mit schönem Gartencafé angeschlossen.

Nach wenigen Schritten rechts in der Salah ed-Din Street öffnet sich auf der linken Straßenseite der Eingang zu den **Königsgräbern** (Mo–Sa 8–12.30, 14–17 Uhr). Bis zum Jahr 1863 glaubte man, daß in dem bisher größten Grabkomplex von Jerusalem die Könige von Juda bestattet worden seien. Erst während eingehender Untersuchungen durch den französischen Archäologen Felicien de Saulcy entdeckte man in den ansonsten ausgeraubten Grabkammern einen Sarkophag, in dem laut Inschrift die Königin Helena von Adiabene, im nördlichen Mesopotamien, bestattet wurde. Dieser Sarkophag befindet sich heute im Louvre in Paris. Mit ihrem Sohn Izates ließ sich Helena im 1. Jh. n. Chr. zum jüdischen Glauben bekehren, pilgerte anschließend nach Jerusalem und erbaute während ihres fast 20jährigen Aufenthaltes neben einem Palast in der Unterstadt auch diese Grabanlage.

Eine breite in den Fels geschlagene Treppe führt zu einem großen Hof hinab. Das Regenwasser sammelt sich in Rinnen auf den Stufen, von denen es über zwei Kanäle an der rechten Seitenwand hinab in Zisternen am Fuße der Treppenanlage geleitet wird. Links erfolgt durch einen Torbogen der Eintritt zum großen Hof. Dieser diente vormals als Steinbruch, die breite Treppe war demnach ursprünglich eine Rampe, über die die Felsbrocken abtransportiert wurden. Die westliche Wand des Hofes ziert eine architektonisch reich gestaltete Fassade mit ionischen und dorischen Säulen sowie einem kleinen, ornamental verwendeten Metopen-Triglyphenfries. Durch einen engen Gang in der Vorhalle – der runde Verschlußstein liegt noch an Ort und Stelle – gelangt man zu einem Raum, über den drei Grabkammern betreten werden können. An ihren Wänden reihen sich die Schachtgräber, zum Teil sogar als Doppelschachtgräber. Zwei weitere Grabkammern waren geplant, kamen aber nie zur vollständigen Ausführung. Entsprechend archäologischer Überlegungen muß man sich die ganze Anlage mit drei pyramidalen Aufbauten vorstellen, die im 1. Jh. n. Chr. einen großartigen Anblick außerhalb des Stadtgebietes boten.

Das **Orienthaus,** der inoffizielle, von Israel nicht anerkannte Sitz der Palästinensischen Befreiungsorganisation (PLO), steht unweit der Königsgräber, in der Abu Ubayda Ibn El-Jarah Street. Es ist eine prächtige, im islamischen Stil errichtete Villa aus dem Jahr 1897.

Nur wenige Schritte entfernt lädt der Innenhof des **American Colony Hotel** (Louis Vincent Street) zu einer Erholungspause bei arabischem Tee mit frischer Minze oder das Restaurant Arabesque zu einem köstlichen Dinner ein. Im Jahr 1860 ließ Rabbah Daoud Amin Effendi el Husseini, ein Mitglied der ältesten moslemischen Familie im Land, den Kernbereich des Hauses für sich und seine vier Frauen errichten. Zu jener Zeit war das Gebäude eins der ersten außerhalb der Stadtmauern. Im typisch türkischen Stil richten sich alle Räume auf einen mit Blumenbeeten verschönten Innenhof. Rabbah Effendi starb ohne männlichen Nachkommen, und so stand das mittlerweile um zwei Appartements erweiterte Haus leer, als Anna Spafford im Jahr 1898 für amerikanische und schwedische Bürger eine neue Bleibe suchte. Das Haus und schließlich auch das angrenzende Viertel erhielten nach den neuen Bewohnern ihren Namen. Der Baron Ustinov, Großvater des Schauspielers Peter Ustinov, nutzte seit 1902 das Gebäude als orientalisches Gästehaus. Seit den 50er Jahren hat es den Standard eines Hotels und beherbergt heute überwiegend Journalisten und Geschäftsleute. In ihm stiegen Berühmtheiten wie T. E. Lawrence (von Arabien), Lord Allenby, Alec Guiness, Peter O'Toole, Ingrid Bergmann, Richard Widmark und Joan Baez ab. Unter schweizer Leitung ist das American Colony Hotel 1997 in die französische Hotelkette Relais & Chateau aufgenommen worden, zu deren Auswahlkriterien spezielle Atmosphäre, schmackhaftes Essen sowie geringe Zimmerzahl gehören.

Der Nablus Road weiter Richtung Norden folgend, führt rechts ein Weg zum **Grab Simons des Gerechten.** Das laut einer Inschrift in diesem architektonisch wenig interessanten Felsgrab nur eine Römerin namens Julia Sabina bestattet wurde, hindert orthodoxe Juden nicht, jedes Jahr am 25. Mai zu dieser Stätte zu pilgern. Sie gedenken dem Hohenpriester Simon (335–270 v. Chr.), der die Worte sprach: »Die Welt ruht auf drei Säulen: Gesetz, Dienst im Tempel und Nächstenliebe«. Hinter der Fassade verbergen sich fünf Kammern, von denen zwei bankförmige Grabstätten aufweisen.

Beeindruckender sind die **Sanhedringräber** im Sanhedria-Park (geöffnet bis Sonnenuntergang) nordöstlich der Sderot Golda Meir. Wer die knapp 2 km nicht zu Fuß gehen will, gelangt mit dem Bus Nr. 10 an der Rehov Shmuel HaNavi, nahe beim American Colony Hotel, nach Sanhedria. Die Gräber gehören zu einem großen Friedhof, der sich nördlich der Stadt hinzog. Einige Fassadengräber, alle aus der ersten Hälfte des 1. Jh. n. Chr., liegen vor Baumaßnahmen geschützt in einem umzäunten Parkgelände. Die größte und bekannteste Anlage sind die Gräber der Sanhedrin. Der 9,90 × 9,30 m messende Vorhof ist an drei Seiten von steinernen Sitzbänken gerahmt, den Eingang zum Vestibül schmückt ein Giebel mit reliefarti-

Die American Colony

Die Geschichte der American Colony beginnt mit einer familiären Tragödie: Der Chicagoer Rechtsanwalt Horatio Spafford plante im Jahr 1874 einen Urlaub in Europa. Seine norwegische Frau Anna und die vier kleinen Töchter nahmen den Luxusdampfer SS Ville de Havre, Horatio selbst mußte die Abreise aufgrund geschäftlicher Angelegenheiten kurzfristig verschieben. Die SS Ville de Havre hatte bereits die halbe Strecke auf dem Atlantik zurückgelegt, als sie am 21. November 1874 von einem anderen Schiff gerammt wurde und innerhalb weniger Minuten sank. Nur 47 Passagiere überlebten diese Katastrophe. Unter ihnen war Anna Spafford, die bewußtlos auf einem Holzsparren trieb und von einem Rettungsboot aufgelesen wurde, allerdings ohne ihre Töchter. Zurück in Chicago widmete sie fortan ihr Leben in tiefster religiöser Überzeugung der Wohltätigkeit. Zwei weitere Töchter, Bertha und Grace, kamen zur Welt; ein Sohn starb bereits im frühen Kindesalter. Durch diese familiären Schicksalsschläge veranlaßt, faßte die kleine Familie den Entschluß, nach Jerusalem, der Heiligen Stadt, auszuwandern und ihre Arbeits- und Lebenskraft der dortigen armen, hilfsbedürftigen Bevölkerung zur Verfügung zu stellen. Gemeinsam mit 14 gleichgesinnten Freunden brachen sie im Jahr 1881 nach Jerusalem auf. Dort bezogen sie in der Altstadt im arabischen Viertel zwischen Damaskustor und Herodestor ein altes Haus und waren schon bald als wohltätige »American Colony« stadtbekannt.

Sie verstanden sich mit den ansässigen Türken, Arabern und Juden gleichermaßen gut. 13 Jahre später besuchte Anna Spafford mit ihren Kindern die alte Heimatstadt Chicago und nahm mit der Skandinavischen Gemeinschaft Kontakt auf. Ihre Berichte und ihre Persönlichkeit hinterließen bei vielen Mitgliedern der Schwedisch-Evangelischen Kirche einen so großen Eindruck, daß sie ihr im Jahr 1896 über den Atlantik nach Jerusalem folgten. Begeisterte Erzählungen über diese religiös motivierten Auswanderer erreichten bald auch Schweden. Dort fanden sich auch schnell Anhänger, die ihr ganzes Hab und Gut verkauften und mit ihren Kindern zu der American Colony im Heiligen Land stießen. Die schwedische Schriftstellerin Selma Lagerlöf schildert in ihrem Nobelpreis-gewürdigten Buch »Jerusalem« auf großartige Weise die Schicksale einzelner Schweden, die Anna Spafford und ihren Idealen in das Heilige Land folgten.

Für die zahlreichen Neuankömmlinge war das Haus in der Altstadt bald zu klein. Da bot sich die Gelegenheit, die außerhalb der Stadtmauern leerstehende, um 1860 erbaute geräumige Villa eines reichen Arabers zu mieten, das heutige American Colony Hotel. Familien standen einzelne Räume zur Verfügung, die Junggesellen teilten sich Gemeinschaftsunterkünfte. Die schwedischen Neuankömmlinge stellten sich schon bald aus ausgesprochene Aktivisten heraus, die für ihren eigenen Unterhalt sorgen wollten. Sie verdienten sich als Mechaniker, Schmied und Landwirt, eröffneten eine Fleischerei, Bäckerei und eine Molkerei. Die ganze Nachbarschaft wurde mit ihren Produkten versorgt. Innerhalb der Gemeinschaft führten die Kolonisten ihr einfaches Leben in christlicher Mission fort. Weitere Häuser mußten für die steigende Mitgliederzahl in der Umgebung angemietet werden. Das ganze Viertel nördlich des Damaskustores lief zu dieser Zeit unter dem Namen American Colony. Zu Beginn des 20. Jh. stellten sie die ersten Zimmer in der arabischen Stadtvilla Reisenden zur Verfügung. Baron Ustinov, der Großvater des berühmten Schauspielers Peter Ustinov, führte zu dieser Zeit das Park Hotel in Jaffa und suchte nach einer angemessenen Unterkunft für seine Gäste in Jerusalem. Er entschied sich für die gepflegte, saubere Atmosphäre in der American Colony, wo seine wissbegierigen Touristen auch jederzeit ein heißes Bad und ein gutes Essen geboten bekamen. Während und nach dem Ersten Weltkrieg widmete sich die Gemeinschaft verstärkt der Nahrungsverteilung an Bedürftige. Außerdem errichteten sie in ihrer ersten Unterkunft in der Altstadt ein Babyhaus, in dem Kleinkinder, gleich welcher Herkunft, die ihre Eltern verloren hatten, eine Bleibe fanden. Nach der Machtübernahme durch die Briten verwestlichte die bis dahin durch die Türken geprägte orientalische Stadt zunehmend. Dies verleitete viele jüngere Mitglieder der American Colony, außerhalb der Gemeinschaft arbeiten zu gehen und ein von ihr unabhängiges Leben zu führen. Durch die frei werdenden Räume konnte der Herbergsbetrieb in der alten Villa der American Colony ausgebaut werden, alle anderen sozialen wie wirtschaftlichen Aktivitäten wurden in gewohnter Weise fortgeführt. Am Ende des britischen Mandats brach erneut ein Krieg aus, diesmal zwischen Arabern und Juden. Die American Colony lag genau im Kampfgebiet und mußte zahlreiche Einschläge verkraften. Nach Beendigung des Krieges gehörte sie mit der gesamten Altstadt zum jordanischen Königreich. Von den Handelszentren an der Mittelmeerküste abgeschnitten, blieb Ostjerusalem dennoch ein stark besuchtes touristisches Ziel. Die heiligen Stätten in der Altstadt waren weiterhin zugänglich, und eine Fahrt zu Sehenswürdigkeiten wie Petra, Damaskus und Beirut war nun leichter zu realisieren. Der Tourismus florierte. Das American Colony Hostel stieg zu einem Hotel auf. Neue Heißwasserleitungen wurden verlegt, Bäder und Zentralheizungen in den einzelnen Zimmern eingebaut. Im Sechstagekrieg 1967 lag es erneut in der Schußlinie zwischen Jordanien und Israel, und wurde auch diesmal nach Beendigung des Krieges gleich wieder von Horatio Vester, einem Enkel von Anna Spafford, entsprechend israelischer Konditionen und nach modernstem Standard aufgebaut. Im Jahr 1980 übergaben die Vesters die Leitung des Hotels in schweizer Hände, aber auch heute noch gehört es zum Besitz der Nachkommen der ersten Kolonisten. Das soziale Engagement der American Colony lebt in dem Waisenhaus fort, das Bertha Spafford nach dem Ersten Weltkrieg eröffnete, und das heute als Kinderwohlfahrtszentrum weitergeführt wird.

gen Akanthusblättern und Früchten. In verkleinerter Form wiederholt sich dieser Giebel im Inneren des Vorraums über dem Eingang zu den sechs Grabkammern. Diese verteilen sich auf zwei Ebenen und sind durch Stufenanlagen miteinander verbunden. Die Toten wurden in Nischen oder Schiebestollen aufgebahrt. Die Größe des Grabkomplexes mit den zahlreichen Grabnischen ließ vermuten, daß sich hier die Gräber der Sanhedrin, der 70 Mitglieder des Hohen Rates, befinden. Dafür gibt es aber keinen eindeutigen Hinweis, viel eher handelt es sich um eine Familiengrabstätte über mehrere Generationen. Weitere Gräber im Park zeichnen sich durch ihre schöne architektonische Fassadengestaltung mit Metopen-Triglyphen-Friesen und dorischen Säulen aus. Viele sind als Schutz vor Zerstörung hinter Drahtgittern verborgen.

Weg 8: Entlang der Jaffa Road nach Mea Shearim

Zwei Kontraste prallen aufeinander: Das weltliche, sehr europäische Jerusalem bietet mit seinen Geschäften, Cafés und Kneipen Verlockungen, denen sich die strenggläubigen Bewohner von Mea Sheraim vollkommen entsagen. Isoliert und selbstverwaltet leben sie auf einer kleinen Insel inmitten der Stadt.

Hier im Nordwesten der Altstadt bauten Russen für ihre großen Pilgerscharen im 19. Jh. die ersten Gebäude außerhalb der schützenden Stadtmauern. Wenige Jahre später schlossen sich nördlich strenggläubige Juden an. Ihnen war es im jüdischen Viertel der Altstadt zu eng geworden, um ihren religiösen Idealen uneingeschränkt nachzustreben. Heute, über 100 Jahre später, erstreckt sich westlich des russichen Viertels das moderne Zentrum des jüdischen Jerusalems mit Einkaufsmeile, Banken und Stadtverwaltungen. Von morgens bis spät in die Nacht herrscht hier geschäftiges Treiben, ausgenommen am Sabbat. Vom Sonnenuntergang am Freitag bis zum Sonnenuntergang am Samstag wirkt der Stadtteil wie ausgestorben. Dann ist es sinnvoller, sich in den arabischen Vierteln umzusehen, oder einen Ausflug nach Betlehem (s. S. 188) oder Jericho (s. S. 176) zu unternehmen.

Jenseits des Neuen Tores erhebt sich der imposante Gebäudekomplex **Notre Dame de France.** Auf seinem Dach steht eine fast 5 m hohe Marienstatue, flankiert von zinnenbekrönten Türmchen. Das Hospiz wurde um die Jahrhundertwende für französische Pilger errichtet und beherbergt neben zahlreichen Gästezimmern ein hervorragendes Restaurant mit französischer Küche und ein Zentrum für traditionelle lokale christliche Kunst. Westlich schließt das zugehörige St. Louis Hospital, zwischen 1879 und 1896 errichtet, an.

Am Beginn der Jaffa Road, auf ihrer rechten Seite, wurden in den 70er Jahren renovierte alte und neue Gebäude zu einem gelungenen repräsentativen Gebäudeensemble, dem **Rathauskomplex,** rund um den Safra Platz gruppiert. Mit Musik, Getränkeausschank und großem Polizeiaufgebot feiert die Jugend nach nationalen und internationalen Fußballspielen oder zu ähnlichen Anlässen auf diesem Platz bis in die frühen Morgenstunden. Vor der Westfront des Komplexes steht neben einem Palmenhain die Skulptur eines monumentalen schemenhaften Kopfes. Roy Lichtenstein stiftete sie zur Erinnerung an Yitzhak Rabin, dem 1995 ermordeten Ministerpräsident von Israel.

Die **Jaffa Road** führt durch das moderne Einkaufs- und Unterhaltungsviertel von Jerusalem. Hier findet man neben Hauptpost und Touristeninformation vor allem auch eine Filiale von Steimatzki, einer großen Buchhandlung mit einem umfangreichen Sortiment von englisch- und deutschsprachigen Büchern über Jerusalem und Israel, seine Architektur, Bräuche und Kulturgüter, aber auch Romane und andere Unterhaltungslektüre.

Das Viertel nördlich des Rathauses wird **Russian Compound** genannt. Durch die steigende Zahl russischer Pilger kam es hier auf Veranlassung der Kirche Rußlands Mitte des 19. Jh. zum Bau eines neuen, eigenverantwortlichen Viertels mit Herbergen, Krankenhaus, Kirche, Konsulat und Missionshaus. Während der Mandatszeit nutzten die Briten einige der Gebäude als Hauptquartier und Gefängnis. Heute beherbergen sie u. a. polizeiliche und gerichtliche Behörden. Das Zentrum des Platzes überragt die russisch-orthodoxe **Dreifaltigkeitskathedrale,** zwischen 1860 und

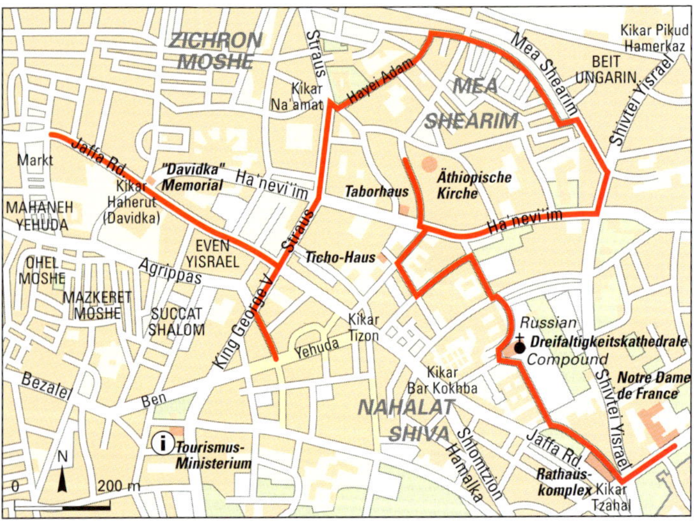

Entlang der Jaffa Road nach Mea Shearim

Dreifaltigkeitskathedrale

1864 von dem russischen Architekten Martin Iwanowitsch Eppinger errichtet (tägl. außer Sa und So 9–13 Uhr). Gegenüber vom Eingang, neben der Polizeiwache liegt hinter einem Gitter eine aus dem Felsen geschlagene halbfertige Säule. Das Material und die Maße lassen vermuten, daß sie für den Bau der königlichen Halle des Herodestempels bestimmt war. Bei der Bearbeitung zerbrach die Säule und wurde so im Steinbruch liegengelassen.

Das ehemalige Frauenhospiz schräg hinter der Kathedrale nutzten die Briten als Gefängnis für jüdische Untergrundkämpfer. Heute ist in diesem Gebäude ein Museum eingerichtet, das mit Fotos, Zeitungsausschnitten und Einrichtungsgegenständen an den jüdischen Kampf gegen die britische Mandatsmacht erinnert (So–Do 8–16, Fr 8–13 Uhr).

Im Russian Compound wird es erst am Abend und vor allem nach dem Sabbat, am Samstagabend, richtig lebendig. Dicht drängen sich dann die Jerusalemer bei Bier und Wein in den zahlreichen Kneipen nordwestlich der Kathedrale und diskutieren über Gott und die Welt.

Durch ruhige schmale Straßen gelangt man zum **Ticho-Haus** in der Harav Kook Street 7–9 (So–Do 10–17, Fr 10–14 Uhr). Das im 19. Jh. von einem reichen Araber gebaute Haus gehörte einige Jahre dem jüdischen Antiquitätenhändler Wilhelm Moses Shapira, bevor es 1924 in Besitz der Familie Ticho überging. Shapiras Name geriet in

die Schlagzeilen, als das Britische Museum ihm den Preis von 1 Mio. Pfund Sterling für eine Pergamentschriftrolle mit dem bis dahin frühesten bekannten hebräischen Text bot. Diese Rolle hatte er angeblich von einem Beduinen aus der judäischen Wüste erhalten. Da Shapira bereits mehrere Nachahmungen von Antiken auf den Markt gebracht hatte, wurde er daraufhin öffentlich als Fälscher verunglimpft. Das Britische Museum trat vom Kauf zurück, und Shapira, der in diesem Fall immer wieder seine Unschuld beteuerte, beging Selbstmord. Ein halbes

Orthodoxe Juden an der »Klagemauer«

Jahrhundert später erregten die Funde der Schriftrollen vom Toten Meer (s. S. 150) großes Aufsehen, und zu dieser Zeit kamen auch die ersten Zweifel aus Fachkreisen, ob die mittlerweile verlorengegangene Rolle des Antiquitätenhändlers nicht auch echt gewesen sein könnte.

Dr. Abraham Ticho hatte in Wien Augenheilkunde studiert und kam 1912 nach Jerusalem. Hier heiratete er seine Cousine Anna, eine Malerin, und eröffnete nach einigen Jahren ruhmvoller Tätigkeit im Rothschild-Krankenhaus, dem späteren Hadassah-Klinikum, im Erdgeschoß seiner Villa eine Privatklinik. Bei ihm ließen sich viele prominente, aber auch mittellose Araber behandeln. Seine Frau widmete sich unterdessen in ihren Bildern der Landschaft und den Menschen von Jerusalem. 1980 hat Anna Ticho das Haus dem Israel-Museum mit dem Wunsch überantwortet, es möge den Einwohnern von Jerusalem ein kulturelles und erholendes Zentrum zugleich sein. Seit Eröffnung des Ticho-Hauses im Jahr 1984 ziehen wechselnde Ausstellungen, Bilder von Anna Ticho, Familiendokumente und Judaika, hauptsächlich Chanukkah-Lampen, sowie die Bibliothek, Konzerte und andere Kulturveranstaltungen immer wieder große und kleine Besucher an. Im Terrassencafé (tägl. außer Fr bis Mitternacht geöffnet) oder auch nur auf einer Bank im Garten kann man hervorragend vom Alltagstrubel abschalten.

Bevor der Weg zur Äthiopischen Kirche führt, sollte man einen Blick auf das **Thaborhaus** in der Ha Nevi'im Street 58 werfen. 1882 entwarf und erbaute diese burgähnliche Anlage Conrad Schick. Er kam

Haredim

Die ultraorthodoxen Juden von Mea Shearim

Um es gleich vorweg zu sagen: Ultraorthodox werden die Juden von Mea Shearim nur von den nichtreligiösen Israelis genannt. Sie selbst nennen sich Haredim, die Gottesfürchtigen. Und nicht alle schwarzgekleideten Männer gehören zu dieser besonderen Gemeinde. In den 30er Jahren des 20. Jh. isolierte sich eine Gruppe von strenggläubigen Juden, da die ursprüngliche Gemeinde mit dem Zionisten sympathisierte und für Kompromisse zugänglich war. Die orthodoxen zionistischen Juden nehmen an den Knesset-Wahlen teil, und ihre Institutionen werden vom Staat finanziert. Die Haredim aus Mea Shearim leben dagegen vollkommen isoliert. Kompromißlos wird der jüdische Glauben ausgelegt. Das führt zu einer extremen Lebensform und Abgrenzung gegenüber den gemäßigt Orthodoxen. Vor einigen Jahrhunderten haben osteuropäische Juden den Verhaltenskodex festgelegt, und seitdem hat sich bei ihnen nichts geändert. Neuerungen gegenüber sind sie in der Regel nicht aufgeschlossen. Ihre Kleidung ist gleich geblieben: Die Männer tragen

als deutscher protestantischer Missionar nach Jerusalem, gab seine Berufung jedoch bald auf und widmete sich fortan der Architektur und Archäologie. Auf ihn geht die ursprüngliche Planung des Viertels Mea Shearim (s. S. 146) und die Errichtung von zwei Krankenhäusern schwarze Anzüge und Hüte – kleine Unterschiede gibt es innerhalb der verschiedenen Glaubensgruppen –, die Frauen tragen im Winter wie auch im Sommer kniebedeckende Kleider und Wollstrümpfe. Verheiratete Frauen müssen zusätzlich ihren Kopf bedecken, extreme Gruppen verlangen die Abrasur der Kopfhaare und das Tragen einer Perücke. Ihre Sprache ist jiddisch, eine Mischung aus deutschen und slawischen Sprachelementen. Das Hebräische ist heilig und darf nur beim Beten und Studieren verwendet werden. Die Jungen lernen ab dem dritten Lebensjahr in der Cheder lesen und schreiben, dann folgt die Talmud-Thora-Schule. Die Mädchen besuchen die Elementarschule, ein Kompromiß mit der vom Staat vorgeschriebenen Schulpflicht. Ab dem 13. Lebensjahr besuchen die Jungen die Jeschiva. Sie widmen sich von klein auf nur religiösen Studien. Der Einfluß der Außenwelt bleibt somit auf ein Minimum reduziert. Fernsehen, Kinos oder gar Diskotheken kennt man in Mea Shearim nicht. Zugeständnisse sind Radio und Telefon, durch die wenige Familien Verbindung mit der Außenwelt haben. Einige ganz strenge verweigern sogar den städtischen Strom zum Kochen und das Gas zum Heizen, da in den nichtkoscheren Werken auch am Sabbat gearbeitet wird.

Die Haredim erkennen den israelischen Staat nicht an. Der wahre jüdische Staat kann erst mit der Ankunft des Messias entstehen. Man kann die Strenggläubigen sogar Antizionisten nennen, denn die jüdische Staatsgewalt über das Heilige Land ist in ihren Augen eine schwere Sünde. Sie praktizieren Selbstverwaltung: In der Eda Haredit, der Gemeinschaft der Gottesfürchtigen, werden alle Fragen zur Erziehung, Wohlfahrt, zu Finanzen und Schulen diskutiert und geklärt. Der rabbinische Dienst ist für Eheschließungen und Zertifikatvergabe bei Lebensmitteln und in Restaurants zuständig. Sie müssen nach rituellen Reinheitsvorschriften hergestellt und verarbeitet werden, nur dann gelten sie als koscher. Die Haredim zahlen keine Steuern und leisten keinen Wehrdienst in der israelischen Armee. Finanziert werden sie von Glaubensbrüdern in New York, London und Antwerpen. Diese haben in den Augen der Haredim nicht die Befähigung oder Gelegenheit zum Thora-Studium, werden später aber durch ihre finanzielle Unterstützung von Jahwe belohnt.

in der Stadt zurück. Seine archäologische Vorliebe zeigt sich in einigen Spolien, die in der Fassade seines Hauses verbaut wurden. Conrad Schick liegt mit seiner Frau auf dem protestantischen Friedhof auf dem Mount Zion begraben. Das Thaborhaus beherbergt heute das Schwedische Theologische Institut von Jerusalem. Ein Blick in Hof und Garten wird Besuchern normalerweise gestattet.

Der kleine kuppelbekrönte Rundbau der **Äthiopischen Kirche** erhebt sich in einem malerischen Viertel. Zwischen 1898 und 1904 wurde das Gotteshaus erbaut. Bunte äthiopische Ikonen aus verschiedenen Zeiten schmücken seine Innenwände. Das Relief über dem Tor zeigt den Löwen von Juda, ein Wahrzeichen, das Salomo der Königin von Saba – und wie man früher glaubte, auch Königin von Äthiopien – bei ihrem Jerusalembesuch überreicht haben soll.

Hinter dem Straßenende beginnt ein Stadtviertel besonderer Art: **Mea Shearim.** Der Name des Viertels wird häufig wörtlich mit Hundert Tore übesetzt, gemeint ist aber hundertfach nach einem Bibelzitat: »Und Isaak säte in seinem Lande und erntete in jenem Jahr hundertfältig, denn der Herr segnete ihn ...« (1. Moses 26.12). Seit 1870 ließen sich in dem von Conrad Schick erbauten Viertel zahlreiche strenggläubige Juden, denen die Altstadt zu eng geworden war, nieder. Damals lagen die Häuser mit einer eigenen Infrastruktur weit vor der Stadt. Heute reicht der begrenzte, sehr zentral gelegene Raum für die wachsende Zahl der Ultraorthodoxen nicht mehr aus. So werden ihnen Neubauviertel, wie z. B. Ramot Polin am Nordrand der Stadt zur Verfügung gestellt. Mea Shearim wurde nach Yemin Moshe (s. S. 146) als zweites jüdisches Viertel außerhalb der Stadtmauern errichtet. Die Bewohner waren überwiegend Osteuropäer, die ihre Kultur, Sprache und Tracht mitbrachten. So mutet Mea Shearim heute wie ein kleines osteuropäisches Schtetl an: Die Männer tragen schwarze Anzüge und Hüte, die Frauen Wollstrümpfe und Kopftücher, ihre Sprache ist jiddisch. Die Besucher werden an allen Zugängen durch englisch- und hebräisch-sprachige Schilder ermahnt, nur in züchtiger Kleidung das Viertel zu betreten und sich gesittet zu benehmen. Das bedeutet mit Kleidung, die Schultern, Ellenbogen und Knie bedeckt, sowie mit Kopfbedeckung sowohl für Männer als auch für Frauen. Weiterhin wird erwartet, daß man sich ruhig verhält, keine unerwünschten Aufnahmen von den Bewohner macht und die Geschlechtertrennung akzeptiert, das heißt, bei einer Frage sollte man sich nur an eine gleichgeschlechtliche Person wenden.

Ein Zugang zu dem ursprünglichen Viertel liegt am östlichen Ende der Me'a She'arim Street. Der Weg führt am Kultusministerium vorbei, das in einem ehemaligen Italienischen Hospital untergebracht ist. Das Gebäude mit Turm zitiert den italienischen Renaissancestil. Nach wenigen Metern zweigt links, hinter der Jeshiwa Chasidej Breslav, einer Schule für religiöse Studien, die Shemuel Salant Street ab. Gleich rechts gewährt das Jerusalemtor Einlaß nach Mea Shearim, dem historischen Teil des ultraorthodoxen Stadtviertels. Dieses 260 × 120 m große Areal bebaute Conrad Schick mit einer großen Wohnanlage um einen zentralen Hof, auf dem Gemeinschaftseinrichtungen untergebracht werden sollten. Die Eingänge der Häuser und Wohnungen waren alle auf den Hof ausgerichtet. Die vier Tore wurden zum Schutz vor räuberischen Überfällen am Abend geschlossen. An Gemüseständen und Bäckereien vorbei erhebt sich heute mitten im Hof das Beit Avraham (Abrahams Haus), in dem einst die Große Jeshiwa und eine Freiküche für die Ärmsten untergebracht waren. Ansonsten beherrschen Talmudschulen und kleine Synagogen die Straßenzüge. Durch das nördliche Tor, nach seinem damaligen arabischen Wächter ›Mohammedstor‹ genannt, gelangt man zurück auf die Me'a She'arim Street.

Jenseits der Straße liegen Batej Ungarnen, Beit Israel, Geula, alles Viertel, in denen sich strenggläubige Juden aus unterschiedlichen Gegenden während der letzten 100 Jahre niedergelassen haben. Ihre Häuser sind anders als die in Mea Shearim, ihre Tracht weist geringe Unterschiede auf, und sie sind unterschiedlich streng in der Auslegung ihrer Religion. Einig sind sie allerdings, wenn es um die Einhaltung der Thoragesetze geht. Dann protestieren sie gemeinsam gegen die Stadtverwaltung, um Sportveranstaltungen und das Befahren der Me'a She'arim Street am Sabbat, Ausgrabungen in der Davidsstadt oder christliche Missionsarbeit zu unterbinden.

Auf der Straus Street geht es zurück zur Jaffa Road. In nordwestlicher Richtung erinnert das Denkmal einer Davidka an den Unabhängigkeitskrieg von 1948. Dieser in Eigenbau hergestellte Granatwerfer galt als die gefürchteste Waffe der Israelis, dennoch soll er mehr Lärm als Schaden verursacht haben. Noch ein Stück weiter liegt links der Straße der **Mahaneh Yehuda,** ein großer Obst- und Gemüsemarkt. Am Freitagmorgen, wenn für das Sabbatmahl eingekauft wird, herrscht hier besonders rege Betriebsamkeit.

Der Spaziergang endet in der **Ben Yehuda,** einer autofreien Einkaufsstraße, dem modernen Zentrum von Jerusalem. Verschiedene Bekleidungs- und Schuhgeschäfte, Andenkenläden mit Kippas und Chanukkah-Leuchtern und vor allem Cafés und Imbißbuden beherrschen die Flanierzeile mit ihren Seitengassen. Kunsthandwerk, Bücher, nette Kneipen und ausländische Restaurants gibt es in der Salomon Street. Hier kann der Tag gut bei einem kühlen Makkabee, dem einheimischen Bier, mit Erdnüssen ausklingen. Wichtig zu wissen: Am Freitag bereits vor Sonnenuntergang werden alle Tische und Stühle eingeräumt, die Geschäfte schließen zum Teil schon mittags. Denn der Sabbat wird hier streng eingehalten. Den Ausgleich gibt es am Samstagabend, wo hier bis weit nach Mitternacht getrunken und geredet wird.

Weg 9: Im Schatten der Knesset

Ganz im Westen des urbanen Zentrums liegen in weitläufige Grünanlagen gebettet die politisch und gerichtlich wichtigsten Institutionen des Landes. In kulturhistorischer Sicht werden sie ergänzt durch das Israel-Museum, dem Nationalmuseum des Landes.

Karte s. S. 152

Um nicht immerzu bergauf maschieren zu müssen, beginnt die Besichtigungstour am **Supreme Court** (Oberster Gerichtshof) auf der Anhöhe des Hügels. Den Obersten Gerichtshof erreicht man von der Fußgängerzone Ben Yehuda über die Bezalel Street. Das weithin sichtbare, architektonisch eindrucksvolle Gebäude wurde 1993 eröffnet. Finanziert haben es englische Mitglieder der Rothschild-Familie. Mit dem weißen Jerusalemstein verkleidet, wird es durch die klaren monumentalen, teils festungsartigen Formen bestimmt. Jeden Mittwoch und Sonntag um 12 Uhr finden englischsprachige Führungen durch den Gerichtshof statt. Vom Hauptportal führt ein langer Gang in Richtung **Knesset,** dem israelischen Parlamentsgebäude. 1966 ist das Parlament von der King Georg V Street in den gedrungenen, einem griechischen Tempel nachempfundenen Bau am Hang des Hügels umgezogen. Das Foyer schmükken drei Teppiche und ein Mosaik, alle von Marc Chagall entworfen. Führungen durch die Knesset werden donnerstags und sonntags um 8.30 Uhr und 14.30 Uhr angeboten. Zur Teilnahme ist der Reisepaß erforderlich. Nördlich des Eingangs erhebt sich die 5 m hohe, siebenarmige bronzene **Menorah,** das Sinnbild des Staates Israel. Sie wurde von dem englischen Künstler Benno Elkan entworfen und 1956 als Zeichen der Freundschaft zwischen den beiden Staaten durch die britische Labour Party dem israelischen Parlament übergeben. 29 hervorragende Reliefs widmen sich Persönlichkeiten und Ereignissen aus der Geschichte des jüdischen Volkes.

Zwischen dem Obersten Gerichtshof und der Knesset erstreckt sich der **Wohl-Rosengarten.** Besonders im Frühsommer, wenn viele verschiedene Rosenarten blühen, lohnt sich ein Spaziergang um die Pagoden und entlang der Beete. Im Westen ragen mauerartig die langgestreckten rechteckigen Kästen des Finanz- und Innenministeriums sowie das Amt des Ministerpräsidenten auf.

Schräg unterhalb der Knesset, jenseits der Ruppin Street liegt das **Israel-Museum** (So, Mo, Mi und Do

10–17 , Di 16–22, Fr und feiertags 10–14 Uhr). Neben dem Schrein des Buches, einer umfangreichen archäologischen und volkskundlichen Sammlung, beherbergt das größte, 1965 eröffnete Museum des Landes auch eine beachtenswerte kunstgeschichtliche Abteilung und den Billy Rose Kunstgarten. Für die Besichtigung der verschiedenen Ausstellungen sollte man sich mehrere Stunden Zeit nehmen. In verschiedenen Cafeterien und einem Selbstbedienungsrestaurant wird für Stärkung gesorgt.

Hinter der Eingangshalle, rechts des Weges beherbergt eine mit weißen Kacheln bedeckte, geschwungene Kuppel den **Schrein des Buches**

Supreme Court

Das Geheimnis der Qumran-Rollen

Die Höhlen von Qumran

Anfang des Jahres 1947 suchte der Hirtenjunge Muhammad edh-Dhip in den Felsabhängen der judäischen Wüste beim Toten Meer nach einer entlaufenen Ziege. Dabei entdeckte er in einer Höhle Tonkrüge, die Schriftrollen aus Pergament enthielten. Für wenig Geld überließ er sie einem Antiquitätenhändler. Der verkaufte sie, ihrer Bedeutung nicht bewußt, in Jerusalem zum Teil an Professor Sukenik von der hebräischen Universität und weitere Rollen an das syrisch-jakobitische Kloster St. Markus. Nachdem das Kloster im arabisch-israelischen Krieg 1948 zerstört worden war, ging der Erzbischof mitsamt den Rollen nach Amerika. Dort wurden sie wenige Jahre später im Wall Street Journal zum Kauf angeboten. Nur durch Zufall gelang es Yigael Yadin, dem Sohn Sukeniks, der gerade als General in Amerika verweilte, über einen Mittelsmann die Schriftzeugnisse, von denen nun bekannt war, daß sie die ältesten bekannten Bibelabschriften enthielten, zum Preis von 250 000 US-$ für den israelischen Staat zu erwerben. Heute werden die Papyrusrollen in einem eigens für sie errichteten Museum, dem Schrein des Buches, aufbewahrt.

Archäologische Untersuchungen in der Höhle konnten durch die israelisch-arabischen Kriegswirren erst 1949, zwei Jahre nach Auffindung der Schriftrollen stattfinden. Dabei kamen zahlreiche neue Fragmente, aber auch für Qumran charakteristische Keramik und Leinentüchter zum Vorschein. Die Entdeckung weiterer Papyrusfragmente durch Beduinen in den frühen 50er Jahren führten schließlich zur systematischen Erforschung des ganzen Gebietes.

Die abenteuerliche Auffindung und der kostspielige Rückerwerb einiger Qumran-Rollen wären nicht so bedeutsam, wenn hier nicht Bibelabschriften vorlägen, die 1000 Jahre älter sind als die bis dato bekannten. Für den Staat Israel sind sie ein wichtiger Ausweis der Legimität auf dem Boden Palästinas. Rund 900 Handschriften, meist nur in Fragmenten vorhanden, konnten bisher in elf Höhlen ausfindig gemacht werden. Ein besonderes naturwissenschaftliches Verfahren erlaubt die Ermittlung des genetischen Codes der Tierhäute. Dadurch wird eine schnellere Zusammenfügung einzelner Fragmente und eine leichtere Entzifferung der Texte möglich. In den 50 Jahren seit der Auffindung der ersten Rollen sind viele seriöse und unseriöse Publikationen über ihre Inhalte verbreitet worden. So wurde etwa behauptet, daß der Vatikan jahrzehntelang die Veröffentlichung der Handschriften zu verhindern suchte, da sie ihm unangenehme Einblicke in das frühe Christentum böten. Allgemein akzeptiert ist heute jedoch, daß die Papyrusrollen mit ihren Inhalten in vorchristlicher Zeit, das heißt im 2. und 1. Jh. v. Chr. von jüdischen Kreisen angefertigt wurden. Nur einige Abschriften stammen aus dem 1. Jh. n. Chr. Ihre Verfasser waren eine Brüdergemeinschaft, die sich in einer klosterähnlichen Anlage in Qumran zurückgezogen hatten, um ihr Leben ganz nach Gottes Gesetzen auszurichten. Ihre Bibliothek umfaßte vor allem biblische, alttestamentarische Schriften in ihrem hebräischen Urtext, die sich mit der Auserwähltheit und Isolation des israelischen Volkes beschäftigen, Stücke aus dem Psalmenbuch und das sich umfassend dem Glanz und Elend der Endzeit widmende Buch des Jesaja. Auslegungen der heiligen Schrift sind in anderen Rollen erhalten. Prophetische, liturgische und kalendarische Texte in literarischer Form sind ein weiterer Bestandteil der Bibliothek. Sie bilden das zeitliche und gedankliche Umfeld, aus dem sich die christliche Lehre später entwickeln konnte. Andere Texte widmen sich dem internen Leben der Brüdergemeinschaft von Qumran. Ihre Grundpfeiler waren: keine Berührung mit Außenstehenden und in der Regel Ehelosigkeit, um der Verunreinigung zu entgehen. Gütergemeinschaft sowie die strenge Befolgung der göttlichen Gesetze. Sie zogen als Auserwählte in die Einsamkeit und glaubten an das schon bald bevorstehende Ende der Welt und die Ankunft des Messias. Die Kriegsrolle beschreibt den Kampf der Mächte der Finsternis, damit sind die heidnischen Völker gemeint, gegen die Söhne des Lichts, d. h. ihre ausgewählte Gemeinschaft. Strategie, Schlachtordnung, Waffen und Signale wurden festgelegt. Doch dann kamen die Römer und vernichteten die Brüderschaft von Qumran durch einen Seitenhieb auf ihrem Weg zur Eroberung Jerusalems. Vorher konnten die Brüder noch rechtzeitig ihre Schriftrollen in Höhlen sichern, aber es blieb niemand von ihnen am Leben, um sie später wieder herauszuholen.

(Di bereits ab 10 Uhr geöffnet). Ihre Form soll an die Deckel der Tonbehälter erinnern, wo die berühmten Schriftrollen von Qumran gefunden wurden. Die weißen Porzellanplatten stehen im Kontrast zu der mächtigen schwarzen Basaltmauer im Hintergrund. Hier symbolisierte der Architekt den Inhalt einer Schriftrolle: der Kampf der Kinder des Lichts gegen die Kinder der Finsternis. Eindrucksvoll inszeniert geht es über eine Treppe hinab ins Innere des Schreins. In Glasvitrinen sind verschiedene Schriftrollen vom Toten Meer, z. T. nur als Kopie, Heiratsurkunden und Pachtverträge des 2. Jh. v. Chr. sowie in der judäischen Wüste entdeckte Briefe des Bar Kochba aus der Zeit des Aufstandes (132–135 n. Chr.) zu sehen. Archäologische Relikte wie Schmuck und Kultgegenstände bereichern die Sammlung. Die Mitte des Raumes nimmt ein

Im Schatten der Knesset

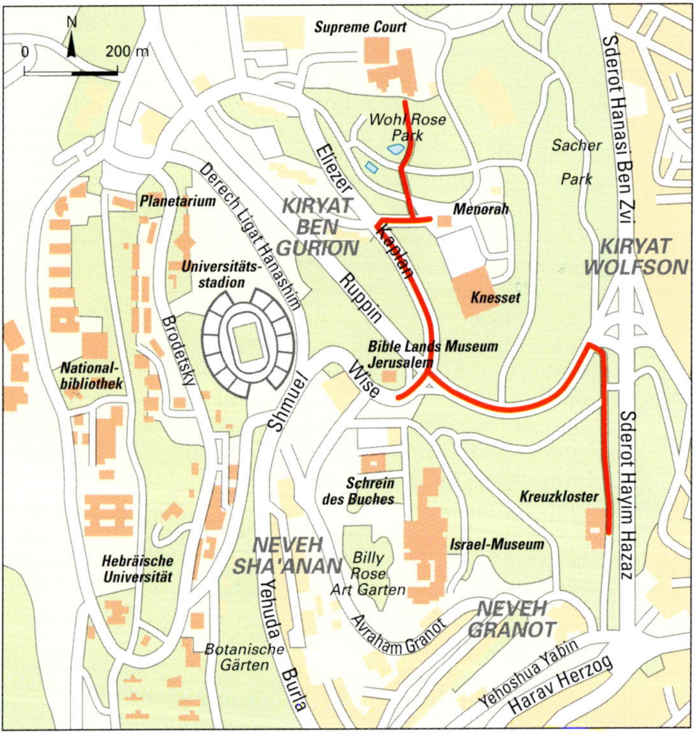

Schrein des Buches

Faksimile der einzigen vollständig erhaltenen Rolle mit dem Buch Jesaja ein. Ein Thorarollengriff bekrönt die 7 m lange Schrift. Besondere Beachtung verdienen zwei Silberplättchen aus einer Grabanlage des 7. Jh. v. Chr. im Hinnomtal. Sie tragen den aaronitischen Segen, den bisher ältesten überlieferten Bibeltext (4. Mose 6, 24–26).

Im südwestlichen Bereich des Museumsgeländes läßt es sich gut durch den **Billy Rose Kunstgarten** schlendern. Werke von Auguste Rodin, Pablo Picasso und Henry Moore ziehen die Blicke auf sich. Das Hauptgebäude beherbergt das **Bezalel-Kunstmuseum** mit Münzgalerie, israelischer und zeitgenössischer Kunst, eine kunstgeschichtliche Abteilung mit Meisterwerken aus drei Jahrhunderten, Volkskunst aus Asien, Afrika und Amerika sowie die Abteilung für Judaika und jüdische Ethnographie. In letzterer, wohl weltweit bedeutendsten Sammlung werden die Bräuche und Merkmale aller jüdischen Gemeinschaften der Diaspora, aber auch ihre Gemeinsamkeiten durch zahlreiche Utensilien dokumentiert. Hervorzuheben sind die hölzernen Innenverkleidungen von zwei Synagogen, die im 18. Jh. in Horb bei Bamberg (Deutschland) und in Vittorio Veneto (Italien) standen.

Vorbildlich präsentiert sich das **Archäologische Museum Samuel Bronfman.** In chronologischer Folge und ansprechend nach Themen geordnet werden Grabungsfunde von prähistorischer Zeit bis zum Mittelalter in Israel und aus benachbarten Kulturen zur Schau gestellt. Sonderausstellungen zu verschiedenen Themen gibt es in einem eigenen Pavillon gegenüber vom Ausgang.

Nördlich des Israel-Museums auf der anderen Straßenseite liegt das **Bi-**

ble Lands Museum Jerusalem (So, Mo, Di und Do 9.30–17.30, Mi 9.30–21.30 Uhr, von Nov. bis März erst ab 13.30, Fr 9.30–14, Sa und feiertags 11–15 Uhr). Es beruht auf einer umfangreichen Privatsammlung mit Stücken aus prähistorischer bis byzantinischer Zeit, die 1992 in diesen Räumen einem archäologisch interessiertem Publikum zugänglich gemacht wurde. Die Exponate stammen aus unterschiedlichen Gegenden von Asien, Europa und Afrika, deren Völker in der Bibel Erwähnung finden. An Objekten aus benachbarten Kulturkreisen soll deren gegenseitige Beeinflussung, aber auch Abgrenzung verdeutlicht werden. Neben dieser ständigen Präsentation werden Wechselausstellungen zu biblischen Themen geboten.

Weiter westlich auf einem weiteren Hügel erstrecken sich Gebäude der **Hebräischen Universität.** Der Giv'at Ram Campus wurde nach Teilung der Stadt erbaut, da die bereits in den 20er Jahren begründete Universität auf dem Berg Skopus seit 1948 von dem israelischen Stadtteil abgeschnitten war. Nach der Wiedervereinigung der Stadt blieben hier die naturwissenschaftlichen Institute sowie die Universitätsbibliothek, eine der größten Bibliotheken des Mittleren Osten. Die Geisteswissenschaften zogen zurück auf den Berg Skopus.

Unterhalb des Israel-Museums liegt am Fuße des Hügels der stark befestigte Bau des **Kreuzklosters** (tägl. 10–13.30 Uhr). In seiner Isoliertheit wirkt es wie ein Wüstenkloster. Bis Anfang des 20. Jh. lag es auch noch gut 1,5 km vor der Stadt und war durch den Hügelkamm von dort aus nicht sichtbar. In Erinnerung, daß an dieser Stelle der Baum wuchs, aus dessen Holz das Kreuz Christi gefertigt wurde, gründete König Bargat von Georgien im Jahr 1038 auf den Fundamenten einer Kirche des 5. Jh. das Kloster. Im 17. Jh. verkauften die Georgier das Kloster an die griechisch-orthodoxe Kirche. Ein niedriges Portal an der Ostseite gewährt Einlaß in den Komplex aus verschachtelt gebauten Höfen und Zellentrakten mit der Kirche im Zentrum. In ihrem Altarraum markiert ein Silberring den ursprünglichen Standort des Baumes des heiligen Kreuzes. Die Wände und Pfeiler des Chorraumes sind mit Fresken verziert, die biblische Ereignisse sowie georgische Heilige und Könige zum Thema haben. Bodenmosaike der Kirche des 5. Jh. wurden im Mittelschiff belassen.

Der Weg zurück in das Stadtzentrum führt durch die vornehmen Viertel Rehavia und Talbiyeh. Im frühen 20. Jh. ließen sich in Talbiyeh wohlhabende arabische Christen und in Rehavia intellektuelle und zionistische Juden nieder, die in Opposition zu den orthodoxen Juden von Mea Shearim standen. Die Häuser berichten auch heute noch von dem Wohlstand ihrer Einwohner. Unter anderem haben der Premierminister und der Präsident ihre gutbewachten Residenzen in diesem Stadtviertel.

Fresken im Kreuzkloster

Am Rande der Stadt

Herzl-Berg und Yad Vashem

Modell des antiken Jerusalem im Holyland Hotel

Geburtsstätte Johannes des Täufers: En Kerem

Hadassah-Synagoge und Haas-Promenade

Auf dem Skopus

Jerusalem von Nordwesten

Am Rande der Stadt

Bedeutende Ereignisse in der Geschichte Jerusalems und für die Gründung des Staates Israel werden in den Sehenswürdigkeiten am Rande der Stadt lebendig. Außerdem bieten sich interessante Über- und Einblicke in das moderne und historische Jerusalem.

Herzl-Berg und Yad Vashem

Vom zentralen Busbahnhof fahren verschiedene Linien, nahe beim Jaffator die Linien 18, 21 und 99, zum **Herzl-Berg** ganz im Westen Jerusalems. Auf dieser höchsten Erhebung der Stadt hat Theodor Herzl, der Begründer des Zionismus und geistige Vater des neuen Staates Israel, seine letzte Ruhestätte gefunden. Bereits 1904 in Wien gestorben, sind seine Gebeine 45 Jahre später, nach Gründung des Staates, in Jerusalem beigesetzt worden. Ein großer schwarzer Granitstein bedeckt die Gruft und trägt nur den Namen Herzl in hebräischen Buchstaben. Nicht weit entfernt liegen die Gräber der israelischen Ministerpräsidenten Levi Eshkol (1895–1969), Golda Meir (1898–1978), Menachem Begin

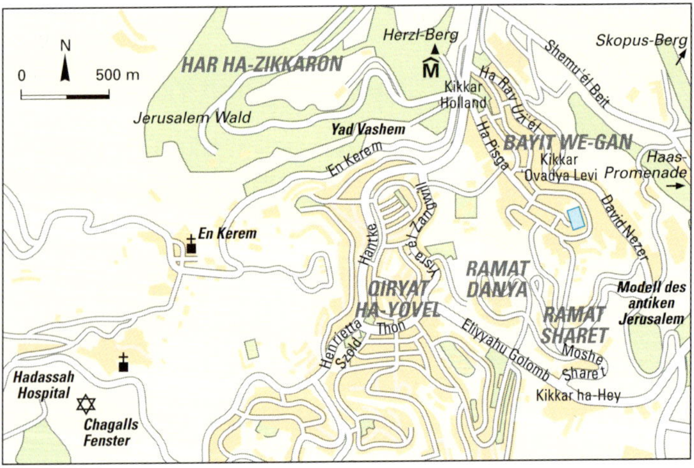

Mahnmal in Yad Vashem:
Waggon der Deutschen Reichsbahn

(1913–1992) und Ytzhak Rabin (1922–1995).

Den nördlichen Teil des Herzl-Berges bedeckt ein Soldatenfriedhof. Jedes Jahr am Vortag des Unabhängigkeitstages findet hier ein großer nationaler Gedenktag-Gottesdienst zu Ehren der Gefallenen statt.

Das **Herzl-Museum** am Fuße des Parks nur wenige Schritte hinter dem Eingang zeigt neben verschiedenen Dokumenten und Fotografien, die Theodor Herzl im Kreis seiner Familie lebendig werden lassen und vor allem seine Aktivitäten als zionistischer Führer huldigen, auch sein Arbeitszimmer aus der Wiener Zeit. Es wurde hier mit Originalmöbeln rekonstruiert (So–Do 9–18.30, im Winter bis 16.30 Uhr; Fr und feiertags 9–13 Uhr).

Auf dem Herzl Boulevard ein kleines Stück weiter Richtung Süden, dann nach rechts in die Hazikaron Street abbiegend, erreicht man nach etwa 800 m den Eingang zum **Yad Vashem Holocaust Memorial,** der bedeutendsten jüdischen Gedenkstätte für Holocaust und Heldentum (So–Do 9–16.45, Fr und feiertags 9–13 Uhr). Das Gebäude gleich neben dem Parkplatz beherbergt das **Holocaust-Forschungszentrum** mit einer umfangreichen Bibliothek und einem unerschöpflichen Archiv, in dem noch viele schriftliche Dokumente wie Tagebü-

Theodor Herzl und der Judenstaat

»Der Zionismus erstrebt für das jüdische Volk die Schaffung einer öffentlich-rechtlichen gesicherten Heimstätte in Palästina.« Das sind die Worte, mit denen die Delegation des 1. Zionistenkongresses in Basel eine Resolution zur Formulierung der zionistischen Ziele verabschiedete. Diesen Kongreß hatte Theodor Herzl am 27. August 1897 einberufen und damit die Grundlage für einen Judenstaat gelegt.

Theodor Herzl kam im Jahr 1860 als Sohn einer sephardisch-assimilierten Familie in Budapest zur Welt. Nach dem Schulabschluß absolvierte er in Wien das Jurastudium und erhielt 1884 den Doktor der Rechte. Die folgenden Jahre widmete sich Herzl – allerdings nur mit mäßigem Erfolg – der Schriftstellerei. 1891 wurde ihm die Stelle eines Korrespondenten der Wiener »Neuen Freien Presse« in Paris angeboten. Diese Stelle versprach ihm ein gesellschaftlich-repräsentatives Leben, was ihm nur zu recht war, da er bereits während seines Studiums durch den Anschluß an eine deutschnationale schlagende Verbindung die vollständige Assimilation angestrebt hatte. Doch wenige Jahre später sollte sich sein Leben grundsätzlich ändern. In Paris wurde er direkt vor Ort als Gerichtskorrespondent mit dem Dreyfus-Prozeß konfrontiert. Aufgrund gefälschter Dokumente verurteilte man den jüdischen Offizier Alfred Dreyfus wegen Landesverrat zu lebenslänglicher Verbannung auf die Teufelsinsel (Französisch-Guayana). Unter dem Eindruck dieser Affäre und dem dabei offen zu Tage tretenden Judenhaß wurde Theodor Herzls jüdisches Bewußtsein geweckt. In dessen Folge verfaßte er im Jahr 1896 seine Schrift »Der Judenstaat. Versuch einer modernen Lösung der Judenfrage« und begründete die zionistischen Bewegung, unter der die verschiedenen nationaljüdischen Vereine organisatorisch zusammengefaßt wurden. Unter dem wiedererwachenden Antisemitismus in Frankreich, Deutschland und Österreich wurde Herzl klar, daß der Weg der Assimilation für die Juden zum Scheitern verurteilt war und nur ein eigener jüdischer Staat das »Judenproblem« lösen könnte. Entsprechende Schriften jüdischer Zeitgenossen, wie beispielsweise von Moses Heß

cher von Kindern und Widerstandskämpfern sowie fotografische Zeugnisse auf ihre Auswertung warten. Yad Vashem hat bereits zahlreiche Bücher herausgegeben, führt ein eigenes Jahrbuch in englischer und hebräischer Sprache und bietet Raum für internationale Konferenzen. In dem parkähnlichen Gelände begegnet man überall Skulpturen

»Rom und Jerusalem« oder von Leon Pinsker »Autoemanzipation«, waren ihm zu dem Zeitpunkt seiner Abfassung des »Judenstaates« unbekannt. Auch mit dem jüdischen Elend in Rußland wurde er bis dahin nicht konfrontiert. Von nun an setzte Herzl seine ganze Schaffenskraft nur noch für die Umsetzung seiner Idee ein. Er konsultierte finanzstarke und anerkannte Persönlichkeiten aus jüdischen Kreisen, von denen er sich Unterstützung für die Verwirklichung eines jüdischen Staates erhoffte, stieß aber weitgehend auf taube Ohren. 1897 konnte Herzl dennoch Vertreter aus den verschiedenen Gruppen der zionistischen Bewegung in Ost und West zu einem ersten Kongreß in Basel zusammenführen. Seine persönliche Meinung am Ende des Kongresses hielt er in seinem Tagebuch fest: »Fasse ich den Baseler Kongreß in ein Wort zusammen – das ich mich hüten werde, öffentlich auszusprechen –, so ist es dieses: In Basel habe ich den Judenstaat gegründet. Wenn ich das laut sagte, würde mir ein universelles Gelächter antworten. Vielleicht in 5 Jahren, jedenfalls in 50 wird es jeder einsehen.« Mit der Schrift »Der Judenstaat« und seinem selbstbewußten, überzeugenden Wesen begeisterte er die jüdischen Massen. Dies öffnete ihm die Türen zu den Herrscherhäusern. Er sprach mit Kaiser Wilhelm II. während seines Aufenthaltes in Jerusalem, erhielt Audienzen am italienischen und britischen Königshof und wurde auch von Sultan Abdul Hamid II., dem damaligen Herrscher über das Osmanische Reich, zu dem Palästina gehörte, empfangen. Aber Unterstützung oder auch nur ein etwas lebhafteres Interesse erhielt er von dieser Seite nicht. Zudem fühlte sich das westeuropäische Bürgerjudentum durch die zionistischen Bestrebungen nach einem eigenen Land bei seinen Assimilierungsversuchen gestört und war keinesfalls gewillt, die erreichten Positionen für eine ungewisse Zukunft in einem unwirtlichen Land aufzugeben. So starb Theodor Herzl mit nur 44 Jahren am 3. Juli 1904 im niederösterreichischen Edlach, ohne seine Träume verwirklicht zu sehen. Seine bis zuletzt ungebrochene Überzeugung zeigt sich in seiner testamentarischen Verfügung, daß seine Gebeine, sobald das zionistische Ziel erreicht sei, nach Palästina überführt werden sollten. Dieser Wunsch ging für Herzl am 14. Mai 1948 in Erfüllung.

und Monumenten zum Thema Holocaust. Da ist z. B. ein Mahnmal, das den polnischen Kinderarzt Janusz Korczak zeigt, der freiwillig die Kinder des Warschauer Ghettos in den Tod begleitete, oder das Auschwitz-Denkmal in Form eines Schornsteins, in den authentische Nummern von Insassen graviert sind. Ein Güterwaggon der Deutschen Reichsbahn steht als Symbol für die Deportation von Juden in Vernichtungslagern hoch über dem Abhang am Ende eines Gleises. Und ein kleines Boot berichtet von der Rettung von 8000 dänischen Juden.

Im Zentrum von Yad Vashem und auf der Mitte des Hügelrückens erhebt sich die **Gedenkhalle.** Die Namen von 22 Konzentrationslagern sind im dunkelgrauen Mosaikboden eingelassen. Die ewige Flamme brennt neben einer Gruft, in der Asche aus einigen Vernichtungslagern bestattet wurde. Im **Historischen Museum** berichten Fotos und Dokumente über jüdisches Leben in Europa, von Verfolgungen während des Nationalsozialismus und über den jüdischen Widerstand. Das **Kunstmuseum** widmet sich Werken, die in den Konzentrationslagern entstanden oder eine spätere Auseinandersetzung mit dem Holocuast widerspiegeln. Auf Gedenkblättern sind millionen Namen von Opfern in einer eigenen Halle archiviert. Etwas abseits liegt die **Kinder-Gedenkstätte.** Die Flammen von fünf Kerzen reflektieren unzählige Male in einem Spiegelgang. Im Hintergrund werden die Namen, das Alter und der Geburtsort von Kindern, die während dieser Zeit ums Leben kamen, in unendlicher Folge gelesen. Am westlichen Ende des Bergs der Erinnerung breitet sich das **Tal der Gemeinden** aus. Namen von 5000 zerschlagenen jüdischen Gemeinden in Europa sind in die Wände eines Steinlabyrinths gemeißelt. Die **Allee der Gerechten** unter den Völkern führt wieder zum Ausgang. Jedem Nichtjuden, der während des Nationalsozialismus einem Juden das Leben gerettet hat, wird hier ein Baum gepflanzt.

Das Modell des antiken Jerusalem

Das Holyland Hotel im Stadtteil Ramat Sharett südlich des Herzl-Berges beherbergt in seinem Garten ein einzigartiges Modell der Stadt Jerusalem, wie sie sich im 1. Jh. n. Chr. kurz vor der Zerstörung des Zweiten Tempels präsentierte (tägl. 8–22 Uhr). Die Anfahrt erfolgt mit den Buslinien 21, 21A und 99. Aus Holz, Stein, Kupfer und Eisen ist das Modell entsprechend historischer und archäologischer Erkenntnisse im Maßstab 1 : 50 ausgeführt. Dennoch mußte häufig die Phantasie ergänzen, wozu keine aussagekräftigen Quellen vorhanden waren. Obwohl neueste Ausgrabungsergebnisse immer wieder eingearbeitet werden, bleibt dieses Modell eine Vision der Stadt unter der Herrschaft von Herodes dem Großen.

Besondere Beachtung verdienen die Wiedergabe des Tempels (s. S. 83) und der Palast Herodes des Großen am Westrand der alten Stadt. Was man in der Davidszitadelle (s. S. 64) nur anhand von Plänen und Rekonstruktionszeichnungen nachvollziehen konnte, steht hier dreidimensional vor einem. Der

Jerusalem *en miniature*

mächtige Phasaelturm – heute Davidsturm genannt – wird von dem Hippicusturm und dem Turm der Mariamne begleitet. In deren Schatten liegt die prächtige Palastanlage Herodes des Großen, von der der jüdische Historiker Flavius Josephus (Der jüdische Krieg 5, 4.4) berichtet: »Die Türme auf der Nordseite gingen nach Süden in den Königspalast über, für dessen Pracht keine Worte ausreichen. Ringsum war er durch eine Mauer von 30 Ellen Höhe befestigt, an der in gleichem Abstand zur Zierde Türme angebracht waren; außerdem verfügte er über riesige Säle und Gasträume mit 100 Betten … Außerdem waren ringsum Säulenhallen angeordnet, die miteinander verbunden waren und deren jede wieder andere Säulen aufwies. Die Innenhöfe lagen unter freiem Himmel und waren über und über mit Grün bewachsen; ja sogar verschiedene Baumgruppen standen hier, und lange Wege zum Lustwandeln zogen sich hindurch, begleitet von tiefen Kanälen, denen durch eherne Rohre allenthalben reichlich Wasser zufloß; und die Wasser waren umsäumt von vielen Türmen, in denen zahme Tauben nisteten.«

En Kerem

Am Westrand Jerusalems liegt das malerische Dorf En Kerem (hebräisch; arabisch: Ain Karim = »Quelle des Weinberges«). Dieser Ort wird

Johanneskirche in En Kerem

seit byzantinischer Zeit als Geburtsstätte Johannes des Täufers verehrt. Ein Abstecher mit den Buslinien 17 und 17A von der Jaffa Road nach En Kerem lohnt wegen der schönen Landschaft mit grünen, die Talmulde umgebenden Waldhängen und den zwei interessanten Gotteshäusern, die Ereignissen aus dem Evangelium gedenken.

An der Endstation des Busses folgt man links der Hama'ayan Street bis zur Marienquelle, dann rechts den Weg entlang bis zu einem Tor auf der linken Seite. Es gewährt Einlaß zum Kirchengelände auf dem südlichen Berghang von En Kerem. Noch wenige Meter steil bergauf und die **Kirche der Heimsuchung** (Church of Visitation) erscheint hinter einem wunderschönen Eisengitter (tägl. außer Sa 8–11.45, 14.30–18 Uhr, im Winter bis 17 Uhr). Sie erinnert an den Ort, wo sich Elisabeth, die Frau des Tempelpriesters Zacharias, zurückzog, um die letzten Monate ihrer Schwangerschaft zu verbringen. Ihre Cousine Maria kam aus Nazareth zu Besuch, um ihr in der schweren Zeit vor und nach der Geburt beizustehen. Die Franziskaner restaurierten hier im 19. Jh. eine Kirche aus der Kreuzfahrerzeit, 1938 bis 1946 widmeten sie sich einem zweistöckigen Neubau. Die Fertigstellung erfolgte nach einer Bauunterbrechung durch den Franziskanermönch und Architekten Antonio Barluzzi (s. S. 108) im Jahr 1955. In der Unterkirche sind Fundamente und Mosaike eines Gotteshauses aus byzantinischer Zeit sowie Hausmauern und ein Ziehbrunnen herodianischer Zeit erhalten geblieben. Die Fresken widmen sich der Begegnung von Maria und Elisabeth, die Erscheinung des Engels Gabriel, der Zacharias im Tempel die Geburt eines Sohnes verkündet, und den Kindermord von Betlehem auf Befehl Herodes des Großen. Das große Mosaik an der Außenfassade der Oberkirche zeigt Marias Reise nach En Kerem. Teile ihrer Apsis stammen aus der Kreuzfahrerzeit. Die Fresken widmen sich ausschließlich Maria. Im Altarbild wird sie von Himmel und Erde umjubelt, an den Seitenwänden erscheint Maria als Gottesgebärerin, sie bietet Zuflucht für Bedrängte (der Herr im schwarzen Anzug mit Fliege in der linken Menschengruppe stellt den Baumeister Antonio Barluzzi dar!), Maria ist Gnadenvermittlerin, sie verkörpert Hilfe für die Christen und erscheint als unbefleckte Empfangende. Das Magnifikat (Lukas 1, 46–55), der Lobgesang auf Maria, hängt in vielen Sprachen auf Majolikaplatten an der Westwand des Kirchenvorhofes.

Der Feldweg außerhalb des Kirchengeländes in westlicher Richtung führt am Berghang entlang zum Hadassah-Klinikum mit den bekannten Chagall-Fenstern (s. S. 166). Die **Marienquelle,** auch Jungfrauenquelle genannt, am Fuß des Berges wird von einer Moschee bekrönt. Die Tradition hält seit dem 14. Jh. daran fest, daß Maria für die Versorgung Elisabeths Wasser aus dieser Quelle holte.

Jenseits der En Kerem Street erhebt sich auf einem Felsplateau die **Johanneskirche** (tägl. außer Sa 8–12, 14.30–18 Uhr, im Winter bis 17 Uhr). An ihrer Stelle soll das Haus gestanden haben, in dem Elisabeth Johannes den Täufer, den *Praecursor Domini* (Vorläufer des Herrn), geboren hat. Im 17. Jh. erwarben die Franzsikaner auch dieses Grundstück und untersuchten es archäologisch. Die heutige Kirche wurde zwischen 1675 und 1690 auf den Fundamenten älterer Gotteshäuser errichtet. Im Portikus berichten Mauerzüge und ornamentale Bodenmosaike von einer dreischiffigen Kapelle aus byzantinischer Zeit, einer weiteren Kapelle, deren Chorraum mit einem Mosaik geschmückt war, das Pfauen, Rebhühner, Pflanzen und die griechische Inschrift »Seid gegrüßt, ihr Märtyrer Gottes« trägt, und von der zeitgleichen Hauptkirche. Im Inneren der heutigen Kirche führt links neben dem Altarraum eine Treppe zur Geburtshöhle des Johannes hinab. In marmornen Flachreliefs sind Ereignisse aus seinem Leben dargestellt. Archäologische Funde, die bis in herodianische Zeit zurückreichen und belegen, daß En Kerem zur Zeit Johannes des Täufers besiedelt war, sowie der Klosterschatz sind in einem eigenen Raum ausgestellt.

Kleine Läden mit schönen Tüchern und Andenken laden in den Straßen von En Kerem zum Bummeln und Schauen ein, bevor es wieder in das belebte Zentrum zurückgeht.

Chagalls Fenster der Hadassah-Synagoge

Zu Fuß von En Kerem oder mit den Buslinien 19 und 27 gelangt man zum größten Klinikum des Nahen Ostens, dem Qiryat Hadassah. International bekannt sind aber vor allem die schönen, vom jüdischen Künstler Marc Chagall entworfenen Bleiglasfenster der kleinen Synagoge. Von außen ist der niedrige, 1962 geweihte Bau eher unscheinbar, dem Inneren aber geben die kräftig leuchtenden Fenster eine besondere Atmosphäre. Die Fenster symbolisieren die zwölf Söhne Jacobs, von denen die Stämme Israels ausgingen. Marc Chagall ließ sich von den Bibeltexten Genesis 49 (Jacob segnet seine Söhne) und Deuteronomium 33 (Moses segnet die Stämme Israels) bei der Wahl der Fenstermotive und der jeweils dominierenden Farbe inspirieren. Das erste Fenster auf der Ostseite mit Fischen und Vögeln, überwiegend in Blau gehalten widmet sich *Ruben*. Es folgen *Simeon* und *Levi*, dessen Söhne Tempelpriester in Jerusalem waren. Auf der Nordseite verkörpert ein junger Löwe *Juda*. Dann kommt *Sebulon*, der am Gestade des Meeres wohnt, und *Issachar*, der »knochige Esel«, dessen Stamm in der Landwirtschaft arbeitete. *Dan*, der Stamm der Richter, wird durch eine gefährliche Schlange, die um den Fuß einer Menorah gleitet, auf der Südseite symbolisiert. Das Pferd mit einem Schwert am rechten Bildrand verkörpert *Gad*, der zahlreiche Ungeheuer zurückdrängt, ein Ausdruck der Verwüstungen durch Krieg. Und das »fette Brot« des *Ascher*, in harmonisches Grün getaucht, drückt Reichtum und Glück aus. Hier wird der siebenarmige Leuchter als »Lebensbaum« und »Göttliches Licht« verstanden, die Vögel stehen für pflanzlichen Reichtum, von dem auch sie profitieren können. Auf der Westseite sind die Tugenden des *Naphtali* als Hirschkuh wiedergegeben. Sie symbolisiert Tüchtigkeit, Anmut und Zärtlichkeit. »*Joseph* wird wachsen wie ein Baum an der Quelle, daß die Zweige emporsteigen über die Mauer«, und *Bejamin*, ein reißender Wolf, erscheint links unten im letzten Fenster. Der mächtige Mittelkreis verkörpert alle Stämme im Lichte Gottes, alle Planeten um die Sonne.

Die Haas-Promenade

Einen ganz besonderen Blick auf die Altstadt und die umliegenden Viertel bietet die Walter und Elise Haas-Promenade in Talpiot, einem Stadtteil im Süden Jerusalems. Cafés und ein Panorama-Restaurant laden zum Verweilen ein, nicht nur, wenn die Stadt in das gelbe Licht der Abendsonne getaucht wird. Über die westlich anschließende Sherover-Promenade, die der Landschaft angepaßt über viele Treppenstufen mit Ausblicken und geschützten Winkeln führt, gelangt man vorbei an hübschen Gärten wieder hinab in die Stadt. Die Anfahrt kann mit den Buslinien 8, 48 und 99 erfolgen.

Auf dem Skopus

Der Berg Skopus (vom Altgriechischen »spähen, beobachten«) im Nordosten der Stadt hatte von jeher Bedeutung bei der Belagerung Jerusalems. Er bildet einen Grad, der vorbei am Auguste-Viktoria-Krankenhaus in den Ölberg übergeht. Die Sicht auf die Stadt ist einmalig, und es liegt kein für einen Angriff störendes Tal dazwischen. Titus schlug hier im Jahr 70 n. Chr. mit seinen Legionen ein Lager auf, die Kreuzfahrer suchten im Jahr 1099 auf dem Skopus Quartier, und die britischen Streifkräfte rasteten auf dem Berg nach ihrem Einmarsch in Jerusalem im Jahr 1917. 1925 wurde auf dem Hügelrücken die erste Hebräische Universität mit dem Hadassah-Klinikum eröffnet. Zwischen 1948 und 1967 gehörte Israel innerhalb des jordanischen Territoriums nur noch eine 2,5 km lange und 500 m breite Enklave, auf der die Universitätsgebäude standen. Der Lehrbetrieb mußte unterbrochen werden. So baute der Staat im Westen von Jerusalem die Neue Hebräische Universität. Nach dem Sechstagekrieg wurde die Universität auf dem Skopus neu errichtet. Die Architektur des Campus wirkt modern, festungsartig. In dem alten Goldsmith-Gebäude aus dem Jahr 1925 ist die Rothberg School for Overseas Students untergebracht. An ihren jährlichen Sommerkursen nehmen Tausende von ausländischen Studenten teil. Führungen über den Campus finden von Dienstag bis Freitag um 10.30, 11.30, 14.30 und 15.30 Uhr statt. Mit den Buslinien 4A, 9, 28 und 99 erreicht man die Hebräische Universität auf dem Skopus.

Ausflüge in die Umgebung

`Eizariya und Ma´ale Adummin

Jericho und Masada

Am Toten Meer

Betlehem, Mar Saba und Herodeion

Altes Symbol des jungen Staates Israel: Masada

Archäologisch und historisch bedeutsame Orte in der nahen Umgebung von Jerusalem zeigen, daß die faszinierende judäische Bergwüste, die fruchtbare Jordansenke um Jericho und das einmalige Naturschauspiel des Toten Meeres seit altersher für die Menschheit eine wichtige Lebensgrundlage boten und bis heute nichts von ihren Reizen verloren haben.

'Eizariya und Ma'ale Adummin

'Eizariya am östlichen Hang des Ölberges gelegen, ist mit dem arabischen Bus oder Sammeltaxi von der Straße nach Jericho aus zu erreichen oder zu Fuß über einen steinigen Weg, der von Betfage (s. S. 106) auf der Anhöhe des Ölberges hinab zum alten **Betanien** führt. An diesem Ort hat Jesus den verstorbenen Lazarus vom Tode erweckt (Johannes 11, 17–45) und häufig dessen Schwestern Martha und Maria besucht. Maria salbte ihm bei seinem letzten Besuch, sechs Tage vor dem Pessahfest, die Füße (Johannes 12, 1–8). Diese Ehrbezeugung erhielten sonst nur die Toten. Der Name Betanien reicht bis in alttestamentarische Zeit zurück. Er leitet sich von Bet Ananeja (Haus Ananeja) her, in das im 6. Jh. v. Chr. die Juden vom Stamm Benjamin aus dem Babylonischen Exil zurückkehrten. Archäologisch konnte eine Besiedlung vom 6. Jh. v. Chr. bis ins 14. Jh. etwas weiter oben am Berg nachgewiesen werden. »Lazarion« wurde der Ort seit dem 4. Jh. in Erinnerung an die Familie des Lazarus genannt. Aus dieser Bezeichnung entwickelte sich sein heutiger Name 'Eizariya.

Die moderne **Lazaruskirche** der Franziskaner ruht auf mehreren Vorgängerbauten (tägl. 8–11.30, 14–18 Uhr, im Winter bis 17 Uhr). Vom ersten Gotteshaus, einer dreischiffigen Basilika mit Atrium aus dem 4. Jh. ist Mauerwerk der Apsis im Inneren der Kirche direkt hinter dem Eingang vertieft unter Falltüren zu sehen. Nach einem Erdbeben wurde die Basilika im 5. Jh. um 13 m in östlicher Richtung verschoben wiedererrichtet. Die Apsis von diesem Bau ist seitlich des Hauptaltars in weißem Marmor zu erkennen. Im Pflaster des Vorhofs vom heutigen Gotteshaus sind Partien ausgespart, um den farbenfrohen Mosaikschmuck der älteren Bauten vorzuführen. Die Kreuzfahrer stellten die halb verfallene Basilika wieder her, bauten

60
Ein es Sultan
Allenby Bridge
Georgskloster
Jericho
Jordan
90
437
1
Ma'alé Adummin
Nabi Musa
Jerusalem
'Eizariya (Betanien)
398
Qumram
Qalya Beach
Ramat Rahél
Theodosius-Kloster
Betlehem
398
Hirtenfeld
Mar Saba
Herodeion
Judäische Wüste
Rosh Tur
234 m
Hebron
356
Ma'alé 'Amos
Mizpé Mikhwar
Qiryat Arba
Totes Meer
En Gedi
Mizpé Midrag
Karmel
Har Holed
510 m
90
Masada
N
0
5 km

eine Kapelle direkt über dem Grab des Lazarus, und Königin Melisande gründete hier im Jahr 1138 ein Benediktinerkonvent. Ein Teil des Klosterkomplexes ist südlich des Vorhofes erhalten und beherbergt heute eine Getreidemühle und eine Ölpresse. Am Ende des 14. Jh. lagen die Gotteshäuser in Trümmern, und es sollte über ein halbes Jahrtausend dauern, bis Antonio Barluzzi für die Franziskaner die heutige Kirche erbauen konnte. Die Einweihung der Lazaruskirche erfolgte im Jahr 1954. Die drei Mosaiktafeln an der Westfassade zeigen Maria, Lazarus und Martha, von der Ostfassade verkünden Engel mit Trompeten die Auferweckung des Lazarus. Im Inneren erhält der kreuzförmige Bau nur über die Kuppel Licht. Er erinnert durch seine Form, die schlichten Wände und die halbdüstere Atmosphäre an ein Grab. Die halbmondförmigen Mosaikfelder an den vier Kreuzarmen der Kirche zeigen links »Jesus bei Maria und Martha«, rechts »Jesus am Grab des Lazarus«, über dem Eingang »Jesus im Hause Simons des Aussätzigen« und über dem Altar »Jesus spricht zu den beiden Schwestern: Ich bin die Auferstehung und das Leben«.

Das **Grab des Lazarus** ist durch eine kleine Pforte von der Straße aus zugänglich. Ursprünglich konnte es von den Atrien der byzantinischen Basiliken aus betreten werden. Dies änderte sich durch den Bau einer Moschee direkt vor dem Eingang, denn die Moslems glaubten ebenfalls an die Erweckung des Lazarus. Da es für die Christen immer schwieriger wurde, Gottesdienste am Grab zu verrichten, erhielten die Franziskaner im späten 16. oder frühen 17. Jh. die Genehmigung, einen weiteren Zugang zu schlagen. Seitdem führt eine steile, abgetretene Treppe zur Vorhalle mit der anschließenden Grabkammer hinab. An der Ostseite der Vorhalle ist der Umriß des alten Eingangs zu erkennen. In der gut 2 m breiten Grabkammer sind drei Nischen erhalten, in denen die Toten aufgebahrt wurden. Die Grabkammer war ursprünglich mit Marmorplatten verkleidet und wurde durch eine Steinplatte verschlossen.

Etwas weiter den Berghang hinauf erhebt sich die neue griechisch-orthodoxe Kirche. Die Ruinen auf der linken Seite hinter der Kirche stammen zum Teil aus römischer Zeit. In ihnen wurden die Häuser von Lazarus oder von dem Aussätzigen Simon gesehen. Sicher ist, daß die Reste eines Turmes mit Zisterne zu dem Benediktinerkloster der Königin Melisande gehörten.

Zurück auf die Straße nach Jericho gelangt man mit einem Taxi oder dem Bus nach etwa 7 km Fahrt durch die faszinierende judäische Bergwüste zur jüdischen Siedlung **Ma'ale Adummin.** 1979 im Zuge der Besiedlungspolitik begonnen, thront sie südlich der Straße auf dem Sporn eines Berges. Benannt ist sie nach einer alten Handels- und Pilgerstraße, der »Blutsteige« (hebräisch: Ma'ale Adummin), auf der es

Ein Ort aus biblischer Zeit: Betanien

häufig zu blutigen Überfällen gekommen sein soll. Heute säumen großzügige Blumenbeete die breiten Straßen, die durch ruhige, weitläufige Wohnanlagen führen. Beim Bau der Siedlung stieß man auf die Reste eines byzantinischen Klosters (So–Do 8–16, Fr 8–13 Uhr). Es wurde in knapp drei Jahren zwischen 1982 und 1985 ausgegraben und geschickt in ein Wohnblockareal integriert. Matyrius, der Patriarch von Jerusalem, gründete das Kloster im ausgehenden 5. Jh. Während des Persereinfalls im Jahr 614 wurde es mit großer Wahrscheinlichkeit zerstört, da die spätesten bei der Ausgrabung gefundenen Münzen aus dem Regierungsjahr 612/13 des byzantinischen Kaisers Herakleios (610–41) stammen. Die rechteckige Anlage des Klosters war von einer 4 bis 5 m hohen Mauer umgeben. Um einen zentralen Hof verteilten sich auf engem Raum die Ställe, eine Kirche, das Refektorium mit Küche, ein Badehaus und ein Kräutergarten. Im Nordosten schloß ein Pilgerhospiz an. Die Mauern sind heute 1 bis 2 m hoch erhalten, die Fußböden waren in fast allen Räumen mit bunten, zumeist kunstvoll ornamentalen Mosaiken ausgestattet. Feine Tierembleme zierten den Boden der Kirche, sogar in der Küche ranken Weinreben aus einem prunkvollen Gefäß. Die Wasserversorgung auf diesem quellenlosen Fels erfolgte über sechs Zisternen. Nach der Zerstörung des Klosters im frühen 7. Jh. wurden die Räumlichkeiten nochmal kurzzeitig als Gutshof genutzt.

Die Rückfahrt nach Jerusalem kann mit den Buslinien 173, 174 und 175 bis zum Jaffator der Altstadt erfolgen.

Auf dem Weg nach Jericho

Um alle in diesem Ausflug erwähnten Sehenswürdigkeiten aufzusuchen, ist es sinnvoll, sich einen Taxifahrer für den ganzen Tag zu buchen (s. S. 206). Die Sammeltaxis am Damaskustor fahren nur Jericho an, Busse verkehren zur Zeit nicht.

Die Schnellstraße Jerusalem-Jericho führt durch die reizvolle, aber karge Landschaft der judäischen Wüste in vielen Windungen hinab zum Jordantal. Nur in den Wintermonaten und während des Frühlings überzieht ein grüner Hauch die Berge. Zelte verarmter Beduinen tauchen hin und wieder neben der Straße auf. Mitunter verkaufen die Nomaden selbst hergestellten, traditionellen Schmuck an Touristen.

Etwa auf Höhe des modernen jüdischen Ortes Ma'ale Adummin liegt am Südrand der Straße die **Herberge des barmherzigen Samariters** (Khan el-Hathrour). Im Hof einer türkischen Herberge von 1903 kamen bei Ausgrabungen antike Mauern (die anscheinend von einer Herberge stammen) zum Vorschein, die vermuten lassen, daß sich hier die Geschichte des barmherzigen Samariters zugetragen hat: Räuber schlugen einen Mann, der von Jerusalem auf dem Weg nach Jericho war, nieder und ließen ihn halbtot liegen. Der Priester und ein Levit, die des Weges kamen, gingen wortlos an dem Verletzten vorüber. Ein Mann aus Samaria blieb jedoch stehen, versorgte dessen Wunden mit Öl und Wein und brachte ihn in eine nahe Herberge (Lukas 10, 30–37).

Wenige Kilometer weiter markiert ein Pfeil die Abzweigung nach rechts zum **Wadi el-Kelt** mit dem Georgskloster. In einer tiefen, sehr reizvollen Schlucht durchzieht das Wadi die judäische Wüste bis nach Jericho. Unvermutet erblickt man an der gegenüberliegenden Schluchtwand das **Georgskloster.** Vom Parkplatz führt ein gewundener Weg in das Tal hinunter, dann über eine kleine Brücke und Treppen wieder hinauf zum Kloster (So bis Fr 9–16, im Winter bis 15, Sa 9–12 Uhr). Für den Spaziergang braucht man etwa 20 Minuten. Die Höhlen in der Schluchtwand wurden bereits in frühbyzantinischer Zeit von Mönchen belebt. Ein Kloster errichteten sie aber erst um 480 n. Chr. Es ist der Jungfrau Maria geweiht, da an diesem Ort ein Engel dem Hirten Joachim die Geburt seiner Tochter Maria, der späteren Gottesmutter, verkündet haben soll. Unter dem Namensgeber, dem heiligen Georg von Koziba, erlebte das Kloster in der zweiten Hälfte des 6. Jh. einen großen Aufschwung, der allerdings nicht lange anhielt. Nach dem Persersturm auf Jerusalem im Jahr 614

Georgskloster

nutzten fanatische Juden die Gelegenheit und brachten alle Mönche um. Ihre Gebeine liegen aufgestapelt in einer Grotte. Eine Wiederbelebung des Klosters durch griechisch-orthodoxe Mönche erfolgte Ende des 19. Jh. In den kleinen Kirchen sind Reste byzantinischer Bodenmosaike erhalten. Auf dem Rückweg zum Parkplatz sieht man wenige Meter oberhalb des Flußlaufes eine Wasserleitung, die bereits Herodes der Große anlegte, um Jericho ganzjährig mit Wasser zu versorgen. Die Briten reparierten sie während der Mandatszeit, und auch heute noch fließt das Wasser durch den Kanal ins Jordantal. Hier beginnt ein idealer Wanderweg durch das Wadi el-Kilt nach Jericho. Nur sollte man diese Strecke aus Sicherheitsgründen niemals alleine, besser in größeren Gruppen ablaufen.

Am Rande der judäischen Wüste, kurz bevor sie in die Jordansenke abfällt, weisen Kuppeln auf die einsam gelegene Stätte **Nabi Musa.** Tausende von islamischen Pilgern kommen alljährlich im April hierher, um Moses, ihres ersten Propheten,

Einmalig schön: die judäischen Berge

zu gedenken. Denn nach ihrer Tradition hat Moses an diesem Ort seine letzte Ruhestätte gefunden. Sultan Baibar errichtete 1269 einen Kuppelbau über dem Grab, unter den Mamelucken entstand im 15. Jh. ein Pilgerhospiz. Der große umliegende Friedhof zeigt, daß viele Moslems im Tod die Nähe des Moses-Grabes suchen.

36 km von Jerusalem entfernt liegt **Jericho** inmitten weiter Felder von Bananenstauden, Dattelpalmen und Orangenbäumen. In diesem fruchtbaren Landstrich, gut 250 m unterhalb des Meeresspiegels mit subtropischem Klima, entwickelte sich die bisher älteste bekannte Stadt der Menschheit. Erste Siedlungsspuren reichen bis in das 10. Jt. v. Chr. zurück, die frühesten Stadtstrukturen sind um 7000 v. Chr. zu datieren. Eine ganzjährig reich sprudelnde Wasserquelle und fruchtbares Schwemmland aus dem Jordangraben sorgten für eine kriegreiche Geschichte um die Stadt, die mehrmals aber auch zu großer Armut unter der Bevölkerung führte. Und gerade im 13. Jh. v. Chr., als die Israeliten auf ihrem Eroberungszug des verheißenen Landes Jericho eroberten, brauchte es weder Posaunen noch Feldgeschrei, um die Mauern der Stadt zum Einsturz zu bringen (Josua 6,20). Einen bedeu-

tenden Aufschwung erhielt Jericho erst wieder unter Herodes dem Großen, der hier seinen berühmten Winterpalast erbaute, die Stadt in ein Kurzentrum verwandelte und der hier, an seinem Lieblingsort, im Jahre 4 n. Chr. verstarb. 70 n. Chr. am Ende des ersten Jüdischen Krieges wurde Jericho von römischen Truppen verwüstet. Den Status einer Bezirkshauptstadt erhielt es unter den Omaijaden. Jericho florierte, bis Saladin 1187 die Stadt einnahm. Danach war es vollkommen dem Verfall preisgegeben. Erst im frühen 20. Jh. durch den Bau einer Verbindungsstraße mit Jerusalem zog das milde Winterklima wieder reiche Araber an, die sich hier kleine Residenzen für die kalten Monate errichten ließen. Nach 1948 vergrößerte sich die Bevölkerung durch palästinensische Flüchtlinge aus den israelischen Gebieten. Seit 1994 gehört Jericho zum autonomen palästinensischen Gebiet. Zahlreiche Cafés, gute Restaurants und der Markt mit köstlichem Obst laden zum Verweilen ein.

Spuren der ältesten Stadt sind auf dem **Tel Yeriho** im nordwestlichen Randbereich der heutigen Stadt zu erkennen (tägl. bis zum Sonnenuntergang). Dieser gut 21 m hohe Siedlungshügel erhebt sich direkt neben der Elischaquelle (benannt nach dem Propheten Elischa), der wasserreichsten Quelle in dieser Oasenlandschaft. Die freigelegten Mauern und Schnitte durch den Hügel sind für den Besucher auf den ersten Blick unbeeindruckend. Aber man muß sich vergegenwärtigen, daß hier eine nachweisbar 9000 Jahre alte Stadtbefestigung ausgegraben wurde. Der Mauerring wurde aus Bruchsteinen zusammengesetzt. Interessant und anschaulich ist vor allem der Rundturm tief unten in einem Grabungsschnitt. Er gehört zu der um 7000 v. Chr. zu datierenden Befestigungsmauer. Steinblöcke wurden in einem Kreis von etwa 10 m Durchmesser übereinandergeschichtet, an der Innenwandung führte eine Steinplattentreppe zum Dach empor. In den Profilen anderer Schnitte sind verschiedene Siedlungsschichten in Form von Erdverfärbungen zum Teil gut erkennbar.

Erfrischungen oder auch eine kleine Stärkung bietet das gute, aber nicht sehr preiswerte Restaurant »Mount of Temptation« auf der gegenüberliegenden Parkplatzseite. Es wird fast nur von Touristengruppen aufgesucht. Im ersten Stock befindet sich ein etwas preiswerteres Selbstbedienungsrestaurant.

Die **Palastbauten Herodes des Großen** standen zu beiden Seiten des Wadi el-Kelt, nahe seines Austritts aus dem judäischen Gebirge. Südlich des Flusses, kurz vor der Brücke führt links eine Straße zum Ausgrabungsgelände, dessen Lage nur durch einen einfachen, scheinbar wahllos in die Landschaft gestellten Erfrischungsstand erkennbar ist. Niedrig erhaltene Mauerzüge, Abdrücke von einst kunstvollen Mosaikböden, Säulenbasen, Wasser-

becken und Einfassungen von Blumenbeeten lassen nur noch mit viel Phantasie etwas von der einstigen Pracht der Anlagen erahnen. Westlich von dem herodianischen Nordpalast sind die Grundmauern eines älteren Palastes erkennbar. Bereits die Hasmonäerkönige genossen im 2. und 1. Jh. v. Chr. während der Wintermonate das milde Klima um Jericho.

Etwa 3 km nördlich des Stadtzentrums liegt die eindrucksvolle Ruine eines Winterpalastes aus der Omaijadenzeit, **Khirbet el-Maffir** (arabisch: »Ruine von Mafijr«; So–Do 8–17, im Winter bis 16 Uhr, Fr und an Feiertagen jeweils eine Stunde früher). Die Ruine wird auch Hischampalast genannt nach dem 12.

Mosaik im Hischampalast

Kalifen von Damaskus, Hischam Ibn Abd el-Malik (724–743). Bauherr war aber wahrscheinlich erst sein Nachfolger el-Walid II. Bevor der Palast endgültig fertiggestellt werden konnte, zerstörte ein starkes Erdbeben im Jahr 747 große Bereiche. Drei Jahre später lösten die Abbasiden die Omaijadendynastie ab. Die Palastruine geriet in Vergessenheit, der Wüstensand bedeckte die Mauern. Die Ausgrabung und der teilweise Wiederaufbau fanden zwischen 1936 und 1948 statt. Die Palastarchitektur erinnert an römische Landhausvillen. Festungsartig ist die 160 × 130 m große Anlage mit einer hohen Mauer und Türmen umschlossen. Das östlich anschließende parkähnliche Jagdrevier des Kalifen war ebenfalls von einer Mauer eingefaßt. Der Eingang führt in einen großen Vorhof, dessen Mitte ein quadratisches Wasserbecken mit Kuppelbekrönung schmückte. Links öffnet sich ein repräsentatives Portal zum eigentlichen Wohnpalast. Um einen großen Hof reihten sich in zwei Stockwerken die Wohnräume. Die Mitte der Südseite nimmt eine kleine Moschee ein, ihr Mihrab ist in einen mächtigen quadratischen Turm eingebettet, der vielleicht ursprünglich ein Minarett trug. Treppenstufen in der Mitte der Westseite führen zu einem winzigen Bad hinab. Dort sind noch Steinbänke und Mosaikschmuck erhalten. Die Nordseite des Innenhofes beherbergt einen großen, zweischiffigen Repräsentationsraum. Das eindrucksvoll rekonstruierte Maßwerkfenster auf dem Hofplatz schmückte einst die Fassade der oberen Etage. Eine großzügige Badeanlage nimmt den Nordbereich des Palastes ein. Die 16 Bündelpfeiler des Hauptraums trugen das Kuppeldach, von dem schönen geometrischen Mosaikfußboden sind weite Bereiche gut erhalten. Beachtenswert ist aber vor allem der kleine Ruheraum in der Nordwestecke. Er ist mit hervorragenden Stuckarbeiten und einem hübschen Mosaik, das einen prächtigen Orangenbaum, blätterzupfende Gazellen und einen jagenden Löwen zum Thema hat, ausgestattet.

»Einmal volltanken, bitte!« An der Straße zwischen Jericho und Totem Meer

Die Wasserversorgung des Palastes erfolgte über einen Aquädukt, den Quellen aus den nahegelegenen Bergen Duyuk und Na'aran speisten.

Direkt östlich von Jericho befindet sich der wichtigste Grenzübergang zwischen Israel und Jordanien, die **Allenby-Brücke** (König Hussein-Brücke). Sie ermöglicht einen relativ schnellen, unproblematischen Übertritt ins jeweils andere Land, aber nur für Fußgänger. Privatwagen können nur im Süden bei Eilat die Grenze überqueren. Etwa 8 km flußabwärts ließ sich Jesus von Nazareth von Johannes dem Täufer im Jordan taufen (Matthäus 3,13). Das griechisch-orthodoxe Johanneskloster (arabisch: Deir Mar Hanna) wurde an dem Ort errichtet, den schon seit den ersten nachchristlichen Jahrhunderten Gläubige als Taufstelle aufsuchten. Durch dichtes Buschwerk und über Treppen gelangt man hinab zum Jordan. Da die Taufstelle Jesu im militärischen Sperrgebiet liegt, ist es den Franziskanern und den Griechisch-Orthodoxen nur einmal im Jahr erlaubt, hier Gottesdienst zu feiern. Zum Heiligen Jahr 2000 überlegt die israelische Regierung, diesen Ort für Pilger offen zugänglich zu machen und entsprechend auszustatten, da Jordanien bereits erste Schritte unternommen haben soll, sich auf einen entsprechenden Pilgerstrom am östlichen Ufer des Jordan einzurichten.

Am Toten Meer

Zwischen zentralem Busbahnhof in Jerusalem und den Sehenswürdigkeiten am Toten Meer verkehren stündlich Busse. Sie fahren an Qumran vorbei nach En Gedi und weiter nach Masada.

Die Ausgrabungsstätte von **Qumran,** unweit des Toten Meeres auf einem Felsplateau gelegen, konnte als Niederlassung der Essener identifiziert werden. Sie waren eine religiöse Gemeinschaft, deren Führer, der »Lehrer der Gerechtigkeit«, mit dem Jerusalemer Priestertum haderte und in die Wüste zog, um in absoluter Gesetzestreue und Reinheit zu leben. In den Höhlen des angrenzenden Gebirges fand man die berühmten Schriftrollen vom Toten Meer (s. S. 150). Erste Besiedlungsspuren in diesem Gebiet ließen sich für das 8. Jh. v. Chr. nachweisen. Interessanter ist aber die ausgegrabene klosterähnliche Anlage. Hier siedelte sich im 2. Jh. v. Chr. die kleine Gruppe strenggläubiger Juden an. Wie Münzfunde belegen, ist die Anlage um die Wende vom 2. zum 1. Jh. v. Chr. so ausgebaut worden, wie sie sich heute dem Besucher präsentiert. Vorbei an einer großen Zisterne, Vorratsräumen und Badebecken, gelangt man zum fast quadratisch angelegten Haupttrakt. Im Nachbarraum des langgestreckten Refektoriums kamen unzählige Teller, Schüsseln und Schalen zum Vorschein. Durch Reste von Lehmziegeltischen, Tintenfässern, in denen sich noch eingetrocknete Tinte befand, und beschrifteten Tonscherben konnte ein Schreibsaal nachgewiesen werden. Hier sind mit großer Wahrscheinlichkeit die vielen Schriften auf Papyrus- und Pergamentrollen angefertigt worden. In der kleinen Töpferei südlich des Haupttraktes stehen zwei Brennöfen, einer für das Haushaltsgeschirr und einer für die großen krugähnlichen Gefäße, in denen später die Schriftrollen verwahrt wurden. Auffallend sind die vielen, über Treppen zugänglichen Badebecken. Sie sind durch Kanäle und Wasserrinnen miteinander verbunden. Das Wasser wurde über einen 700 m langen Aquädukt aus einem Seitental des Wadi Qumran hierher geleitet. Nach und nach füllten sich die einzelnen Becken. Die kultische Reinigung war für die Essener von großer Bedeutung. Die Wohnräume für die Mönche müssen in den oberen Stockwerken angenommen werden.

Im Jahr 31 v. Chr. zwang ein großes Erdbeben die Bewohner, sich woanders eine neue Bleibe zu suchen. Erst nach Herodes Tod im Jahr 4 n. Chr. kehrten die Essener nach Qumran zurück und bauten die Anlage wieder auf. Die Mönche blieben, bis sie von den Römern während des ersten Jüdischen Kriegs 68 n. Chr. vertrieben wurden. Kurz vorher brachten sie ihre kostbaren Schriften in den umliegenden Höhlen in Sicherheit. Dort lagen sie fast 2000 Jahre, bis ein Hirtenjunge auf der Suche nach einer verlorengegangenen Ziege die ersten Pergamentrollen im Jahr 1947 fand.

Etwa 30 km südlich von Qumran öffnet sich die größte und schönste Oase am Toten Meer: **En Gedi.** Sie ist für viele Israelis ein Naherholungsgebiet, aber auch Kurzentrum zur Linderung von verschiedenen Leiden. Wer außer einem kurzen Bad im Toten Meer die Naturschönheiten genießen will, sollte mindestens einen halben Tag für En Gedi einplanen, oder gar hier übernachten (s. S. 211).

Zwei Naturparks entlang kleiner Flußläufe durchziehen das Judäische Gebirge. Der Eingang zum kürzeren, aber abwechslungsreicheren **Nahal David** liegt unterhalb der Jugendherberge, im Norden von En Gedi (tägl. von 8 Uhr bis Sonnenuntergang, Einlaß nur bis 16 Uhr, im Winter bis 15 Uhr). Es führt eine felsige Schlucht mit reicher Vegetation bergauf bis zu einem hohen Wasserfall. Bereits entlang des Weges sammelt sich an einigen Stellen das kühle Quellwasser in natürlichen Felsbecken, in denen Baden erlaubt ist. Über felsige Wege mit Geröll geht es weiter bergan zu den Fundamenten eines Tempels, der En Gedi-Quelle, einem römischen Kastell oder dem Trockenen Canyon. Hier ist es ratsam, sich einer Gruppe mit Führer anzuschließen (zu festgelegten Zeiten werden sie von Mitarbeitern des Naturparks angeboten), um nicht den Weg in der unübersichtlichen Gebirgslandschaft zu verfehlen. Das Tempelfundament ist von besonderer Bedeutung, denn es liefert den Beweis, daß dieser Landstrich bereits in chalkolitischer Zeit, d. h. um 4000 v. Chr., besiedelt war. Hier in den Bergen hat sich auch David vor König Saul versteckt, der ihn des Hochverrats beschuldigte. Seine Königstreue konnte David jedoch beweisen, in dem er Saul, nachdem dieser sich in einer Höhle zur Verrichtung der Notdurft zurückgezogen hatte, nicht tötete, sondern nur heimlich ein Stück von seinem Mantel abschnitt. David hatte sich in eben jener Höhle mit seinen Männern versteckt. Als Saul wieder heraustrat, stellte sich ihm David

Naturreservat Nahal David

und übergab den Mantelzipfel als Zeichen der Treue. Neben verschiedenen Pflanzen können heute zahlreiche Vogelarten, Steinböcke und der Klippschliefer, eine Art Murmeltier, auf dem Weg durch den Naturpark beobachtet werden.

Am Toten Meer auf Höhe des Badezentrums mit anschließendem Campingplatz fanden Archäologen zu Füßen des Tell Goren, einem Siedlungshügel, der vom 7. Jh. v. Chr. bis in byzantinische Zeit bewohnt war, die Reste einer Synagoge. Ihr Fußboden war mit einem schönen geometrischen Mosaik geschmückt, in das Vogelmotive und Inschriften eingelassen waren. Thermalquellen, Schlammbäder und das salzige Wasser des Toten Meeres lassen im **En Gedi Spa Center,** nur wenige Kilometer weiter südlich, alle Anstrengungen von der Wanderung im Naturpark vergessen.

Nach weiteren 15 km erhebt sich rechter Hand die Bergfeste **Masada** über dem Toten Meer (tägl. von Sonnenaufgang bis 17 Uhr, außer Yom Kippur). Das an allen Seiten steil abfallende Felsmassiv kann bequem mit der Drahtseilbahn (tägl. 8–16 Uhr) oder zu Fuß auf dem Schlangenpfad erklommen werden. Der Schlangenpfad beginnt am Parkplatz auf der Ostseite von Masada und beansprucht etwa 45 Minuten. Eine Kopfbedeckung und etwas zu trinken sollten beim Fußmarsch auf keinen Fall vergessen werden. Auf der Anhöhe selbst gibt es Trinkwasserbehälter, Rastplätze und Toiletten.

Herodes der Große wählte dieses Felsplateau als Zufluchtsort vor jüdischen Widersachern, nachdem sich der an allen Seiten steil abfallende Berg bereits 40 v. Chr. bewährt hatte. In diesem Jahr brachte er hier seine Familie in Sicherheit, und floh selbst vor Parthern und Juden nach Rom, um von Antonius und Oktavian die rechtmäßige Ernennung zum König von Judäa zu erlangen. Zwischen 36 und 30 v. Chr. ließ Herodes Masada zu einer starken Festung ausbauen, brauchte aber während seiner Regierungszeit nie ihren Schutz in Anspruch nehmen. Nach seinem Tod blieb dort eine römische Garnison bestehen. Zu Beginn des jüdischen Aufstandes brachten im

Zur Kur ans Tote Meer

Auch Schlammbäder sind gesund

Das Tote Meer (hebräisch: *Yam HaMelah* = Salzmeer; arab. *Bahr Lut* = Meer des Lot) erfüllt mit seinen extrem salzhaltigen Wassern den tiefsten Teil des Jordangrabens, der Grenze zwischen Jordanien und Israel. Es ist je nach Wasserstand zwischen 75 und 80 km lang und hat eine breite bis zu 17 km. Es liegt etwa 396 m unter dem Meeresspiegel und weist an einigen Stellen nochmals eine Tiefe von knapp 400 m bis zum Seeboden auf. Damit ist das Tote Meer der am tiefsten gelegene Binnensee auf der Erde. Sein Salzgehalt beträgt heute ca. 33 Prozent (das Mittelmeer hat im Vergleich nur 3,5 Prozent) und macht damit jegliches pflanzliche und tierische Leben unmöglich. Neue Wasserzufuhr erhält dieses abflußlose Binnenmeer hauptsächlich vom Jordan. Aber die stetige Entnahme bedeutender Wassermengen aus dem Fluß für die Feldwirtschaft auf israelischer und jordanischer Seite und die hohe Verdunstungsmenge am Toten Meer lassen dessen Wasserspiegel konstant sinken. So erfolgten in den letzten Jahren Überlegungen von Regierungsseiten, den Wasserstand durch einen Kanal vom Mittelmeer oder Roten Meer wieder anzuheben. Dies hat seinen Grund, denn hier lassen sich in großen Mengen Mineralien wie Magnesiumchlorid, Brom und Kaliumchlorid durch Verdunstungsablagerungen gewinnen, die ein wichtiges Exportgut für die chemische Industrie stellen.

Aber dies ist nicht der einzige Wirtschaftsfaktor am Toten Meer. Seit dem Altertum sind der gesundheitsfördernde Nutzen des Klimas, der Thermalquellen und des stark mineralhaltigen Wassers bekannt. Viele

Menschen kommen zur Kur ans Tote Meer, um hier Heilung oder zumindest Linderung bei Hautkrankheiten, Rheuma und Bronchitis zu erlangen. Der wesentlich höhere Sauerstoffgehalt und die starke Wasserverdunstung in dieser einzigartig tiefen Lage wirken als UV-Filter. Die schadhaften UV-B-Strahlen werden reduziert, die UV-A-Strahlen können ihre wohltuende Wirkung bei Neurodermitis und Schuppenflechte ausüben. Auch Allergiker und Asthmatiker kommen am Toten Meer wegen des geringen Pollenfluges auf ihre Kosten. Die schwefelhaltigen Thermalquellen, der schwarze Heilschlamm und das Meereswasser an sich lindern die Schmerzen bei Gelenkrheumatismus und Arthritis. Kuren am Toten Meer werden mitunter sogar von den Krankenkassen in Europa vermittelt.

Strand in En Gedi

Von Jerusalem aus lohnt ein Besuch von En Gedi Spa zwischen Qumran und Masada am Westufer des Toten Meeres gelegen. Mit einer Tageskarte kann man in diesem Kurzentrum allen Annehmlichkeiten und Genüssen nachgehen, die ein Kuraufenthalt bietet. Tröge mit schwarzem Schlamm stehen bereit, sogar ein großer Spiegel, damit man auch feststellen kann, ob nicht ein Stückchen Haut unbedeckt bleibt. Kleine Becken mit warmem, schwefelhaltigem Wasser sorgen für ausreichend Entspannung. Und schließlich das Tote Meer selbst: Wie ein Korken treibt man auf dem salzhaltigen Wasser. Untertauchen oder auch nur Schwimmbewegungen bereiten einige Mühe. So ist es nicht verwunderlich, daß einige Müßiggänger zur Zeitung greifen und sie in aller Ruhe auf dem Wasser studieren. Auf jeden Fall sollte man jedoch vermeiden, wegen der starken Reizwirkung durch offene Wunden, Augen, Nase und Lippen mit dem Wasser in Berührung zu kommen. Nach dem Baden ist ein Abduschen des öligen, bitter schmeckenden Salzwassers unbedingt empfehlenswert.

Jahr 66 n. Chr. die Sikarier, eine extreme Gruppe der Zeloten, die Bergfeste in ihre Gewalt und konnten sie bis zu Beginn des Jahres 73 halten, obwohl Jerusalem schon längst erobert war. Römische Truppen unter der Leitung von Flavius Silva, dem Provinzstatthalter von Judäa, belagerten Masada mehrere Monate. Als sie feststellten, daß ein Aushungern der Eingeschlossenen wenig Erfolg brachte, legten sie an der Westseite des Berges eine große Rampe an. Eine schnell errichtete Mauer aus Erde und Holz war für die Römer kein Hindernis. Den jüdischen Verteidigern blieb nur die Gefangennahme und Versklavung oder der Freitod. Sie wählten entschlossen das Letztere. Zehn Männer wurden ausgewählt, die alle anderen 950 Bewohner, darunter auch Frauen und Kinder, töteten. Ein Los entschied, wer seine übrigen neun Kameraden umbrachte und anschließend sich selbst. Ihre Habe hatten sie vorher verbrannt, nur die reichlichen Lebensmittelvorräte ließen sie unberührt. Die Römer sollten bei ihrem Einfall sehen, daß sie nicht aus Hunger den Tod wählten, sondern als freie Menschen starben. Nur zwei Frauen mit ihren Kindern flohen vor dem Freitod in eine Zisterne und berichteten später den Römern über den Vorfall.

Lange Zeit war dieser Masada-Mythos ein Symbol des jungen is-

Nordpalast von Masada

raelischen Staates. Die Vereidigung israelischer Rekruten findet auf dem Bergmassiv statt. Bis 1967 enthielt der Eid den Satz »Masada wird nie wieder fallen«. Die 960 Widerständler galten als die letzten Helden des jüdischen Volkes, aber in einen derartigen Selbstmord sollten Juden nie wieder getrieben werden.

Zur Herodes-Festung gelangte man über den oben erwähnten Schlangenpfad bereits im 1. Jh. v. Chr. Ein zweiter Zugang, etwas weniger beschwerlich, war im Westen über einen Bergausläufer, der Masada mit den umliegenden Höhen verbindet, möglich. Trotz der steilen Hänge sicherte Herodes das 600 m lange und bis zu 240 m breite Plateau mit einer Kasemattenmauer, die etwa 30 Beobachtungstürme überragten. Zwei Paläste ließ er erbauen, einen im Norden, der rein privaten Zwecken diente, und einen im Westen als Residenz für offiziellen Besuch und Feierlichkeiten. Für den Fall einer Belagerung sind 15 große **Lagerhallen** im Nordbereich des Plateaus errichtet worden. Sie enthielten verschiedene Lebensmittelvorräte wie Wein, Öl, Getreide, Hülsenfrüchte, aber auch Waffen. Östlich von ihnen schloß ein großes Verwaltungsgebäude an, im Norden eine **Badeanlage** nach dem Vorbild römischer Thermen mit säulenumstandenem Hof für sportliche Übungen, Umkleideraum *(Apodyterium),* sowie Warmluftraum *(Tepidarium),* Heißluftraum *(Caldarium)* und Kaltwasserbecken *(Frigidarium).* Von der ursprünglich reichen Ausschmückung mit Wandfresken, Bodenfliesen und Mosaikböden vermitteln die vorhandenen Reste einen guten Eindruck. Das interessanteste Bauwerk von Masada ist der **Nordpalast.** Über drei Terrassen mit einem Höhenunterschied von insgesamt 34 m ließ Herodes diese einst prachtvolle Villa anlegen. Die obere Terrasse beherbergte die Wohnräume und einen halbrunden Balkon, von dem aus die tieferen Palastebenen, aber auch das weite judäische Land überblickt werden können. Über eine steile Treppe auf der Westseite der Nordspitze geht es an einer Zisterne und einem kleinen Ritualbad *(miqve)* vorbei zur mittleren Terrasse. Zwei parallel konzentrisch verlaufende Mauern sind die Fundamente eines Rundbaus, ursprünglich wahrscheinlich ein Säulenumgang. Die unterste Terrasse, zu weiten Teilen wieder aufgebaut, besteht aus einem quadratischen Säulenhof und einem luxuriösen Privatbad für Herodes. Die gemauerten Säulen tragen eine Stuckummantelung mit Kanneluren, die Wände sind mit Marmorimitationen bemalt. Im griechisch-römischen Raum begegnete man zu jener Zeit häufig dieser Art von Nachahmung teurer und seltener Steinmaterialien.

Auf dem Weg zum Westpalast streift man rechter Hand eine **Synagoge,** die unter Herodes angelegt, aber erst von den Zeloten in ihrer heutigen Form ausgestattet wurde. Schriftenfragmente des 5. Buches Mose (Deuteronomium) und des

Buches Ezechiel kamen unter dem Fußboden eines kleinen Nebenraumes zum Vorschein. Der große **Westpalast** diente als Regierungs- und Empfangsgebäude. Um zwei Höfe gruppierten sich die verschiedenen Räumlichkeiten. Der Wirtschafts- und Lagertrakt nahm den westlichen Teil ein. Die repräsentativen Räume waren mit Mosaikböden ausgestattet, die heute zu den ältesten bekannten des Landes gehören. Über das restliche Plateau verteilen sich einige Wohnbauten, nahe des Westpalastes ein Schwimmbecken, zwölf Zisternen und ein Kolumbarium. In diesem einem Taubenschlag ähnelnden Rundgebäude mit zahlreichen kleinen Wandnischen wurde wahrscheinlich die Asche der nichtjüdischen Bediensteten auf Masada beigesetzt.

Die Zeloten bauten während des jüdischen Aufstandes einige Gebäude auf dem Felsmassiv zu behelfsmäßigen Wohnungen um und nutzten die freien Bereiche landwirtschaftlich. In dem trockenen felsigen Umland zeichnen sich gut die Grundmauern der acht römischen Lager ab, durch die die Zeloten auf ihrer letzten Rückzugsstation bezwungen werden sollten. Die breite Rampe und die Durchbruchstelle an der Westmauer etwas nördlich des Palastes sind beredte Zeugnisse des historischen Ereignisses. Unterhalb der Rampe wird in einem Freilufttheater das dramatische Ereignis vom Jahr 73 n. Chr. durch eine Ton- und Lichtschau in den Abendstunden veranschaulicht.

Betlehem, Mar Saba und Herodeion

Betlehem, die Geburtsstätte von David und Jesus, liegt nur gut 8 km südlich von Jerusalem. Die kleine ruhige Stadt mit etwa 50 000 Einwohnern ist in eine hügelige Landschaft mit Weinbergen und Olivenhainen gebettet. Vom Damaskustor in Jerusalem fahren mehrmals am Tag arabische Busse oder Sammeltaxis nach Betlehem.

Im 14. Jh. v. Chr. wird Betlehem das erste Mal in einem Brief des Abdihipa, des damaligen Stadtfürsten von Jerusalem, an den Pharao Echnaton erwähnt. Echnaton beklagt sich über die Abtrünnigkeit seiner Bewohner und fordert Bogenschützen, um den Ort wieder zurückzugewinnen. Im 11. Jh. wurde David in Betlehem als achter Sohn des Isai geboren und von dem Propheten Samuel als neuer König erkannt und zur Ausbildung an den Hof Sauls gebracht (1. Samuel 16,1). In den nachfolgenden Jahrhunderten schwand die Bedeutung des Ortes zunehmend. Erst die Geburt Jesu erweckte für Betlehem ein historisches und religiöses Interesse, was seine weitere Geschichte maßgeblich beeinflußte. Kaiser Augustus verordnete im Jahr 7 v. Chr. eine Volkszählung an, um für Palästina eine Grundlage für die Besteuerung und deren Eintreibung zu erlangen. Jeder Einwohner war gezwungen, dafür seine Heimatstadt aufzusuchen. So mußte auch Josef mit der hochschwangeren Maria aus Nazareth nach Betlehem gehen. Das Haus der Verwandten und auch die Herberge waren bereits überfüllt, so daß sie mit der zum Haus gehörenden Höhle für Vieh und Vorräte vorlieb nehmen mußten. Obwohl die Geburt Jesu nicht historisch verbürgt ist, erfolgte die Verehrung der Geburtsgrotte schon im 1. Jh. n. Chr. Kaiser Konstantin ließ im Jahr 326 ein erstes Gotteshaus über der Grotte errichten. Nach einem Brand im frühen 6. Jh. baute Kaiser Justinian I. die Basilika in ihrer heutigen Gestalt wieder auf. Unter dem Persereinfall 614 blieb die Geburtskirche in Betlehem als einzige christliche Einrichtung in Palästina verschont. Die Erklärung wurde in dem heute nicht mehr erhaltenen Fassadenmosaik der Basilika gesucht. Die Krieger erkannten in den dargestellten, orientalisch gekleideten Heiligen Drei Königen ihre Vorfahren, die Magier (Sterndeuter) aus Persien. Da die Moslems in der Gestalt Jesu ihren Propheten Isa verehren, akzeptierten sie während der folgenden Jahrhunderte die christliche Verehrung dieser Stätte. Unter den Kreuzfahrern war Betlehem gut behütet, aber unter den Mamelucken verfiel die Kirche zunehmend. Im 18. Jh. kamen Besitzstreitigkeiten der verschiedenen Konfessionen hinzu. Während dieser Zeit wuchs aber auch der Anteil der christlichen Be-

Betlehem

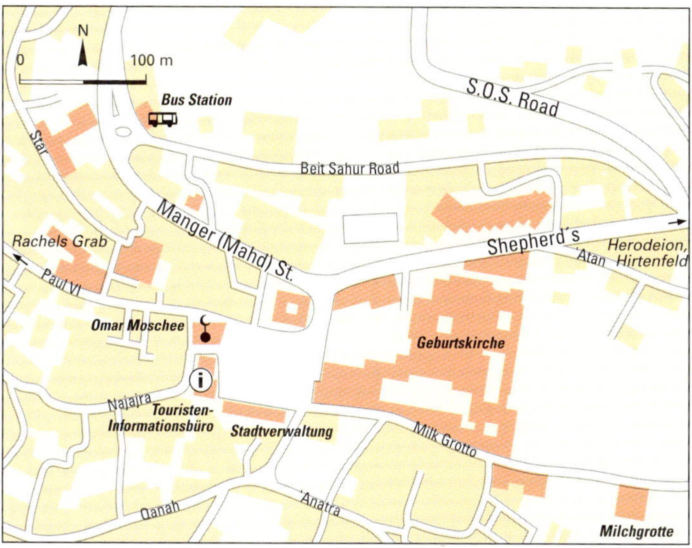

völkerung in Betlehem und damit die wirtschaftliche Bedeutung des Ortes. Seit 1995 steht Betlehem unter palästinensischer Verwaltung. Für das heilige Jahr 2000 sind zahlreiche Veranstaltungen geplant. Betlehem ist mit allen Attraktivitäten dabei, ein eigener Touristenstandort zu werden, dessen Besuch für länger als einen Nachmittag oder Tag lohnt.

Kurz bevor man auf der Straße Jerusalem-Hebron links nach Betlehem abzweigt, erhebt sich rechter Hand **Rachels Grab** (Qever Rachel), ein kleiner weißer Kuppelbau (tägl. 8 Uhr bis Sonnenuntergang, Fr 8–13 Uhr). Rachel, die Ehefrau Jakobs, blieb lange Zeit kinderlos und starb bei der Geburt ihres Sohnes Benjamin auf dem Weg nach Betlehem. Das Grab, dessen architektonischen Ursprünge in das 1. oder 2. Jh. n. Chr. zurückreichen, gehört zu den bedeutendsten jüdischen Heiligtümern. Jüdische und moslemische Frauen suchen das Grab auf, wenn sie keine Kinder bekommen können.

Mitten in Betlehem am Manger Platz ruht seit eineinhalb Jahrtausenden die **Geburtskirche** Jesu (tägl. 5.30–18.30, im Winter bis 17 Uhr). Um ihren Anspruch an dem heiligen Platz zu festigen, haben die Armenier, die Griechisch-Orthodoxen und die Franziskaner ganz nah an der Kirche ihre Klöster errichtet. Unter dem heutigen Hof vor dem Eingang zur Geburtskirche lag das Atrium der ersten, konstantinischen Basilika. Dies war ein fünfschiffiges Gotteshaus, dessen Grundriß Justinian beim Wiederaufbau im Wesentlichen übernahm, nur verlängerte er die Anlage um 2,80 m, verzichtete auf das Atrium und baute statt dessen einen Narthex. Das einst prachtvolle große Hauptportal, von dem noch der Türsturz rechts der Stützmauer erkennbar ist, wurde während der Türkenherrschaft auf eine kleine Pforte von 1,20 m Höhe und 0,79 m Breite reduziert. Diese rahmen drei mächtige Steinquader. Darüber ist der Spitzbogen aus der Kreuzfahrerzeit erkennbar. Die extreme Verkleinerung des Tores erfolgte zur besseren Verteidigung des Gotteshauses und aus Angst vor Plünderung. Es wird auch erzählt, daß die Christen auf diese Weise den Eintritt der Türken hoch zu Roß zu verhindern suchten. Hinter dem Narthex öffnet sich der eindrucksvolle Hauptraum der Basilika, den vier Reihen zu je elf Säulen in fünf Schiffe unterteilen. Die monolithen Säulen aus rötlichem Kalkstein tragen korinthische Kapitelle und sind unter den Kreuzfahrern im Jahr 1130 mit Heiligenbildern bemalt worden. Die Kapitelle waren ursprünglich vergoldet. Die Wände des erhöhten Mittelschiffes sind mit zum geringen Teil noch gut erhaltenen Goldgrundmosaiken verziert worden, die die Ökumenischen Konzilien und Szenen aus dem Leben Jesu zum Thema haben. Am Boden sind unter hölzernen Klappdeckeln Reste des konstantinischen Mosaikfußbodens sichtbar. Chor und Querhaus schließen in Form einer Dreikonchenanlage

Geburtskirche

im Osten an das Hauptschiff an. Konstantin hatte über der Geburtsgrotte ein Oktogon errichtet, das über eine breite Treppe vom Hauptschiff aus zugänglich war. Eine runde Steinbrüstung rahmte damals den Blick in die offene Grotte. Heute führen beidseitig des Chors durch marmorne Spitzbogenportale Treppen zur Höhle hinab, deren Decke zugemauert wurde. Der obere Altarbereich ist durch eine hohe Ikonostase vom Chorraum abgeteilt, die Grotte erstreckt sich längs zum Chor. In einer kleinen Nische an ihrem östlichen Ende steht der Geburtsaltar. In den hellen Marmorboden unter ihm ist ein silberner Stern eingelassen mit der lateinischen Umschrift »Hier wurde von der Jungfrau Maria Jesus Christus geboren«. Über dem Altar sind in der gerundeten Nischendecke Spuren eines feinen Mosaiks mit der Darstellung von Jesu Geburt zu erkennen. Die konstantinische wie auch justinianische Basilika wurde genau achsensymmetrisch über den vom Stern markierten Punkt errichtet. Südlich des Altars führen wenige Stufen zur Krippengrotte hinab. Hier beteten die Heiligen Drei Könige das Christuskind an. Die Geburtsgrotte ist Teil einer großen Höhlenanlage. Im 12. Jh. wurde sie durch einen Gang an ihrem westlichen Ende mit den nördlich anschließenden Höhlen verbunden. Heute versperrt eine meist geschlossene Tür diesen Zugang, aber die Höhlen können über eine Treppe im südlichen Seitenschiff der direkt anschließenden Katharinenkirche erreicht werden. Sie wurden bereits im 7. Jh. v. Chr. als Grabstätten benutzt. Die Treppe führt in die Große Grotte mit der Kapelle des heiligen Josef im Südbereich. Auf der linken Grottenseite finden sich Felsgräber und die Grotte der unschuldigen Kinder. Sie erinnert an den Kindermord von Betlehem auf Veranlassung Herodes des Großen. Er wollte durch diese Tat den angekündigten neugeborenen König aus dem Weg räumen. Rechts führt ein Gang zu den Grotten, die mit dem hl. Hieronymus aus Dalmatien in Verbindung stehen. Er gründete im späten 4. Jh. in Betlehem ein Kloster und fertigte hier die Vulgata, eine lateinische Bibelübersetzung an. Sie wird noch heute von der katholischen Kirche anerkannt. In der ersten Grotte liegen die Gebeine seines Schülers und Nachfolgers Eusebius von Cremona sowie die der heiligen Paula und ihrer Tochter Eustochia. Sie hatten in Betlehem zwei Klöster und ein Pilgerhospiz geleitet. In der dahinterliegenden Grotte steht ein Altar und ein Kenotaph für den heiligen Hieronymus. Seine Gebeine wurden im 13. Jh. nach Rom in die Kirche Santa Maria Maggiore überführt. Ein Gang mündet in einen aus dem Fels geschlagenen rechteckigen Raum, in dem der Kirchenlehrer gearbeitet und gewohnt haben soll.

Die **Katharinenkirche** ist Ende des 19. Jh. von den Franziskanern über den Grundmauern einer kreuzfahrerzeitlichen Klosteranlage er-

Buntes Markttreiben in Betlehem

Hirtenfeld

baut worden (tägl. 5–12, 14–18, im Winter bis 17 Uhr). In ihr findet alljährlich die berühmte Mitternachtsmesse zu Weihnachten statt. Sie wird über das Fernsehen in alle Welt ausgestrahlt.

In einem der Cafés am Manger Platz kann man die Ereignisse von vor 2000 Jahren bei einem köstlichen, frischgepreßten Orangensaft noch einmal Revue passieren lassen. Am westlichen Ende des Platzes erhebt sich die **Omar Moschee.** In dem Gebäude über den Arkaden auf der Südseite befindet sich das Touristeninformationsbüro, in dem man Pläne, aber auch Übernachtungstips für Betlehem bekommen kann. Wer bereits am Morgen in der Stadt ist, sollte den **Obst- und Gemüsemarkt** hinter der Omar Moschee aufsuchen. Hier herrscht noch etwas von der lockeren orientalischen Atmosphäre, die man in Jerusalem vergeblich sucht. Sehenswert ist auch die **Milchgrotte** in einer Seitenstraße südlich des großen Kirchen- und Kloster-Komplexes (tägl. 8–11.45, 14–18, im Winter bis 17 Uhr). Der Weg führt an mehreren Handwerksläden vorbei mit Devotionalien aus Olivenholz und vielen anderen Dingen. Hinter einem Eisengitter erhebt sich rechter Hand

eine kleine, von den Franziskanern im Jahr 1872 errichtete Kapelle. Treppenstufen führen im Inneren zur Grotte hinab. Eine hübsche Plastik zeigt die heilige Familie auf ihrer Flucht nach Ägypten. In dieser Höhle versteckten sich für kurze Zeit Josef mit Maria und Jesus vor den Männern des Herodes, die auf der Suche nach dem Knaben waren. Beim Stillen sollen Maria ein paar Tropfen Milch auf den anstehenden Fels gefallen sein. Diese Legende veranlaßte stillende Frauen über Jahrhunderte, sich ein kleines Stück von dem Fels der Grotte zu brechen, es zu zermahlen und dem Essen beizumischen, in der Hoffnung, daß ihre Brüste so mehr Milch gäben.

Die Besichtigung der Stätten um Betlehem erfolgt am einfachsten mit einem arabischen Taxi. Diese warten am Manger Square auf Kundschaft. Östlich von Betlehem, nahe dem kleinen Ort Bet Sahur, wird das **Hirtenfeld** (Shepherds' Field) lokalisiert. Ein Engel verkündete hier den Hirten an Weihnachten die Geburt Jesu (Lukas 2,8–10). Wo sich dieses Ereignis genau zugetragen haben soll, kann nicht mit Sicherheit bestimmt werden. Die Griechisch-Orthodoxen und die Lateiner gedenken der Verkündigung an zwei verschiedenen Orten, die aber nur wenige hundert Meter auseinanderliegen. Kanisat al-Ru'at, die arabische Bezeichnung des griechisch-orthodoxen Hirtenfeldes, liegt an der Straße zum Herodeion (tägl. 8–12, 14–18, im Winter bis 17.30 Uhr). Diese Stätte markieren byzantinische und mittelalterliche Ruinen und eine Höhle, die bereits im 4. Jh. zu einer Krypta ausgebaut wurde. Spuren von Mosaiken und Wandmalereien sind erhalten. Ein neuer Kirchenbau erhebt sich östlich der Höhle. Das Hirtenfeld der Franziskaner, arabisch Khirbat Siyar al-Ghanim, befindet sich weiter nördlich, jenseits der Straße nach Mar Dosi in einer gefälligen, leicht hügeligen Landschaft (tägl. 8–12, 14–18, im Winter bis 17 Uhr). Die Höhle ist zu einer Kapelle ausgebaut. In ihrem Umfeld sind Ruinen einer Kirche und eines Klosters mit landwirtschaftlichem Betrieb aus der Zeit um 400 ausgegraben worden. Die hübsche Kapelle oberhalb der Höhle errichtete 1953/54 der italienische Architekt Antonio Barluzzi. Mit ihren ausschwingenden Formen gleicht sie einem Hirtenzelt. Sie ist den Verkündigungsengeln geweiht, die in der Kuppel das Gloria singen.

Die rege Klosterkultur dieser Gegend lebt in Deir Dosi und Mar Saba fort. Das **Kloster des heiligen Theodosius** (Deir Dosi) wurde im Jahr 476 gegründet. Heute untersteht die Anlage griechisch-orthodoxen Mönchen. Der Überlieferung nach haben die drei Weisen aus dem Morgenland auf ihrer Rückkehr von Betlehem in die Heimat an diesem Ort in einer Höhle übernachtet (Matthäus 2,12). Die Höhle befindet sich heute innerhalb des Klosterhofes.

◁ Für Frauen tabu: Mar Saba

Im Hof des Herodeions

6 km weiter bettet sich die Klosteranlage **Mar Saba** romantisch in die Hänge einer wilden Bergschlucht des Kidron (tägl. 8–16 Uhr, nur für Männer zugänglich!). Der heilige Saba gründete im Jahr 483 mit einigen Glaubensbrüdern das Kloster. Unübersichtlich türmen sich die verschiedenen Räumlichkeiten am Hang. Der kleine Kuppelbau inmitten des Hofes beherbergt das alte Grab des Saba. Heute werden seine Gebeine in einem Glassarg in der Hauptkirche aufbewahrt, denn die Kreuzfahrer brachten seine sterblichen Überreste im 12. Jh. nach Venedig. Erst 1965 ließ Papst Paul VI. die Gebeine wieder nach Mar Saba zurückführen. Das war ein Zeichen der Versöhnung zwischen den Lateinern und den Griechisch-Orthodoxen. Etwas abseits des Klosters steht

der mächtige Frauenturm. Von ihm hat man einen besonders schönen Blick auf die Anlage mit ihren blauen Kuppeln.

Wenige Kilometer südöstlich von Betlehem erhebt sich eindrucksvoll ein abgeschnittener Bergkegel, das **Herodeion.** Es ist die einzige der neun, von Herodes dem Großen zum Schutz seines Reiches erbauten Trutzburgen, die nach ihm benannt ist. Dieser Ort sollte seine Grabstätte beherbergen, und im Jahr 4 n. Chr. ist er hier nach literarischer Überlieerung mit einem prachtvollen Trauerzug zu Grabe getragen worden. Das Grab ist bis heute nicht entdeckt worden, aber der israelische

Die Wüste von Judäa

Ausgräber Ehud Netzer vermutet es nördlich zu Füßen des Bergkegels im Umfeld der neuen Ausgrabungen im unteren Herodeion.

Eine Straße führt bis auf etwa Zweidrittel der Höhe des Berges, die letzten 200 m muß man zu Fuß erklimmen. Ein mächtiger doppelter Mauerring umschloß damals die abgeflachte Bergkuppe. Ein Rundturm und drei halbrunde Türme verstärkten die Befestigung. Jenseits des äußeren Mauerringes fällt der Hang steil ab. Das Innere der Fluchtburg hat palastartigen Charakter. Die Osthälfte nahm ein Peristylhof ein, dessen äußere Wand eine Halbsäulenstellung aufwies. Die Schmalseiten schmückten Nischen. Im Norden befanden sich die Thermen. Deren Räumlichkeiten sind zum Teil noch sehr gut erhalten. Im Süden, jenseits eines kreuzförmigen Hofes öffnete sich ein großes Triklinium, dessen Decke auf vier Säulen ruhte. Die Wohnräume lagen im Obergeschoß. Die Wasserversorgung wurde durch eine große Zisterne unter dem östlichen Rundturm gewährleistet. Wie Masada (s. S. 183) diente auch Herodeion den Zeloten während des ersten jüdischen Aufstandes als Stützpunkt, den sie aber nach der Eroberung Jerusalems wieder aufgaben. Auf sie gehen einige Umbauten zurück. Das Triklinium wurde zu einer Synagoge umgestaltet und östlich davon ein Ritualbad eingebaut. Bei den Ausgrabungen zu Füßen des Bergkegels kam eine mit Säulenhallen eingefaßte Gartenanlage zum Vorschein, deren südliche Hälfte ein 760 × 45 m großes Wasserbecken einnahm. Sie gehörte zu einem riesigen Palastkomplex mit Brunnenanlagen, einer Prozessionsstraße und eventuell dem Grab für Herodes.

TIPS & ADRESSEN

Alle wichtigen Informationen rund ums Reisen – von Anreise bis Zeitunterschied – auf einen Blick.

Empfehlenswerte Unterkünfte und Restaurants, Hinweise für Unterhaltung und Einkauf.

Ein zusätzlicher Sprachführer und ein Glossar erläutern die wichtigsten Begriffe.

INHALT

Reisevorbereitung

Anreise

Unterwegs in Jerusalem

Unterkunft

Essen & Trinken

Kultur & Unterhaltung

Einkaufen

Reiseinformationen von A bis Z

REISEVORBEREITUNG

Informationsstellen

...im Internet
Staatliche Fremdenverkehrsbüros von Israel:
http://www.infotour.co.il

Stadtverwaltung Jerusalem:
http://www.jerusalem.muni.il

... in Deutschland
Friedrichstraße 95
10117 Berlin
✆ 0 30/2 03 99 70
Fax 0 30/20 39 97 30

Bettinastraße 62
60325 Frankfurt a.M.
✆ 0 69/7 56 19 20
Fax 0 69/75 61 92 22

Stollbergstraße 6
80539 München
✆ 0 89/2 12 38 60
Fax 0 89/21 23 86 30

... in Österreich:
Staatliches Israelisches Verkehrsbüro
Rossauer Lände 41
1090 Wien
✆ 00 43/1/3 10 81 74
Fax 00 43/1/3 10 39 17

... in der Schweiz:
Israelisches Verkehrsbüro
Lintheschergasse 12
8021 Zürich
✆ 00 41/1/2 11 23 44-5
Fax 00 41/1/2 12 20 36

Diplomatische Vertretungen

... in Deutschland:
Botschaft des Staates Israel
Simrockallee 2
53173 Bonn
✆ 02 28/9 34 65 00
Fax 02 28/35 60 93

Generalkonsulat des Staates Israel
Schinkelstraße 10
14193 Berlin
✆ 0 30/8 93 22 03/04/05/06
Fax 0 30/8 92 89 08

... in Österreich:
Botschaft des Staates Israel
Anton-Frank-Gasse 20
1180 Wien
✆ 00 43/1/4 70 47 41
Fax 00 43/1/4 70 47 46

... in der Schweiz:
Botschaft des Staates Israel
Alpenstraße 32
3006 Bern
✆ 00 41/31/3 51 10 42
Fax 00 41/31/3 52 79 16

Generalkonsulat des Staates Israel
Dufourstraße 101
8008 Zürich
✆ 00 41/1/34 27 00

Einreisebestimmungen und Zoll

Zur **Einreise nach Israel** ist der Reisepaß erforderlich, der noch mindestens sechs Monate gültig sein muß.

Alle vor dem 1.1.1928 geborenen deutschen Staatsbürger müssen ein Visum bei der israelischen Vertretung in Deutschland beantragen. Dazu benötigen sie eine Entnazifizierungserklärung, die von der zuständigen Stadtverwaltung ausgestellt wird. Eine schriftliche Einverständniserklärung der Erziehungsberechtigten müssen alleinreisende Jugendliche unter 18 Jahren vorlegen.

Der Aufenthalt in Israel ist auf drei Monate beschränkt. Wer länger im Land verweilen will, z.B. um zu studieren oder zu arbeiten, muß sich ebenfalls um ein Visum beim Israelischen Konsulat bemühen. Verlängerungen der Besuchervisa können allerdings auch im Land bei den Zweigstellen des Innenministeriums beantragt werden (in Jerusalem: Shlomzion Hamalkah Street 1, ✆ 02/29 47 77).

Der Besuch von **palästinensischen Autonomiegebieten**, wie beispielsweise Jericho und Betlehem, unterliegt keinen besonderen Einreisebestimmungen.

Die **Ausreise nach Jordanien** kann für Reisende ohne eigenes Fahrzeug über die nahe gelegene Allenby Bridge (bei Jericho) erfolgen. Wer später noch andere arabische Länder, wie beispielsweise Syrien, Libyen oder die Vereinigten Arabischen Emirate, aufsuchen möchte, sollte sich schon bei der Einreise nach Israel den Stempel nicht in den Reisepaß, sondern auf ein separates Blatt drucken lassen.

Zollfrei bei Ein- und Ausfuhr sind 250 Zigaretten oder 250 g Tabak, 1 Liter Spirituosen und 2 Liter Wein, 250 ml Parfüm sowie 10 Filme und Geschenke im Wert von bis zu 350,- DM. Deklarationspflichtig sind Video-Kameras mit Zubehör, Taucherausrüstungen und andere wertvolle Gegenstände, für die in der Regel eine Kaution beim Zoll hinterlegt werden muß. Stichwaffen und Klappmesser mit einer mehr als 10 cm langen Klinge sowie arabische Druckerzeugnisse, Betäubungsmittel, frische Lebensmittel wie Fleisch und Obst unterliegen dem Einfuhrverbot.

Kleidung

In den warmen Sommermonaten ist neben der leichten Kleidung die Mitnahme von Pullovern oder dünnen Jacken für die kühleren Abende zu empfehlen. Von Dezember bis Februar ist Winterbekleidung nötig und auf jeden Fall ein Regenschutz. Für den Besuch der religiösen Stätten und Viertel ist auf angemessene Kleidung zu achten. Männer müssen beim Besuch jüdischer Heiligtümer einen Hut oder eine Kippa tragen, die Frauen sollten Arme und Knie bedeckt halten und ein Kopftuch für den Besuch islamischer Gotteshäuser, wie dem Felsendom und der Al Aqsa-Moschee, dabeihaben.

Reisezeit

Jerusalem kann eigentlich zu jeder Jahreszeit besucht werden. Die Wintermonate sind gegenüber dem mitteleuropäischen Klima mild, allerdings muß man mit Regen rechnen; zu Schneefall kommt es nur äußerst selten. In den trockenen Sommermonaten ist mit einer durchschnittlichen Temperatur von 28 bis 30º C zu rechnen. Durch die Höhenlage weht aber meist ein angenehmer Wind, der das trockene Klima erträglich macht. Ideal für den Stadtaufenthalt sind die warmen und sonnigen Monate im Frühjahr und Herbst.

Wenn ein Aufenthalt in Jerusalem während der großen religiösen Feste geplant wird, sollte die Hotelbuchung oder die Reservierung einer Schlafstätte in den Pilgerhospizen rechtzeitig erfolgen.

ANREISE

... mit dem Flugzeug

Die kürzeste und erhohlsamste Anreise erfogt auf dem Luftweg. Der Ben Gurion International Airport bei Lod liegt rund 50 km westlich von der Heiligen Stadt, an der Autobahn von Tel Aviv nach Jerusalem. Er wird von zahlreichen internationalen Fluggesellschaften angeflogen. Von Berlin dauert der Flug etwa 4 Stunden.

Die Weiterfahrt kann mit dem Sherut-Taxi oder mit Bussen der Egged-Linien erfolgen, die direkt zwischen Flugplatz und Central Bus Station in Jerusalem von 7 und 19 Uhr im 45-Minuten-Takt verkehren.

Wer mit der staatlichen israelischen Linie El Al fliegt, kann sein Gepäck für die Rückreise bereits einen Tag vorher in deren Büro in Jerusalem abliefern und erspart sich so die lästigen Wartezeiten der Gepäckaufnahme im Flughafen.

El Al Israel Airlines
Hillel Street 12
✆ 02/6 25 43 36

Lufthansa
King George Street 16a
✆ 02/24 49 41

Swissair
HaNeviim Street 31
✆ 02/23 13 73

... mit dem Schiff

Die Anreise mit dem Schiff ist zeitaufwendig und lohnt sich nur im Rahmen einer Kreuzfahrt oder bei einem länger geplanten Aufenthalt in Israel. Von verschiedenen Mittelmeerhäfen, u. a. Venedig, Brindisi und Piräus, wird in 2 1/2 bis 3 1/2 Tagen Haifa angelaufen.

... mit dem Auto

Israel mit dem Auto auf dem Landweg zu erreichen, ist zur Zeit nicht möglich, da Syrien und Libyen die Weiterreise mit einem israelischen Stempel im Reisepaß und im Carnet de Passages für das Auto verweigern.

Die Ein- und Ausreise nach Jordanien (bei Aqaba/Elat oder Jordan River Crossing/Bet She'an) und Ägypten (bei Taba/Elat oder Rafiah-Sadot/Gaza) ist allerdings problemlos möglich.

UNTERWEGS IN JERUSALEM

... mit öffentlichen Verkehrsmitteln

Das innerstädtische Busnetz ist sehr gut ausgebaut. Fahrpläne sind am zentralen Busbahnhof oder in den Touristeninformationen erhältlich. Für jede Fahrt, egal wie lang, zahlt man einen Einheitspreis. Wer viel mit dem Bus unterwegs ist, sollte sich Mehrfahrkarten oder eine Monatskarte zulegen. Während des Sabbat, von Freitagnachmittag bis Samstagabend, ruht der Verkehr.

Eine Stadtrundfahrt durch die Neustadt Jerusalems ohne die üblichen Erklärungen bietet die Buslinie 99 Jerusalem Circular Line (s. S.60).

Alle überregionalen Busse, ob nach Tel Aviv, Haifa oder ans Tote Meer, fahren in relativ kurzen Zeitabständen von der Central Bus Station ab. Abgesehen von einem Auto ist es die schnellste und bequemste, sicher aber die billigste Art, in Israel zu reisen. Der Zugverkehr wurde fast gänzlich durch das gute Bussystem verdrängt.

In Ostjerusalem und in den teilautonomen palästinensischen Gebieten verkehren arabische Buslinien. Ihr zentraler Busbahnhof liegt nahe beim Damaskustor in der Nablus Road.

... mit dem Taxi

Auf angebotene Festpreise für Fahrten innerhalb des Stadtgebietes sollte man sich nicht einlassen, da sie in der Regel höher liegen als der Preis mit Taxameter. Bei Überlandstrecken ist die Verhandlung um einen Festpreis jedoch üblich.

Sherut-Sammeltaxis sind wesentlich billiger. Sie fahren vom zentralen Busbahnhof nach Tel Aviv. Im arabischen Stadtteil befahren die Großtaxis auch festgelegte Routen innerhalb Ostjerusalems. Allerdings fährt es erst los, wenn es voll besetzt ist. Aussteigen ist an jeder beliebigen Stelle auf der Strecke möglich.

Für Ausflüge in die Umgebung ist es mitunter – je nach Programm – sinnvoll, sich ein Taxi für den ganzen Tag zu mieten. Bei der Vermittlung kann die Hotel- bzw. Hospizleitung helfen. Die Route, die Dauer des Ausfluges und der Preis sollten jedoch mit dem Fahrer vor Fahrtbeginn genau abgesprochen werden.

UNTERKUNFT

Jerusalem hat ein großes Angebot an Übernachtungsmöglichkeiten, das von einfachen Unterkünften bis zu legendären Luxushotels reicht. Die meisten Hotels liegen in Fußgängernähe zur Altstadt, einfachere Unterkünfte und die christlichen Pilgerhospize sind über die Altstadt verstreut. Wer nicht gerade um Weihnachten oder zu Ostern nach Jerusalem kommt und ohne Vorausbuchung eine günstige Unterkunft sucht, wird in der Regel in der Altstadt etwas Entsprechendes finden. Ansonsten ist ein bereits zu Hause gebuchtes Pauschalarrangement mit Flug und Unterkunft viel billiger als Hotelbuchung vor Ort. Zu beachten ist, daß bei Bezahlung der Hotelrechnungen in ausländischer Währung die Mehrwertsteuer von 17% entfällt.

Informationen über israelische Hotels und gegebenenfalls Zimmervermittlung bietet die **Tourist Information**, Jaffa Street 17, ✆ 02/6 28 03 82, geöffnet So–Do 8.30–16.30 Uhr, Fr 8.30–12.30 Uhr.

Bei der Suche nach einem Schlafplatz in einem christlichen Hospiz hilft das **Christian Information Center** am Jaffator, ✆ 02/6 27 26 92, Fax 02/6 28 64 17, geöffnet Mo–Sa 8.30–13 Uhr.

Luxushotels

DZ ab 170 $ pro Nacht

American Colony Hotel, Nablus Road, ✆ 02/6 27 97 77, Fax 02/6 27 97 79. Die osmanische Stadtvilla aus dem mittleren 19. Jh. verbindet stilvolles Ambiente mit interessanter Geschichte (s. S.135). In amerikanischem Besitz, unter Schweizer Leitung und mit palästinensischem Personal beherbergt das Hotel vornehmlich Journalisten und Geschäftsleute aus verschiedenen Ländern und bietet eine sehr gute Küche.

Dan Pearl Jerusalem Hotel, Zahal Square, ✆ 02/6 22 66 66, Fax 02/6 22 66 00. 1996 eröffnetes Luxushotel unweit der Altstadt. Mit verschiedenen Restaurants, Cafés, Bars, einer Synagoge, Wäscherei, Gallerien und Geschenke-Shops gleicht es eher einer kleinen Stadt als einem Hotel.

Holiday Inn Crowne Plaza, Givat Ram, ✆ 02/6 58 88 88, Fax 02/6 51 45 55. Nahe des zentralen Busbahnhofs und des Kongreßzentrums gelegener, weithin sichtbarer Hotelturm mit allem Komfort. Empfehlenswert ist sein indisches Restaurant.

Hotel Seven Arches, Mount of Olives, ✆ 02/6 27 75 55, Fax 02/6 27 13 19. Auf dem Ölberg und dadurch etwas abseits gelegen, bietet das Hotel mit den sieben Bögen an der Fassade und einer orientalischen Atmosphäre einen unvergeßlichen Blick auf die Altstadt.

Jerusalem Hilton, King David Street 7, ✆ 02/6 21 11 11, Fax 02/6 21 10 00. Jüngstes in Jerusalem eröffnetes Luxushotel (Januar 1998) mit allen Annehmlichkeiten wie im Winter beheizten Außenpool, Tennisplatz, Dampfbad und Sauna, nahe der Altstadt und mit guter Aussicht auf diese gelegen.

King David Hotel, King David Street 23, ✆ 02/6 20 88 88, Fax 02/ 6 20 88 82. Legendäres, geschichtsträchtiges Haus, in dem sich die Politiker und Reichen einquartieren. Es ist das renommierteste, aber auch teuerste Hotel der Stadt mit einem einzigartigen Blick auf die Altstadt. Wer hier nicht absteigt, sollte wenigstens auf der Terrasse einen Kaffee oder in der schummrigen Holzbar einen Gin-Tonic trinken.

Hotels zweiter Kategorie

DZ ab 90 $ pro Nacht

Holyland Hotel, Bayit Vagan, ✆ 02/ 6 43 77 77, Fax 02/6 43 77 44. Ganz im Westen der Stadt, nicht weit vom Herzl-Berg gelegen, besticht das Hotel hauptsächlich durch das fantastische, großformatige Modell des antiken Jerusalem in seinem Garten (s. S. 162).

Hotel Palatin, Agrippas Street 4, ✆ 02/6 23 11 41, Fax 02/6 25 93 23. Ein Familienhotel mitten in Westjerusalem. Die Kunstliebhaberei des Eigentümers macht sich im ganzen Haus angenehm bemerkbar. Sehr gut ist das üppige Frühstücksbüffet.

Jerusalem Tower, Hillel Street 3, ✆ 02/6 20 92 09, Fax 02/6 25 21 67. Einfaches Mittelklassehotel in unmittelbarer Nähe zur Fußgängerzone Ben Yehuda in Jerusalems Neustadt und nur wenige Gehminuten von der Altstadt entfernt. Gutes reichhaltiges Frühstücksbüffet.

King Solomon Hotel, King David Street 32, ✆ 02/5 69 55 55, Fax 02/ 6 24 17 74. Angenehmes Mittelklassehotel mit gutem koscherem Restaurant. Vom Pool hat man einen hervorragenden Blick über die judäischen Berge.

Mitzpeh Ramat Rachel, Talpiot district, im Süden von Jerusalem, ✆ 02/6 70 25 55, Fax 02/6 73 31 55. Das komfortable Gästehaus des Kibbuz Ramat Rachel bietet alle Annehmlichkeiten eines erstklassigen Hotels. Zudem wird dem Gast durch Führungen und ein kleines Museum die Gemeinschaftsidee der Kibbuzim nahegebracht.

Mount Zion, Hebron Road 17, ✆ 02/6 72 42 22, Fax 02/6 73 14 25. Ehemals eine Augenklinik, seit den 80er Jahren ein gutes Hotel in orientalischem Ambiente mit Blick auf den Zionsberg und die Mauern der Altstadt.

Pilgrims Palace Hotel, Sultan Suleiman Street, nahe Damaskustor, ✆ 02/6 27 21 35, Fax 02/6 26 46 58. Zentral im Ostjerusalemer Stadtbereich gelegen, bietet das Hotel neben komfortablen Zimmern gute mittelöstliche Küche in seinem hauseigenen Restaurant und einen kleinen Laden mit kunsthandwerklichen lokalen Produkten.

Windmill Hotel, Mendele Street 3, ✆ 02/5 66 31 11, Fax 02/5 61 09 64. In zentraler, doch ruhiger Lage nahe beim Liberty Bell Garden. Das Hotel beruft sich auf seine traditionell religiöse Atmosphäre und ist mit dem Angebot des Babysitting familienfreundlich ausgerichtet.

YMCA Three Arches Hotel, King David Street 26, ✆ 02/ 6 25 71 11, Fax 02/6 23 51 92. In den 30er Jahren des 20. Jh. von dem Amerikaner Arthur L. Harmon (Architekt des Empire State Building) als Unterkunft für christliche junge Männer entworfen, ist der

Bau mit dem 50 m hohen Turm heute ein ruhiges, schön gelegenes Hotel mit kleinen hübschen Zimmern. Neben einem Restaurant, das auch am Sabbat gute Küche serviert, finden hier arabische und jüdische Folkloreveranstaltungen statt.

Hotels dritter Kategorie

DZ ab 50 $ pro Nacht

Capitolina Hotel, YMCA East, Nablus Road 29, ✆ 02/6 27 79 64, Fax 02/6 27 63 01. Vom YMCA Jerusalem angemietetes kleines Hotel mit einfachen und sauberen Zimmern. Die Sporteinrichtungen der benachbarten YMCA wie Schwimmbad und Squash-Center können von den Hotelgästen problemlos genutzt werden.
Gloria Hotel, Latin Patriarchate Str. 33, ✆ 02/6 28 24 31, Fax 02/6 28 24 01. Sehr zentral, direkt am Jaffator in der Altstadt gelegenes, einfaches Hotel.
Jerusalem Hotel, Nablus Road, ✆ und Fax 02/6 28 32 82. Ein Haus aus dem 19. Jh. mit arabischem Flair, in dem mehrmals in der Woche Unterhaltungsprogramm geboten wird. Durch die Nähe zum arabischen Busbahnhof ist es leider nicht sehr ruhig gelegen.
Mount Scopus Hotel, Mount Scopus, ✆ 02/5 82 88 91, Fax 02/5 82 88 25. Gut geführtes, komfortables Hotel, dessen Zimmer jeweils ein eigenes Bad haben. Für die etwas abseitige Lage belohnt der Blick über Jerusalem aus den nach Süden gerichteten Zimmern.
Pilgrims Inn Hotel, Rashid Street, ✆ 02/6 28 48 83, Fax 02/6 26 46 58. In Ostjerusalem nahe beim Herodestor gelegenes gemütliches Hotel im 50er Jahre-Stil eingerichtet mit familiärer Atmosphäre.
Ron Hotel, Jaffa Street 44, ✆ 02/6 22 31 22, Fax 02/6 25 07 07. Kleines einfaches, aber gemütliches Hotel in einem alten Gebäude aus den 20er Jahren, direkt am Zion Square gelegen.

Jugendherbergen

Beit Bernstein, Keren Hayesod Street 1, ✆ 02/6 25 82 86, Fax 02/6 24 58 75. Zentral gelegene und viel besuchte saubere Jugendherberge, deren Tore allerdings von 9-15 Uhr geschlossen sind.
Ein Karem, HaMa'ayan Street, ✆ 02/6 41 62 82. In En Kerem am Rande der Stadt gelegen. Für alle, die abseits des städtischen Trubels die Natur um Jerusalem genießen wollen.
Jerusalem Forest, Mount Herzl, ✆ 02/6 41 00 60, Fax 02/6 41 35 22. Sehr schöne, am Westhang des Herzlberges gelegene Jugendherberge mit umfangreichen Sportanlagen und Blick über die judäischen Berge. Die etwa 10 km entfernte Altstadt ist allerdings nur mit dem Bus zu erreichen.
Jerusalem Inn, HaHistadrut Street 6, ✆ 02/6 25 27 57, Fax 02/6 25 12 97. Gästehaus mit kleinen, aber sehr sauberen Ein- und Zweibetträumen sowie einem Schlafsaal für junge Menschen unter 28 Jahren. Lifemusik wird jeden Donnerstagabend geboten.
Old City, Ararat Street 2, ✆ und Fax 02/6 28 86 11. Günstig gelegene Jugendherberge im Jüdischen Viertel

der Altstadt mit sehr lockerer, netter Atmosphäre.

Christliche Hospize

Casa Nova, Custodia di Terra Santa, Casa Nova Road 10, ✆ 02/6 27 14 41, Fax 02/6 26 43 70. In sehr ruhiger Lage nahe beim Neuen Tor im Christlichen Viertel. Das Gästehaus der Franziskaner bietet gediegene und erholsame Atmosphäre inmitten der Altstadt.

Christ Church Guest House, Jaffa Gate, gegenüber der Zitadelle, ✆ 02/6 27 77 27, Fax 02/6 27 77 30. Sehr gepflegtes Gästehaus mit Ein- bis Vierbett-Zimmern und einem geschmackvollen Speiseraum in absolut zentraler Lage.

Ecce Homo Convent, Via Dolorosa 41, ✆ 02/6 27 72 92, Fax 02/6 28 22 24. In freundlichen kleinen Zimmern werden alleinreisende Frauen und Mädchen von den Schwestern des Konvents beherbergt.

Evangelisch Lutherisches Hospiz, St. Mark's Road 7, ✆ 02/6 28 51 05, Fax 02/6 28 51 07. Mitten in der Altstadt liegt dieses ruhige Gästehaus des Propstes. Neben schönen Doppelzimmern, sind in den Kellergewölben die großen Schlafsäle der Jugendherberge mit eigener Küche untergebracht. Unvergleichlich ist der blühende Garten mit Blick über die Dächer der Altstadt.

Notre Dame of Jerusalem Center, Paratroopers Street, auf Höhe des Neuen Tores der Altstadtmauer, ✆ 02/6 27 91 11, Fax 02/6 27 19 95. Eigentümer des monumentalen Gebäudes mit der Marienstatue auf dem Dach ist der Vatikan. In den 70er Jahren ließ er das Gästehaus aufwendig renovieren. Heute ist es eine noble Unterkunft für Pilgerreisende mit einem sehr guten Restaurant.

Österreichisches Hospiz, Via Dolorosa 37, Tel. 02/6 27 46 36, Fax 02/6 27 14 72. Sehr angenehme Atmosphäre, selbst in den Schlafsälen, mit gutem Frühstücksbüffet. Das Hospiz beherbergt ein Café, in dem man – zur Abwechslung mal was ganz anderes – leckeren warmen österreichischen Apfelstrudel und Schümli bekommt. Vom Hospiz aus werden Ausflüge und Wandertouren angeboten.

Bed & Breakfast

Privatunterkünfte für Singles, Paare oder kleine Gruppen vermittelt der **Bed & Breakfast Service »Good Morning Israel«,** im Haupteingang vom internationalen Kongreßzentrum (Binjanei Ha'Umah) gelegen , ✆ 02/6 51 12 70, Fax 02/6 51 12 72 (So–Do 9–17 Uhr, Fr 9–13.30 Uhr; Nachtdienst ✆ 02/ 6 51 12 71).

Die Preise reichen pro Person und pro Nacht inclusive Frühstück von 18,50 $ bis 32 $.

Camping

Der **Kibbuz Ramat Rachel**, im Südosten Jerusalems gelegen, bietet die Möglichkeit zu campen. Durch die regelmäßige Busverbindung ist der Weg ins Stadtzentrum nicht weit. ✆ 02/6 70 25 55, Fax 02/6 73 31 55.

Unterkunft in Betlehem

Bethlehem, Manger Street, ✆ 02/6 47 07 02, Fax 02/6 47 07 06. Neues Luxushotel mit eigenem Terrassenrestaurant, Cafébar und Konferenzräumen.

Alexander, Manger Street, ✆ 02/6 47 07 80, Fax 02/6 47 07 82. Hotel mit Luxussuiten, aber auch mit günstigeren Appartements mit eigener Küche.

St. Antonio, Hayelsake Street, ✆ 02/6 47 05 24. Kleines nettes Hotel, das hauptsächlich katholische Pilger beherbergt. Mit eigener Kapelle, mittlere Preise.

Al Andalus Guesthouse, Manger Square, ✆ 02/74 13 48, Fax 02/74 22 80. Sehr saubere und zentral gelegene Pension mit angemessenen Preisen.

Casa Nova Franciscan Guesthouse for Pilgrims, Manger Square, ✆ 02/74 39 80, Fax 02/74 35 40. Sehr beliebtes Pilgerhospiz mit günstigen Preisen direkt in Nachbarschaft zur Geburtskirche gelegen.

Unterkunft in Jericho

Jericho New Pension, Jerusalem Road, ✆ 02/9 92 22 15. Nette Pension mit hübschem Garten und komfortablen Räumen. Rucksacktouristen und Studenten können eine Preisermäßigung aushandeln.

Hisham Palace, 'Ein es-Sultan, ✆ 02/9 92 21 56. Hotel mit Ein-, Zwei- und Dreibettzimmern, von denen nur einige ein eigenes Bad haben.

Unterkunft am Toten Meer

'En Gedi Guesthouse/Resort Hotel, Kibbutz 'En Gedi. Nicht weit von der Kuranlage 'En Gedi Spa gelegen. ✆ 07/6 59 42 22, Fax 07/6 58 43 28. Luxuriöses, nett gelegenes Gästehaus des Kibbutz mit verschiedenen Sportanlagen und Restaurant.

Beit Sarah Youth Hostel, 'En Gedi, an der Straße 90 von Jerusalem nach Masada, oberhalb des Haupteingangs zum Naturschutzgebiet (Nahal 'Arugot Nature Reserve). ✆ 07/6 58 41 65, Fax 07/6 58 44 45. Saubere, aber nicht ganz billige Jugendherberge mit 8-Bett-Zimmern und Familienräumen.

'En Gedi Field School, etwa 700 m oberhalb des 'En Gedi Youth Hostel gelegen. ✆ 07/6 58 42 88, Fax 07/6 58 42 57. Zweibettzimmer oder Schlafräume mit 5-6 Betten. Ein kleines Ausstellungszentrum über die Pflanzen- und Tierwelt des Naturschutzgebietes ist angeschlossen.

'En Gedi Camping Village, neben 'En Gedi Beach, gegenüber vom Eingang zum Naturschutzgebiet gelegen. Neben der Möglichkeit, hier sein Zelt aufzuschlagen, werden auch Wohnwagen vermietet. Es gibt einen Minimarkt und ein Restaurant.

Masada Youth Hostel/Isaac H. Taylor Hostel, am Fuß der Burgfeste Masada gelegen. ✆ 07/6 58 43 49, Fax 07/6 58 46 50. Saubere Jugendherberge mit Zweibett-, Familien- und 8-Bett-Zimmern. Idealer Ausgangspunkt, um Masada noch im Dunkeln zu besteigen und den Sonnenaufgang zu erleben.

ESSEN & TRINKEN

Die Küchen des Landes

Eine landestypische israelische Küche gibt es nicht, vielmehr spiegelt sich in der Vielzahl von Gerichten die unterschiedliche Herkunft seiner Bewohner wider. Die jüdischen Einwanderer brachten ihre Spezialitäten aus Ost- und Südeuropa, aus Asien und Afrika mit in die neue Heimat, in der sie bereits eine ausgeprägte arabisch-orientalische Küche vorfanden. So locken die Restaurants in Jerusalem mit italienischer, französischer, marokkanischer, mexikanischer, jeminitischer oder auch armenischer Küche. Arabische Speisen werden Sie an fast jeder Ecke finden.

Viele **jüdische** Restaurants legen auf den Begriff »koscher« großen Wert. »Koscher« bedeutet rituell rein, d. h. nach den religiösen Vorschriften rein. Welche Tiere gegessen werden dürfen, steht im Alten Testament (5. Mose 14,3-21). Sie müssen Paarhufer und Widerkäuer sein. Darunter fallen Rind, Schaf, Ziege, Hisch, Reh und Gemse. Nichtkoscher sind Kamel, Hase oder Schwein. Von den Tieren, die im Wasser leben, darf nur verzehrt werden, was Flossen und Schuppen hat. Aale, Langusten, Muscheln und Tintenfische sind verboten. Zu den reinen Vögeln gehören beispielsweise Huhn, Ente, Gans und Truthahn. Raubvögel sind dagegen vom Verzehr ausgeschlossen. Die Tiere müssen durch einen Fachmann mit dem Messer geschächtet werden, damit ihr Blut vollkommen auslaufen kann. Blut gilt als nichtkoscher. Fleischprodukte dürfen auf keinen Fall mit Milch zubereitet werden oder auch nur in Berührung kommen. Frühestens fünf Stunden nach dem Verzehr des Fleichgerichts ist es erlaubt, Milchspeisen zu sich zu nehmen. Das heißt aber auch, daß ein Stück Käse als letzter Gang oder eine Tasse Kaffee mit Sahne zum Ausklang des Menüs nicht erlaubt sind. Mindestens zwei Geschirrspülmaschinen oder besser zwei Küchen sind nötig, um eine wirklich koschere Zubereitung des Essens zu gewährleisten. Viele Restaurants in Jerusalem bieten neben koscheren Gerichten, die auf der Speisekarte mit einem ›k‹ gekennzeichnet sind, auch unkoschere an. Stenggläubige Juden würden ein derartiges Restaurant nie betreten. Rein koschere Restaurants sind außen mit einem Koschheitszertifikat des zuständigen Rabbinats gekennzeichnet. Alle jüdischen Restaurants haben während des Sabbat, d. h. von Freitagabend bis Samstagabend, geschlossen. Die typische osteuropäische, jüdische Küche mit Gefilte Fisch, Blintzen (Pfannkuchen), Zimmes (gekochtes Gemüse mit Graupen und Gänseschmalz) und Holischkes (Krautwickel) findet man in Restaurants nur noch sehr selten. Um sie wirklich kennenzulernen, sollte man sich für den Sabbat von einer jüdischen Familie zum Essen einladen lassen.

Die **arabische** Küche zeichnet sich durch die Vielzahl ihrer Vorspeisen (mezze) aus. Auf kleinen Tellern werden Humus (Kichererbsenpaste), Tahina (Sesamkernpaste), Labaneh (Joghurt), Harissa (Würzpaste aus Paprikaschoten und verschiedenen Gewürzen), Sambusak (mit Käse gefüllte Hörnchen) und vieles mehr serviert. Beliebte Hauptgerichte sind Shawarma (Lammfleisch am Drehspieß), Falafel (in Öl gebackene Bällchen aus Kirchererbsenbrei), Mussachan (Backhähnchen), Mansaf (in Joghurt gekochtes Hammelfleisch mit Reis), Kabab (Hackfleischbällchen) und Shishlik (Hammelstücke auf Spießen). Alle Gerichte sind gut gewürzt, und es wird immer Fladenbrot und Wasser dazu gereicht.

Getränke

An jedem Kiosk und jeder Imbißbude erhält man eine Vielzahl von Softdrinks und Mineralwasser, aber auch frisch gepreßte Obst- und Gemüsesäfte aus Orangen, Grapefruits oder Möhren zu günstigen Preisen. Die Trinkwasserspender an öffentlichen Plätzen, wie beispielsweise vor der Klagemauer, können problemlos genutzt werden. Sehr angenehm bei großer Hitze ist auch der Genuß von einem Glas heißen Tee mit frischer Minze, der vorwiegend bei den Arabern serviert wird. Kaffee erhält man in allen Variationen von Wiener Melange bis zum Espresso, aber in den einfachen Cafés oder bei den Imbißständen wird meistens nur Nes (heißes Wasser mit einem Tütchen löslichen Kaffeepulvers) angeboten. Besonders gut und sogar erfrischend nach dem Essen schmeckt der arabische Kaffee, eine Art Mokka mit Cardamon gewürzt.

Die israelischen Biere Maccabee und Goldstar sind leicht und löschen frisch gezapft am Abend hervorragend den Durst. In Kneipen und Bars werden in der Regel Erdnüsse und Pistazien dazu gereicht. Vor wenigen Jahren ist auch das erste original arabische Bier nach deutschem Reinheitsgebot in Israel auf den Markt gekommen, das »Taybeh Beer«. Es ist nach einem palästinensischen Ort nördlich von Jerusalem benannt. Seinem Namen »Taybeh«, was soviel wie »lecker« bedeutet, wird dieses aus bayrischem Hopfen, belgischer Gerste und amerikanischer Hefe hergestellte Bier auf jeden Fall gerecht. Leider ist es nicht überall zu bekommen.

Israelische Weine, vom Carmel oder von den Mönchen des Trappistenklosters Latrun hergestellt, eignen sich sehr gut zum Essen. Und Arak, ein dreifach gebrannter palästinensischer Anisschnaps, bringt manche durch das ungewohnt stark gewürzte Essen hervorgerufene Magenverstimmung wieder in Ordnung.

Restaurants

... in Westjerusalem

Mishkenot Sha'ananim, Yemin Moshe, hinter der Montefiore-Windmühle, ✆ 02/25 10 42. Erlesene französische Küche mit orientalischem Beiwerk in gediegener Atmosphäre mit Blick auf die Altstadtmauern, gehobene Preise.

Ocean, Rivlin Street 7, ✆ 02/6 24 75 01. Sehr gutes Fischrestaurant, gehobene Preise.

El Marrakesh, King David Street 4, ✆ 02/6 25 75 77. Marokkanisch-französische Küche in arabischem Am-

biente mit Musik- und Bauchtanzaufführungen, gehobene Preise.
Notre Dame, Shivtei Yisrael Street 8, im Gebäudekomplex des Hospiz' Notre Dame. Sehr gutes Restaurant mit französischer Küche, dessen Preise angemessen und nicht zu hoch sind.
Fink's, HaHistadrut Street 2, nahe der Ben-Yehuda-Fußgängerzone, ✆ 02/ 6 23 45 23. Das traditionsreiche Stammlokal vieler Journalisten bietet gute osteuropäische Küche wie Goulasch und Tafelspitz, mittlere Preise.
Heimisches Essen, Keren Kayemet Street 19. Traditionell jiddisches und koscheres Restaurant mit osteuropäischer Küche, mittlere Preise.
Little Italy, Keren Hayesod Street 38. Sehr gutes vegetarisches Restaurant mit italienischer Küche, mittlere Preise.
Pipo, Yoel Solomon 16, nahe Jaffa Road. Argentinisches Restaurant mit Unmengen an Fleischgerichten und köstlichen Süßspeisen, mittlere Preise.
Blues Brothers Steak House, Lunz Street 3, in der Fußgängerzone der Neustadt. Köstliche Steaks mit pikanten Soßen und Salaten in einer freundlich-rustikalen Atmosphäre, mittlere Preise.
Terassencafé des YMCA, King David Street 26. In netter luftiger Atmosphäre gibt es kleine Gerichte zu annehmbaren Preisen. Geräucherter Lachs auf Toast ist sehr zu empfehlen.
Village Green, Ben Yehuda 10. Vegetarisches Restaurant im Herzen der Neustadt.

... in Ostjerusalem

Arabesque, Louis Vincent Street 1, nahe Nablus Road, im American Colony Hotel. ✆ 02/6 27 97 78. Hervorragende Küche (unter Schweizer Leitung) in orientalischer Atmosphäre, gehobene Preise.
Philadelphia, Al-Zahra Street 9, ✆ 02/6 28 97 70. Arabische und mittelöstliche Küche in gediegenem orientalischem Ambiente, mittlere Preise.
Askadinya, Shimon Hatzadik Street 11, ✆ 02/5 32 48 01. Gute Mischung aus westlicher, französischer und italienischer Küche und orientalischer Gastfreundschaft, mittlere Preise. Jeden Samstagabend klassische Livemusik.
Al-Quds Al-Arabi, Sultan Suleiman Street 23. Preiswerter Imbiß mit guter arabischer Küche, vor allem gebratene Hähnchen und Shawarma.
Cafe Europe, Al-Zahra Street 9. Pommes frites, Hamburger, Cheeseburger und gute Milchshakes, wenn einem mal nach amerikanischem Fastfood in nettem sommerlichem Ambiente ist.

... in der Altstadt

Cardo Culinaria, im Cardo, Jüdisches Viertel. ✆ 02/5 89 41 55. Speisen und römisches Ambiente wie vor 2000 Jahren unter Herodes dem Großen, d. h. hier wird nicht nur Gaumenfreude geboten, gehobene Preisklasse.
Armenian Tavern, Armenian Orthodox Patriarchate Road 79, ✆ 02/ 27 38 54. Gemütliches armenisches Kellerrestaurant, das jeden Freitag ein

spezielles Menü anbietet. Zum Abschluß sollte man statt des Mokkas den köstlichen armenischen Brandy probieren, mittlere Preise.

Abu Shanab, Latin Patriarchate Street 35, Nähe Jaffator. Gute Pizzeria mit akzeptablen Preisen. Es werden auch alkoholische Getränke ausgeschenkt.

Abu Shukri, Al Wad Street 63. Gute Humusgerichte zu niedrigen Preisen bietet dieses kleine arabische Restaurant unweit des Damaskustores.

Rotiseree Chicken, Suq Khan Es-Zeit. Leckere Hähnchen zu annehmbaren Preisen mit Salat, Pitabrot und köstlichen Soßen.

Green Door Pizza Bakery Abu Ali, Sheikh Rihan Street, nahe dem Damaskustor. Winzige Pizzereria im Arabischen Viertel der Altstadt. Hier werden die kleinen Pizzen direkt vor den Augen der Kundschaft zubereitet und in den Ofen geschoben. Da kaum Touristen, sehr günstig und lecker.

Ja'far Sweets, Suq Khan es-Zeit, im Arabischen Viertel. Auf großen Tabletts locken hinter dem großen Schaufenster die süßen und salzigen Leckereien wie *Nammura* (Blätterteig mit Cremefüllung) oder *Kanafeh* (weißer Käse mit Gries, Honig und Pistazien) zum Mitnehmen oder vor Ort Essen.

Tabasco Tea Rooms, Aqabat Tekieh Street 8, Seitenstraße zum Suq Khan Es-Zeit. Höhlenartiger Raum, zur gleichnamigen Herberge gehörig. Günstige, aber öltriefende Gerichte, am Abend treffen sich hier die Biertrinker.

Cafés

Beit Anna Ticho, Harav Kook Street 9. Gemütliche Atmosphäre und Blick ins Grüne zeichnen das ruhige Museumscafé aus.

Cacao, Hebron Road, Café in der Cinémathèque. Beliebter Treffpunkt für junge Leute mit akzeptablen Preisen, leckere Salate und Milchshakes.

Café Chagall, Ben Yehuda Street 5. Erfrischende Getränke, gute Eisbecher und Torten laden mitten in der Fußgängerzone zum Verweilen und Schauen ein.

Café im Österreichischen Hospiz, Via Dolorosa 37. Warmer Apfelstrudel, Sachertorte sowie Schümli oder ein Brauner laden in fast heimatlicher Caféatmosphäre zum Aufatmen in der Stadt der Religionen und Kulturen ein.

King's Garden, King David Street 23, Terrassencafé des King David Hotel. Herrlicher Blick in Richtung Altstadt, leckere Torten und Eisbecher sowie die Möglichkeit, skurrile Reiche beim Nachmittagstee zu beobachten.

The Netcafé, Helene Hamalka Street, Russian Compound. Kuchen und Kaffee gibt es beim Surfen oder e-mailen im zentral gelegenen Internetcafé.

Strudel Internet Café & Wine Bar, Monbaz Street 11, Russian Compound. E-mail: strudel@inter.net.il. Kaffee und leichte Gerichte, während man auf eine Nachricht wartet oder im Internet surft.

KULTUR & UNTERHALTUNG

Museen und Ausgrabungsstätten

... in Jerusalem

Altstadtmauer, Aufgang am Jaffa- und am Damaskustor. Täglich 9–16, Fr und an Feiertagen 9–14 Uhr.
Anna Ticho-Haus, Harav-Kook Street. So–Do 10–17 (am Di–22 Uhr), Fr und vor Feiertagen 10–14 Uhr.
Archäologisches Museum Wohl/ Herodianisches Viertel, Hakara'im Street, im Jüdischen Viertel der Altstadt. So–Do 9–17, Fr und vor Feiertagen 9–13 Uhr.
Archäologisches Museum im Franziskanerkonvent, Via Dolorosa, 2. Station. Täglich außer So 9–11.30 Uhr.
Armenisches Museum für Kunst und Geschichte, Armenian Orthodoxe Patriarchate Road. Mo–Sa 9.30–17 Uhr.
Bible Lands Museum, Givat Ram, gegenüber vom Israelmuseum. So–Do 9.30–17.30 (am Mi bis 21.30 Uhr), Fr und vor Feiertagen 9.30–14, Sa und an Feiertagen 11–15 Uhr.
Burnt House/Verbranntes Haus, Tiferet Israel Street 13. So–Do 9–17, Fr und vor Feiertagen 9–13 Uhr.
Chagall-Fenster, En Kerem, Hadassah Medical Center. So–Do 8–13.15, 14–15.45, Fr und vor Feiertagen 8–12.45 Uhr.
Gihonquelle, Kidrontal. So–Do 8.30–15, Fr 8.30–13 Uhr.
Gräber der Propheten, Ölberg. So bis Fr 9–15 Uhr.
Herzl-Museum und Park, Herzl Boulevard, auf dem Herzlberg. So–Do 9–18.30 (im Winter bis 16.45 Uhr), Fr und vor Feiertagen 9–13 Uhr; der Park ist auch Sa geöffnet.
Holocaust Memorial Hall, bei der Klagemauer. So–Do 11–18 Uhr.
Islamisches Museum, Auf dem Tempelberg. Täglich außer Fr 8–12, 13.30–15 Uhr.
Israel-Museum und Schrein des Buches, Givat Ram. So, Mo, Mi, Do 10–17, Di 16–22 (Schrein des Buches 10–22 Uhr), Fr und vor Feiertagen 10–14, Sa und an Feiertagen 10–16 Uhr.
Knesset – Israelisches Parlament, Führungen am So und Do 8.30–14.30 Uhr (für den Besuch ist der Reisepaß erforderlich).
Königsgräber, Salah ed-Din Street. Mo–Sa 8–12, 14–17 Uhr.
Lithostrotos, Via Dolorosa. Mo–Sa 8.30–12.30, 14–17, im Winter bis 16.30 Uhr.
Mardigian Museum (Museum für armenische Kunst und Geschichte), Armenias Orthodox Patriarchat Road. Täglich außer So 10–17 Uhr.
Modell des antiken Jerusalem, Bayit Vegan, im Garten des Holyland Hotel. Täglich 8–22 Uhr.
Museum des griechisch-orthodoxen Patriarchats, Greek Orthodoxe Patriarchate Road. Täglich außer So 10–13, 14–16 Uhr.
Museum für Islamische Kunst, Hapalmach Street 2. So, Mo, Mi, Do 10–17, Di 16–20, Fr, Sa und an Feiertagen 10–14 Uhr.
Old Yishuv Court Museum, Or Hahayim Street 6, im Jüdischen Viertel der Altstadt. So–Do 10–16, Fr 10–13 Uhr.

Ophel, Archäologischer Garten am Tempelberg, Eingang beim Misttor. So–Do 9–16, Fr und vor Feiertagen 9–14 Uhr.
Ophel, kleines archäologisches Museum am Warren-Schacht, nahe der Gihonquelle im Kidrontal. So–Do 9–17, Fr 10–13 Uhr.
Rockefeller-Museum, Ecke Suleiman und Jericho Roads. So–Do 10–17, Fr und vor Feiertagen 10–14 Uhr.
Sanhedringräber, Shmuel HaNavi Street. Täglich von 8 Uhr bis Sonnenuntergang.
Steinbrüche Salomos, Suleiman Road, zwischen Damaskus- und Herodestor. Täglich 9–16, Fr 9–14 Uhr.
Supreme Court – Oberster Gerichtshof, So–Do 8.30–14.30 Uhr, Führungen in Englisch jeden So und Mi um 12 Uhr.
Tourgeman Post Museum, Chail Hahandasa Street 1. So–Do 9–17, Fr und vor Feiertagen 9–13 Uhr.
Windmühle, Montefiore-Museum, Ramban Street. So–Do 9–16, Freitag 9–13 Uhr.
Yad Vashem Holocaust Memorial, Hazikkaron Street, Mount Herzl. So–Do 9–16.45, Fr und vor Feiertagen 9–13 Uhr.
Zedekiahs Höhle/Steinbrüche des Salomon. Der Zugang zu der Höhle befindet sich außerhalb der nördlichen Altstadtmauer zwischen Damaskus- und Herodestor. So–Do 9–16, Fr und vor Feiertagen 9–14 Uhr.
Zitadelle, Museum für Stadtgeschichte, Jaffator. Täglich 9–17, Fr, Sa und an Feiertagen 9–14 (im Winter täglich 10–16 bzw. 14 Uhr).

... in der Umgebung

Herodeion, täglich von 8–17 Uhr.
Jericho, Khirbet el-Mafjir (Hischampalast), täglich 8–17 Uhr.
Jericho, Tel Yeriho, täglich 7.30–19 Uhr (im Winter bis 17 Uhr).
Ma'ala Adummin, byzantinische Klosteranlage, So–Do 8–16, Fr 8–13 Uhr.
Masada, täglich von Sonnenaufgang bis 17 Uhr, außer Yom Kippur.
Qumran, täglich von 8–17 Uhr.

Religiöse Stätten

... in Jerusalem

Abendmahlssaal/Coenaculum, Mount Zion. Täglich 8–17, Fr 8–13 Uhr.
Betfage, täglich 8–11.30, 14–18 Uhr (im Winter bis 17 Uhr).
Davidsgrab, Mount Zion, täglich 8–18 Uhr, im Winter bis 17, Fr 8–14 Uhr.
Dominus Flevit, Ölberg. Täglich 8–12, 14.30–17 Uhr.
Dormitio-Kirche, Mount Zion. Täglich 8–12, 12.30–18, So ab 9.30 Uhr.
Dreifaltigkeitskathedrale, Russisch-orthodox, im Zentrum des Russian Compound. Mo–Fr 9–13 Uhr.
Ecce Homo-Basilika, Via Dolorosa. Täglich außer So 8.30–12.30, 14–17 Uhr (im Winter bis 16.30 Uhr).
Erlöserkirche, Muristan Road, inmitten der Altstadt. Mo–Sa 9–13, 13.30–17 Uhr.
Gartengrab, Nablus Road. Täglich außer So 8.30–12, 14–17.30 Uhr.
Geißelungs- und Verurteilungskapelle, Via Dolorosa, 2. Station. Täglich 8–12, 14–18 Uhr (im Winter 13–17 Uhr).

Gethsemanegrotte, Ölberg. Täglich 8.30–12, 14.30–17 Uhr.
Gethsemanekirche siehe **Kirche der Nationen**.
Grabeskirche, Täglich 5–21, im Winter 4–19 Uhr.
Große Synagoge, Ecke Ramban/King George Street. So–Do 9–13, Fr 9–12 Uhr.
Himmelfahrtskapelle/moschee, Ölberg, im Zentrum des Dorfes Et-Tur. Keine festen Öffnungszeiten, eventuell klingeln.
Himmelfahrtskirche, evangelische, Auguste-Viktoria-Hospital, Ölberg. Täglich außer So 8–17.30 Uhr (im Winter bis 17 Uhr).
Himmelfahrtskirche, russisches Frauenkloster, Ölberg. Di und Do 9–12 Uhr.
Jakobuskirche, Armenian Orthodoxe Patriarchat Road. Mo–Fr 6–7, 15–15.30, Sa und So 6–9.30 Uhr während der Gottesdienste.
Johanniskirche, En Kerem. Täglich außer Sa 8–12, 14.30–18 Uhr (im Winter bis 17 Uhr), So 9–12, 14.30–17 Uhr.
Kirche der Heimsuchung (Church of Visitation), En Kerem. Täglich außer Sa 8–11.45, 14.30–18 Uhr (im Winter bis 17 Uhr).
Kirche der Nationen (Gethsemanekirche), Ölberg. Täglich 8–12, 14.30–18 Uhr (im Winter bis 17 Uhr).
Kreuzkloster, Hayim Hazaz Street, unterhalb vom Israelmuseum. Täglich 10–13.30 Uhr.
Maria Magdalenen-Kirche, Ölberg. Di und Do 10–11.30 Uhr.
Mariengrab, Ölberg. Täglich 6–11.45, 14.30–17 Uhr.
Pater Noster-Kirche, Ölberg. Täglich außer So 8.30–12, 15–17 Uhr.
St. Anna-Kirche und Betesdateiche, Al-Mujahideen Road, nahe beim Löwen-/Stephanstor. Täglich außer So 8–12, 14–18 Uhr (im Winter bis 17 Uhr).
St. Peter in Gallicantu, Mount Zion. Täglich außer So 8.30–12, 14–17 Uhr.
Tempelberg mit Felsendom und Al Aqsa-Moschee, täglich außer Fr 8–12, 13.30–15 Uhr.
Vier sephardische Synagogen, Mishmerot HaKehuna Street. So, Mo, Mi und Do 9.30–16, Di, Fr und vor Feiertagen 9.30–12.30 Uhr.

... in der Umgebung

Betanien, Lazaruskirche, täglich 8–11.30, 14–18 Uhr (im Winter bis 17 Uhr).
Betlehem, Geburtskirche, täglich 5.30–18.30 Uhr (im Winter bis 17 Uhr).
Betlehem, Katharinenkirche, Franziskanerkirche neben der Geburtskirche. Täglich 5–12, 14–18 Uhr (im Winter bis 17 Uhr).
Betlehem, Milchgrotte, täglich 8–11.45, 14–18 Uhr (im Winter bis 17 Uhr).
Betlehem, Hirtenfeld, täglich 8–12, 14–18 Uhr (im Winter bis 17 Uhr).
Betlehem, Rachel's Grab, an der Straße von Jerusalem nach Hebron. Täglich 8 Uhr bis Sonnenuntergang, Fr 8–13 Uhr.
Mar Saba, Klosteranlage (nur für Männer zugänglich). Täglich 8–16 Uhr.
Wadi el-Kilt, Georgskloster, So–Fr 9–16 (im Winter bis 15 Uhr), Sa 9–12 Uhr.

Theater, Konzerte und Folkloremusik

Al-Masrah Centre for Palestinian Culture & Art, Al-Kasaba Theater, Ecke Abu Obeida Street/Salah ad-Din Street. ✆ 02/6 28 09 57. Operetten, Musicals und Theaterstücke auf Arabisch, meist mit englischer Zusammenfassung, sowie arabische Folklore.
Binyanei Ha'Umah Conference Center, nahe beim zentralen Busbahnhof. ✆ 02/6 22 24 81. Gastspielort für das Israel Philarmonic Orchestra.
Henry Crown Concert Hall, im Jerusalem Sherover Theater, David Marcus Street 20 im Stadtteil Talbiyeh. ✆ 02/5 61 71 67. Heimatspielort des Jerusalemer Symphonie Orchesters.
International Cultural Center for Youth (ICCY), Emek Refa'im Street 12 A, im Stadtteil German Colony. ✆ 02/5 66 41 44. Spielort des Pa'amez Teyman Folklore Ensembles. Vorführungen von israelischem, yemenitischem und arabischem Volkstanz.
Jerusalem Sherover Theater, David Marcus Street 20 im Stadtteil Talbiyeh. ✆ 02/5 61 71 67. Aufführung moderner Theaterstücke und Klassiker, sowie von Premieren und Gastspielen.
Khan Theater, David Remez Square 2, gegenüber vom Bahnhof. ✆ 02/6 71 82 81. In einer alten türkischen Karawanserai (Gasthof) wird meist in Ivrit zeitgenössisches israelisches Theater gespielt. Im zugehörigen Nachtklub finden Jazzkonzerte sowie israelische und palästinensische Folkloreaufführungen statt.
Sultan's Pool, nur in den Sommermonaten finden vor den Mauern der Altstadt, unterhalb von Yemin Moshe, in einer ehemaligen riesigen Zisterne Konzerte (meistens internationale Rockkonzerte) statt.
Tzavta, King George V Street 38. ✆ 02/6 22 76 21. Kleines Theater, häufig mit englischsprachigen Aufführungen.
YMCA, King David Street 26. ✆ 02/6 25 71 11. Palästinensische und israelische Volksmusik- und Folkloreveranstaltungen finden hin und wieder im Auditorium des Kulturzentrums statt.

Musik-Clubs und Diskotheken

Das Jerusalemer Nachtleben spielt sich hauptsächlich in dem Fußgängerbereich Yoel Solomon und Rivlin Street sowie im Russian Compound ab. Hier reiht sich ein Pub an das andere, zwischendurch gute bis mittelmäßige Restaurants und Diskotheken. Während sich südlich der Jaffa Road neben den Einheimischen auch zahlreiche Touristen vergnügen, findet man im Russian Compound, um den oberen Bereich der Heleni Hamalka Street, überwiegend die israelische Jugend und Studenten, die sich bei einem kühlen Bier die Köpfe über die Politik des Landes heiß diskutieren.

Arizona Pub, Jaffa Road 37, Nähe Zions Square. Diskothek mit junger Klientel.
Glasnost, Heleni Hamalka Street 15. ✆ 02/6 25 69 54. Musikbar, deren Vorlieben Jazz, Rock und Funk sind. Es gibt Kleinigkeiten zu essen.

Underground, Yoel Salomon Street 8. ✆ 02/6 25 19 18. Beliebteste Diskothek Jerusalems. Vor allem am Freitagabend treffen sich dort weltoffene Israelis und Touristen.

Kinos

Filme werden meist in Originalsprache mit hebräischen Untertiteln vorgeführt.

Cinémathèque, Hebron Road. ✆ 02/6 72 41 31. Ambitioniertes Kino, in dem preisgekrönte Klassiker, aber auch experimentelle Filme vorgeführt werden.

Gil 1–10, in der Malkah-Einkaufspassage am Rand der Stadt. ✆ 02/6 78 84 40. Großes, modernes Kino.

Rav-Chen 1–7, Ha'Oman Street 19, nähe Industriegebiet in Talpiot. ✆ 02/6 79 27 99.

EINKAUFEN

Antiquitäten, Kunst und Kunsthandwerk

Antiquitäten sind laut israelischem Gesetz alle Gegenstände, die vor 1700 n.Chr. entstanden sind. Sie dürfen nicht ohne schriftliche Genehmigung des Direktors der Antiquities Authority außer Landes gebracht werden. Die Behörde hat ihren Sitz im Rockefeller Museum und erteilt weitere Auskünfte: ✆ 02/6 28 22 51, Fax 02/5 60 26 28.

Antiquitäten (z.B. alte Münzen, Bronzefigürchen und Keramik) und geschmackvolles Kunsthandwerk (z.B. Judaika, armenische Keramik und palestinensische Stickarbeiten) sind neben den unten aufgeführten Läden auch in den Altstadtgassen zu finden. Hier heißt es, sich treiben zu lassen und die Auslagen der Geschäfte neugierig zu betrachten. Handeln ist – zumindest in den arabischen Suks – erlaubt. Die Geschäfte im Jüdischen Viertel haben in der Regel Festpreise, aber probieren Sie es auch hier.

American Colony Store, Nablus Road, gegenüber vom American Colony Hotel. Alte Web- und Knüpfteppiche sowie verschiedene Kupferwaren laden zum Schauen und, wer das nötige Kleingeld hat, zum Kaufen ein.

Israel Museums Shop, in der Eingangshalle des Israel-Museums. Gute Replikate von Antiken und Judaika, deren Originale im Museum selbst zu bestaunen sind.

Khutzot HaYotzer, Laden- und Werkstattpassage zwischen Yemin Moshe und dem Jaffator. Moderne Silberschmiedearbeiten, Malereien, feine Stoffe und Judaika werden hier von Künstlern entworfen, hergestellt und auch zu entsprechenden Preisen verkauft.

Lifeline, Shivtei Israel Street 14, hinter dem neuen Rathaus. Keramik, Schmuck, Spielzeug, Judaika, Holzarbeiten und vieles mehr wird in eigenen Werkstätten von alten und behinderten Menschen angefertigt. Zu 40% trägt sich diese 1962 von Myriam Mendilow gegründete soziale

Einrichtung durch die Verkaufseinnahmen, den Rest übernehmen Freunde und private Sponsoren.

Palestinian Pottery, Nablus Road 14. Der Familienbetrieb verkauft selbst hergestellte, traditionelle armenische Keramik.

Palestinian Needlework Shop, Nablus Road 79. Farbenfrohe, traditionsreiche Stickarbeiten, die zu guten Preisen von palästinensischen Frauen aus den umliegenden Orten hergestellt werden.

Tarshish, King David Street 18. Hier gibt es zu entsprechend hohen Preisen edle Antiquitäten, Judaica und yemenitischen Schmuck.

Bücher

Buchladen von »The Jerusalem Post«, Harav Kook Street 12. Spezialisierung auf Publikationen, die sich mit Israel und dem Judentum auseinandersetzen.

Buchladen von »Nachrichten aus Israel«, Am Hurva Platz im Jüdischen Viertel der Altstadt. Verkaufsladen mit deutsprachigen Büchern über religiöse Themen, Schwerpunkt Judentum.

Educational Books, Salah ad-Din Street 22, Ostjerusalem. Palästinensisch orientierte Publikationen.

Steimatzky, Jaffa Road 39, Ben Yehuda Street 7, King George V Street 9. In den drei Filialen der größten Verlagsbuchhandlung der Stadt findet man nicht nur Bücher und Bildbände über Jerusalem, sondern auch jede Menge englische und andere fremdsprachige Literatur.

Stein, King George Street 52. Buchhandlung mit Antiquariat, in dem man zu guten Preisen auch deutschsprachige Fachliteratur finden kann.

Märkte

Gemüse und köstliches Obst auf Tüchern ausgebreitet, in Körben oder auf Karren werden täglich von arabischen Frauen im Umfeld des Damaskustores der Altstadtmauer angeboten. Verschiedene Gewürze und Süßigkeiten reihen sich liebevoll arangiert in den kleinen Läden des Suq el-Attarin mitten in der Altstadt. Frisches Fleisch von Rindern, Hammeln und Hühnern kann man im parallel verlaufenen Suq el-Lahhamin erwerben.

Großzügiger und für ein ganz anderes Publikum werden die Waren im Mahane Yehuda Market an der Jaffa Road angeboten. In Hallen türmen sich die Früchte und das Gemüse, Fleisch und Fisch sind in eigenen Bereichen appetitlich und kunstvoll ausgebreitet. Ein besonderes Erlebnis ist der Markt am Donnerstag und Freitagmorgen, wenn jüdische Männer hier für das Sabbatmahl einkaufen, die Waren genau prüfen und Unmengen mit nach Hause schleppen.

Mode

Modegeschäfte nach westlichem Standard sind entlang der Fußgängerzone Ben Yehuda zu finden und geballt in der Jerusalem Mall am Südwestrand der Stadt neben dem Teddy-Stadion an der Eliya Golomp Street. Diese große, moderne Ladengalerie mit zahlreichen Cafés ist gut mit den

Buslinien 6, 24, 24A vom Jaffator bzw. dem zentralen Busbahnhof zu erreichen.

Souvenirs

Ein Eldorado für Mitbringsel sind die zahlreichen Basarstraßen in der Altstadt. Hier werden Steine von Elat, Glas aus Hebron und Drusische Decken als typisch israelische Souvenirs angeboten. Weiter gibt es Jerusalemlichter, Keramikgefäße, Textilien und eine Unmenge an Devotionalien von Kreuzen, Hologramm-Christusbildern, Dornenkronen bis zu Heiliger Erde in kleinen Gefäßen. Sind die meisten Dinge auch schön anzusehen, so kann es einem mitunter passieren, daß man Hebronglas zu einem besonders günstigen Preis ersteht. Dann hat man sicher ein Gefäß von der Firma Schott in Deutschland in der Hand, das gerade noch in Israel bemalt wurde. Auch von den typischen Keramiktassen und -schüsseln sind ein guter Teil billig aus Italien importiert und nicht im Lande hergestellt, ebenso wie die bunten Jerusalemlichter überwiegend »Made in China« sind.

Judaika in kostbaren und weniger kostbaren Ausführungen führen die Geschäfte am Cardo im Jüdischen Viertel und sind auch vereinzelt im Ben Yehuda Fußgängerbereich der Neustadt zu finden. Ein weiteres beliebtes Mitbringsel sind die Kosmetika vom Toten Meer.

KLEINER SPRACHFÜHRER

In Israel ist die Nationalsprache Hebräisch. Die palästinensische Bevölkerung bedient sich aber weitgehend des Arabischen als Umgangssprache. Als erste Fremdsprache wird an den Schulen Englisch gelehrt, d. h. es findet sich immer jemand, mit dem man auch ohne weiterführende Hebräischkenntnisse ins Gespräch kommen kann. Durch die aus den unterschiedlichsten Ländern eingewanderten Juden hört man hin und wieder noch zahlreiche weitere Sprachen. Zu den verbreitetsten unter ihnen gehören Jiddisch, Russisch, Französisch und Spanisch.

Um in Jerusalem und in den umgebenden palästinensischen Gebieten gut zurechtzukommen, ist es sinnvoll, sich einige hebräische und arabische Worte und Redewendungen anzueignen. Auf diese Weise wird man schon bald merken, daß man nicht nur als Tourist, sondern als Gast in diesem Land aufgenommen wird.

Als semitische Sprache ist Hebräisch dem Arabischen sehr nahe. Hier wie dort wird von rechts nach links geschrieben, viele Worte ähneln sich, und auch in der Grammatik gibt es Übereinstimmungen. Im folgenden kleinen Wortschatz werden die hebräischen und arabischen Begriffe nicht in Originalschrift wiedergegeben, sondern in einer Umschrift, die der Aussprache nahe kommt.

Hebräisch

Zahlen

0	éfeß
1	achat
2	schtájim
3	schalosch
4	arba
5	chamesch
6	schesch
7	schéva
8	schmóne
9	téscha
10	éßer
11	achat eßre
20	eßrim
21	eßrim ve'echad
30	schloschim
40	arab'im
50	chamischim
60	schischim
70	schiv'im
80	schmonim
90	tisch'im
100	mea

Tage und Zeit

Sonntag	jom rischon
Montag	jom scheni
Dienstag	jom schlischi
Mittwoch	jom revi'i
Donnerstag	jom chamischi
Freitag	jom schischi
Samstag	schabat
Tag	jom
Woche	schavu'a
Monat	chodesch
Jahr	schana
gestern	etmol
heute	hajom
morgen	machar
übermorgen	mochrotájim

Nationalität

Deutschland	germánia
Deutsche(r)	germáni(a)
Deutsch (Sprache)	germanit
Österreich	óstrija
Österreicher/-in	óstri
Schweiz	schwetzária
Schweizer/-in	schwezári/-t

Redewendungen

Guten Morgen!	bóker tov!
Antwort:	bóker or!
Guten Abend!	érev tov!
Gute Nacht!	lájla tov!
Herzlich	baruch
Willkommen!	haba!
Auf Wiedersehen!	lehitra'ot!
Hallo!, Tschüß!	schalom!
Wie geht es Ihnen/dir?	ma schlomch (m) /schlomcha (f)?
(Sehr) gut, danke.	tov (meod), toda.
Guten Appetit!	bete'avon!
Prost!	lechájim!
ja	ken
nein	lo
vielleicht	ulaj
Bitte	bevakascha.
(Vielen) Dank	toda (raba).
Entschuldigung!	slicha!
(Wo) gibt es (hier) ...?	(éfo) jesch (po) ...?
Haben Sie ...?	jesch lecha ...?
Ich suche/ brauche ...	ani mechapes/ zarich ...
Wo kann man ... kaufen?	éfo efschar liknot ...?
Wieviel kostet das?	káma se ole?
Wo ist ...?	éfo ...?
Welcher Bus fährt nach ...?	éjse ótobus magí'a le ...?
Hilfe!	hazílu!

Nützliche Worte

Apotheke	bet merkachat
Arzt	rofe, rof'im
Bier	bírra
Briefmarke	bul, bulim
Brief	michtav
Brot	léchem
Bus	ótobus
Deutsche Botschaft	schagrirut germanit
Eis	kerach
Fahrpreis	mechir nesia
Fisch	dag
Fleisch	basar
Flughafen	nemal te'ufa
fotografieren	lezalem, zilem
Frühstück	aruchat boker
Geld wechseln	lehamir, himir kesef
Gemüse	jerakot
Kaffee	kafe
Kino	kolnóa
Krankenhaus	bet cholim
Luftpost	doar avir
Museum	museon
Polizei	mischtara
Post	doar
Postkarte	gluja
Preis	mechir
Rechnung	cheschbon
Reisepaß	darkon
Restaurant	mis'ada
Salz	mélach
Speisekarte	tafrit
Tablette	glula
Taschentuch	smartut
Tee	te
Telefon	télefon
Telegramm	telegráma
Toilette	scherutim
Trinkgeld	tip
Wasser	májim
Wein	jajin, jejnot
Zeitung	iton
Zucker	sukar

Arabisch

Zahlen

0	sifir
1	wahed
2	itnen
3	tlate
4	arba'a
5	chamse
6	sitta
7	sab'a
8	temanya
9	tis'a
10	'ashara
11	hidashr
20	'ishrin
21	wahed we 'ishrin
30	tlatin
40	arba'in
50	chamsin
60	sittin
70	sab'in
80	tamanin
90	tis'in
100	miya

Tage und Zeit

Samstag	(yom) as-sabt
Sonntag	(yom) al-ahd
Montag	(yom) al-itnen
Dienstag	(yom) at-talate
Mittwoch	(yom) al-arba'a
Donnerstag	(yom) al-chamis
Freitag	(yom) aj-jum'a
Woche	esbu, asabi
Monat	shahr, shuhur
Jahr	senna
gestern	mbarich
heute	al-yom
morgen	bukra
übermorgen	ba'd bukra

Redewendungen

Guten Morgen!	sebah al-cher!
Antwort:	sebah an-nur!

Guten Abend!	masa al-cher!
Antwort:	masa an-nur!
Hallo!	merhaba!
Antwort:	merhabten!
Herzlich willkommen!	ahlan we sahlan!
Antwort:	ahlen we sahlen!
Tschüß	chatrak (m) / chatrek (f)!
Antwort:	ma'a as- salame!
Wie geht es Ihnen/Dir?	kifak (m) / kifek (f)?
Gut! Gott sei Dank!	bi-cher, al-ham dulillah!
ja	e
nein	la
Bitte	men fadlak (m) / fadlek (f)!
Danke	shukran!
Verzeihung	'afwan!
Es tut mir leid.	ana asif (m) / asifa (f).
Macht nichts!	ma'alesch!
Guten Appetit!	bil-hanna wash-shifa!
Die Rechnung, bitte.	al-hesab, men fadlak.
Hilfe!	an-najde!
Schande! / Hau ab!	'aib! / ichras!
Gibt es ...?	fi ... ?
Wo ist ...?	wen ...?
Wieviel kostet das?	bikam / qad desh hada?
Fährt dieser Bus nach ...?	ha-al-bas rayih ...?
Wie komme ich zu / nach ...?	kif mumkin eruh la ...?

Nützliche Worte

Apotheke	saidaliya
Arzt	doktor, dakatra
Bäckerei	furn, afran
Bank	bank, benuk
Basar	suq, aswaq
Bettuch	sharshaf
Bier	bira
Botschaft	safara
Brief	mektub
Briefmarken	tabi', tawabi
Brot	chubz
Buch	ktab, kutub
Bus	bas, basat
Deutschland	Almaniya
Fahrkarte	tazkara
Ferien	'utla
Fleisch	lahm
Flughafen	matar
Frühstück	fetur
Geldwechsel	tasrif 'umaliyat
Gemüse	chudar
Gepäck	shanati
Haltestelle	mauqif, mawaqif
Handtuch	manshafa
Hilfe	musa'ada
Hotel	funduq
Kaffee	qahwa
Kellner	garson
Kino	sinema
Kirche	kanisa
Koffer	shanta
Konsulat	qonsuliya
Krankenhaus	mustashfa
Lebensmittelladen	baqaliya
Luftpost	bil-barid al-jawi
Medikament	dawa, adwiye
Moschee	jami
Obst	fawakih
Paß	basbor
Polizei	shurta
Postamt	bosta
Rechnung	hesab
Reisechecks	shekat siyahiya
Salz	melh
Tee	shai
Telefon	telfon
Telegramm	barqiya
Toilette	tuwalet
Trinkgeld	bachshish
Wasser	maiy
Zucker	sekkar

REISEINFORMATIONEN VON A - Z

Auskunftsstellen

... in Jerusalem

Tourist Information Office, Ministry of Tourism, King George Street 24, ✆ 02/6 75 48 11, Fax 6 25 34 07 (So–Do 8.30–16.30, Fr 8.30–12.30 Uhr). Außerhalb des Gebäudes steht ein Informationscomputer, der rund um die Uhr in Betrieb ist.

Zweigstelle des Tourist Information Office, Jaffa Road 17, ✆ 02/6 28 03 82 (So–Do 8.30–16.30, Fr 8.30–12.30 Uhr). Auslage von Broschüren zu aktuellen Veranstaltungen und mit vielen Tips rund um Jerusalem sowie von Stadtplänen, in denen die wichtigsten Busverbindungen angegeben sind.

Private Touristeninformation am Jaffator, ✆ 02/6 28 03 82 (So–Do 8.30–16.30, Fr 8.30–12.30 Uhr). Verkauf von bebilderten Jerusalembüchern, Vermittlung von organisierten Touren durch Jerusalem und in die Umgebung sowie Auslage von einigen Veranstaltungsbroschüren.

... in Betlehem

Ministry of Tourism and Antiquities, Manger Square, im 2. Stock des Gebäudes der Stadtverwaltung an der Südseite des Platzes. ✆ 02/74 15 81, Fax 02/74 37 53 (Mo bis Sa 8–13 Uhr). Stadtpläne, Informationen zu Hotels und Veranstaltungen, insbesondere für die Weihnachts- und Osterfeiertage.

... in En Gedi

Tourist Information Office, Am Strand des Totem Meeres neben der Pas-Tankstelle. ✆ und Fax 07/6 58 44 44, Fax 07/6 58 43 67 (täglich 9–16 Uhr). Informationen über Wanderungen in den Naturreservaten, über Jeep-Fahrten und Safaris, das En-Gedi-Spa sowie Übernachtungsmöglichkeiten.

... in Jericho

Tourist Information Office, Tel Alsultan. ✆ und Fax 02/9 92 29 35. Kostenlose Stadtpläne.

Begegnungen mit israelischen Familien

Einen Abend in einer israelischen Familie vermittelt das Tourist Information Office (s. o.). Wenn man an dem staatlich organisierten Programm »Meet the Israeli in his home« teilnehmen will, ist eine rechtzeitige Anmeldung nötig und die Angabe der Fremdsprachenkenntnisse sinnvoll.

Christliche Einrichtungen und Begegnungsstätten

Überkonfessionelle Angaben zu Gottesdiensten, Gesprächsrunden, Fahrten, Führungen u. a. erteilt das Christian Information Center am Jaffator, ✆ 02/6 27 26 92, Fax 02/6 28 64 17, geöffnet Mo–Sa 8.30–13 Uhr.

Evangelische Einrichtungen:
– Auguste-Viktoria-Stiftung, Ölberg. Begegnungsstätte für Pilger und Touristen. Veranstaltungen, Konzerte, Führungen. ✆ 02/6 28 77 04, Fax 02/6 27 31 48.
– Deutsches Evangelisches Institut für Altertumswissenschaft des Heiligen Landes, Auguste-Viktoria-Hospital, Ölberg. Vermittlung von Teilnahme an Ausgrabungen und Reisen im Heiligen Land. ✆ 02/6 28 47 92.
– Evangelisch-Lutherische-Probstei, Muristan Road (neben der Erlöserkirche in der Altstadt), ✆ 02/6 27 61 11, Fax 02/6 27 62 22.
Katholische Einrichtungen:
– Dormitio-Abtei (Abtei Maria Heimgang), Berg Zion. ✆ 02/6 71 99 27, Fax 02/6 71 89 34.
– Schmidtschule, Nablus Road 2, gegenüber vom Damaskustor. ✆ 02/6 28 32 80.
Deutschsprachige Gottesdienste:
– evangelische Erlöserkirche am Muristan. Sonntagsgottesdienst 10.30, tägliche Andacht außer So 12 Uhr.
– evangelische Himmelfahrtskirche am Auguste-Viktoria-Hospital, Ölberg. Gottesdienstzeiten telefonisch erfragen: ✆ 02/6 28 77 04.
– katholische Dormitio-Kirche (Maria Heimgang), Berg Zion. Sonntagsgottesdienst 8 Uhr.

Diplomatische Vertretungen in Israel

Die Botschaften von Deutschland, Österreich und der Schweiz haben aufgrund der ungelösten Hauptstadtfrage ihren Sitz in Tel Aviv.

Deutsche Botschaft
Daniel Frisch Street 3
64731 Tel Aviv
✆ 03/6 93 13 13, Fax 03/26 92 17

Botschaft der Republik Österreich
Hermann Cohen Street 11
64385 Tel Aviv
✆ 03/5 24 61 86, Fax 03/5 24 40 39

Botschaft der Schweizerischen Eidgenossenschaft
HaYarqon Street 228
63405 Tel Aviv
✆ 03/5 46 44 55, Fax 03/5 46 44 08

Einkaufen

In den Geschäften Westjerusalems ist das Einkaufen von verschiedenen Waren nicht anders als bei uns. Die einzelnen Stücke sind in der Regel preislich ausgezeichnet, Handeln ist nur in geringem Umfang bei Souvenirs, Antiquitäten u. ä. möglich.

Auf alle Waren, auch auf Dienstleistungen wird eine Mehrwertsteuer von 17% (VAT, Value Added Tax) erhoben. Touristen können die VAT in einigen Fällen umgehen bzw. sich bei der Ausreise am Flugplatz zurückerstatten lassen. Keine Mehrwertsteuer wird erhoben, wenn Sie beispielsweise die Unterkunft, Automietung oder organisierte Fahrten in ausländischer Währung bezahlen. Die Mehrwertsteuer wird erstattet, wenn Sie in Geschäften mit dem entsprechenden Emblem, z. B. auch Buchhandlungen, Gegenstände für über 50 US-$ einkaufen und sie mit ausländischer Währung oder Kreditkarte bezahlen. Dann bekommen Sie in der Regel einen Rabatt von etwa 5%

und eine Quittung mit Aufführung der Mehrwertsteuer. Bei der Ausreise am Flugplatz erhalten Sie nach Vorlage der Quittung und der Gegenstände bei der Leumi-Bank den VAT-Betrag abzüglich einer Provision zurück.

In Ostjerusalem, besonders in den Basarstraßen der Altstadt, wird das Handeln um den Preis der Ware von den Verkäufern erwartet. Davon sind Lebensmittel und Getränke selbstverständlich ausgeschlossen. Häufig haben auch benachbarte Läden das gleiche Warenangebot, und so bleibt es Allah und dem Einfallsreichtum des Verkäufers, der seine Stücke lauthals und mit Pfiff anpreist, überlassen, in welches Geschäft man geht. Die genannten Preise sind immer zu hoch, aber man sollte sich vorher klar machen, was man bereit ist zu bezahlen, damit nachher weder Käufer noch Verkäufer mit dem Geschäft unzufrieden sind.

Elektrizität

Die Netzspannung beträgt 220 Volt Wechselstrom. Da es aber noch dreipolige Steckdosen gibt, empfiehlt es sich, einen Dreiphasenumschaltstecker mitzunehmen, oder ihn gegebenenfalls vor Ort zu kaufen.

Feiertage

Der wöchentliche jüdische Feiertag ist Sabbat. Er beginnt am Freitag mit dem Sonnenuntergang und endet am Samstag mit dem Sonnenuntergang. Die Moslems halten den wöchentlichen Feiertag am Freitag, die Christen am Sonntag.

Die anderen jüdischen Feiertage beginnen jeweils am Vorabend des unten genannten Festtages. Die Feste Sukkot und Pessah ziehen sich über eine Woche hin, wobei der erste und

	1999	**2000**	**2001**	**2002**
Jüdische Feiertage:				
Rosh HaShanah	11.9.	30.9.	18.9.	7.9.
Yom Kippur	20.9.	9.10.	27.9.	16.9.
Sukkot (1.Tag)	25.9.	14.10.	2.10.	21.9.
Simchat Thora	3.10.	22.10.	10.10.	29.9.
Chanukka (1.Tag)	4.12.	22.12.	10.12.	30.11.
Purim	2.3.	21.3.	9.3.	26.2.
Pessah (1.Tag)	1.4.	20.4.	8.4.	28.3.
Shavu'ot (1.Tag)	21.5.	9.6.	28.5	17.5.
Christliche Feiertage:				
Palmsonntag	28.3.	16.4.	8.4.	24.3.
Ostersonntag	4.4.	23.4.	15.4.	31.3.
Christi Himmelfahrt	13.5.	1.6.	31.5.	9.5.
Pfingstsonntag	23.5.	11.6.	7.6.	19.5.
Fronleichnam	3.6.	22.6.	18.6.	30.5.
Islamische Feiertage:				
Geburtstag d. Propheten	26.6.	15.6.	4.6.	25.5.
Ramadan (1.Tag)	9.12.	27.11.	17.11.	6.11.
Ida al-Adha	28.3.	17.3.	6.3.	23.2.

der letzte Tag jeweils volle Feiertage sind, d. h. alle Geschäfte sind geschlossen, es fahren keine Busse u. ä. (Übersicht der religiösen Feiertage s. S. 228)

Fotografieren

In Jerusalem und Umgebung ist Fotografieren überall erlaubt. Davon ausgenommen sind allerdings die Innenräume des Felsendoms und der Al Aqsa-Moschee auf dem Tempelberg. Hierfür benötigt man eine Sondergenehmigung der zuständigen islamischen Verwaltungsbehörde. Menschen sollte man grundsätzlich vorher um ihre Erlaubnis bitten. Das gilt besonders für Moslems und die strenggläubigen Juden in Mea Shearim und am Sabbat vor der Klagemauer. In Museen ist – wenn überhaupt – das Fotografieren nur ohne Blitz und ohne Stativ erlaubt.

Filme und andere Fotoartikel sind in Jerusalem gut erhältlich, aber wesentlich teurer als bei uns. Die zollfreie Einfuhr von zehn Filmen pro Person ist erlaubt. Für Videokameras muß in der Regel bei der Einreise eine Kaution hinterlegt werden, die bei der Ausreise zurückerstattet wird.

Frauen allein

Ein Besuch Jerusalems ist für alleinreisende Frauen absolut problemlos. In den Hotels werden sie die nötige Unterstützung finden, und für jüngere Alleinreisende bietet sich die Unterkunft in einem christlichen Hospiz an. Dort wird man sehr schnell mit Gleichgesinnten Kontakt finden.

Führungen

Die Touristen-Informationen am Jaffator und in der Jaffa Road 17 vermitteln verschiedenartige Führungen durch Jerusalem (z. B. eine Führung durch das unterirdische Jerusalem) und auch Ausflüge in die Umgebung (z. B. einen Tagesausflug nach Qumran und Masada). In den Hospizen hängen Termine von Stadtführungen aus, die das heilige Jerusalem unter verschiedenen religiösen Fragestellungen näherbringen.

Geld

Die israelische Währung ist der Neue Israelische Schekel (NIS). 1 Schekel (Mehrzahl: Schekelim) entspricht 100 Agorot (Einzahl: Agora). An Münzen gibt es 10 und 50 Agorot sowie 1, 5 und 10 NIS, an Scheinen sind 5,10, 20, 50, 100 und 200 NIS zur Zeit in Umlauf. 1 NIS entspricht ca. 0,43 DM (Stand: Oktober 1999).
Der Umtausch von Reiseschecks und Bargeld kann bei Postämtern, in Banken, größeren Hotels oder lizensierten arabischen Wechselstuben erfolgen. Die arabischen Wechselstuben am Damaskustor bieten mitunter den günstigsten Kurs an. Auf jeden Fall lohnt ein Vergleich. Teure Mitbringsel, Hotels und jegliche Art von Dienstleistungen sollten jedoch zur Erstattung der Mehrwertsteuer in Devisen bezahlt werden (s. Einkaufen). Mit Kreditkarten (Visa oder MasterCard/Eurocard) kann man an Bankschaltern und zahlreichen Automaten gegen Gebühr Geld abheben, sie werden aber auch von vielen Geschäften und Restaurants als Zahlungsmittel akzeptiert.

Internet

Umfangreiche Informationen und Hinweise auf momentane Ausstellungen werden für die Vor- und Nachbereitung einer Jerusalemreise in den folgenden Internet-Adressen vermittelt, die durch ihre offizielle und ansprechende Weise aus dem sonstigen Internet-Angebot herausragen.

http://www.israel.de
(Presse- und Informationsabteilung der Botschaft des Staates Israel in der Bundesrepublik Deutschland)
http://www.jerusalem.muni.il
(Stadtverwaltung von Jerusalem mit Informationen zu den städtischen Museen und aktuellen kulturellen Ereignissen)
http://www.imj.org.il
(Israel-Museum mit Informationen zu aktuellen Ausstellungen sowie zum Ticho-Haus und Rockefeller-Museum)
http://www.yad-vashem.org.il
(Yad Vashem mit Informationen zu Gedenkstätte und Forschungseinrichtung)
http://www.iguide.co.il
(Web-Directory, das zu vielen Themen Israels verlinkt)
http://www.helloisrael.net
(Web-Version von »Hello Israel«, einer Informationszeitschrift für Touristen, die in allen großen Hotels ausliegt)

Medizinische Versorgung

Der Rote Davidstern (Magen David Adom) ist die israelische Entsprechung unseres christlichen Roten Kreuzes und in jeder Stadt durch Stationen, die in Notfällen Erste Hilfe leisten, vertreten. Die medizinische Versorgung unterliegt einem hohen Standard, und die meisten Ärzte sprechen Englisch oder eine andere Fremdsprache. Die Tagespresse, auch die englischsprachige, informiert über die Dienstzeiten der örtlichen Krankenhäuser und die Öffnungszeiten der Apotheken in der Nacht, am Sabbat und an anderen Feiertagen. Über eine zusätzliche Krankenversicherung sollte man sich aber vor Reiseantritt informieren, da die Arzthonorare in Israel ziemlich hoch sind.

Mietwagen

Alle internationalen Unternehmen haben Niederlassungen in der King David Street, nahe des King David Hotel. Zur Anmietung eines Leihwagens muß der nationale Führerschein mindestens 12 Monate alt sein, das Mindestalter des Mieters liegt bei 21 Jahren. Die Preise entsprechen europäischem Standard, schwanken aber zwischen den Firmen, so daß sich ein Vergleich auf jeden Fall lohnt. Relativ günstige Preise bietet Eldan, eine israelische Autovermietung.

Avis, King David Street 22.
✆ 02/6 24 90 01.
Eldan, King David Street 24.
✆ 02/6 25 21 51.
Europ-Car, King David Street 8.
✆ 02/6 24 84 64.
Hertz, King David Street 18.
✆ 02/6 23 13 51.

Beim Straßenverkehr ist zu beachten, daß die Höchstgeschwindigkeit in Ortschaften 50 km/h, auf Landstraßen 80 km/h und auf Autobahnen 90 km/h beträgt. Die Hinweisschilder sind meistens dreisprachig (hebräisch, arabisch und englisch) ausgeführt. Die Parkzonen in Ortschaften sind durch weiße Bordsteine für freies Parken zwischen 8 und 17 Uhr und durch blau-weiße Bordsteine für Parken mit Parkschein zwischen 8 und 19 Uhr markiert. An rot-weißen Bordsteinen gilt absolutes Parkverbot, gelb-rote Bordsteine weisen auf Bus- und Taxihaltestellen. Mißachtung der Verkehrsregeln kann zu hohen Geldstrafen führen.

Notrufnummern

Medizinische Beratung für Touristen: ✆ 1 77/0 22 91 10
Polizei: ✆ 1 00
Unfallrettung: ✆ 1 01
Feuerwehr: ✆ 1 02
Notarzt: ✆ 9 11
Pannendienst des Automobil and Touring Club of Israel, Jaffa Road 33, Jerusalem: ✆ 02/6 24 48 28
Frauen-Notruf: ✆ 02/24 55 54

Öffnungszeiten

Apotheken: So bis Do 8.30–13 und 16–19 Uhr , Freitag 9.30–14 Uhr.
Banken: So, Di, Do 8.30–12.20 und 16–18 Uhr, Mo, Mi und Fr 8.30–12 Uhr.
Behörden: So bis Do 8–12 Uhr.
Geschäfte: So bis Do 9–19 Uhr, einige Läden machen Mittagspause von 13–16 Uhr. Souvenirläden schließen z. T. erst gegen 22 Uhr. Jüdische Geschäfte haben am Samstag geschlossen, moslemische am Freitag und christliche am Sonntag. Vor den Feiertagen werden die Geschäfte meistens bereits am frühen Nachmittag geschlossen.
Post: So bis Do 8–12 und 15–18, Fr und vor Feiertagen 8–12 Uhr.

Post

Die Postämter tragen einen springenden, weißen Hirsch auf blauem Grund als Logo. Das Hauptpostamt von Jerusalem liegt in der Jaffa Road 23. Briefmarken sind außer bei der Post auch in allen Geschäften und Kiosken, die Postkarten verkaufen, zu bekommen.

Sicherheit

Bei Flugreisen werden Sie vor der Gepäckaufgabe am Heimatflughafen sowie bei Ausreise am Tel Aviver Flughafen ausgiebig nach Zweck der Reise befragt und eventuell Ihr Gepäck überprüft. Bleiben Sie dabei geduldig, denn es dient lediglich zur Sicherheit im Lande. Wenn Sie die englische Sprache nicht sehr gut beherrschen, sollten Sie auf einen deutschen Befrager am israelischen Flughafen bestehen. Hin und wieder muß man nämlich mit Fangfragen rechnen, und im eigenen Interesse sollte die Prozedur nicht unbedingt durch Mißverständnisse in die Länge gezogen werden. In Jerusalem werden im Bereich der Klagemauer und am Aufweg zum Tempelberg sowie am Eingang einiger großer Kaufhäuser die Taschen als Vorsorge gegen Anschläge kontrolliert.

Zur allgemeinen Sicherheitslage in Israel gibt das Auswärtige Amt in

Bonn Auskunft (✆ 02 28/17 10 01); im Internet gibt es Informationen unter http://www.auswaertiges-amt.de

Telefonieren

Mittels Telefonkarten ist das Führen von Fern- und Auslandsgesprächen von allen Kartentelefonen problemlos möglich. Diese sind in Postämtern, an Kiosken und Automaten erhältlich. Inlandsgespräche kann man außerdem noch mit Telefonmünzen von entsprechenden Telefonzellen aus führen. Diese Telefonmünzen (Assimonim) gibt es ebenfalls bei den Postämtern und an Kiosken.

Ländervorwahlnummer:

Deutschland	00 49
Österreich	00 43
Schweiz	00 41
Israel	0 09 72

Trinkgeld

Für guten Service wird in Israel ein Trinkgeld nach europäischem Maßstab von etwa 10-15% erwartet.

Zeitungen

Deutsche Tageszeitungen sind in größeren Hotels und in den Filialen der Buchhandlung Steimatzky erhältlich. Die englischsprachige »Jerusalem Post« mit täglichen Informationen zu Politik, Wirtschaft und Kultur wird an jedem Kiosk verkauft.

Zeitunterschied

Zu unserer Mitteleuropäischen Zeit (MEZ) muß eine Stunde dazu gerechnet werden. Die Sommerzeit reicht von Mitte März bis Mitte September.

ABBILDUNGSNACHWEIS

Andrea Gorys, Schildow Abb. S. 25, 58, 119, 122, 136, 149, 159, 163, 193

Christel Gorys, Krefeld Abb. S. 20, 23, 25, 43, 86, 133, 144, 155

Axel Krause / laif, Köln Abb. Umschlaginnenklappe vorne, S. 1, 37, 38, 56, 89, 93, 101, 105, 110, 200

Dinu Mendrea, Jerusalem Abb. Umschlaginnenklappe hinten, S. 24, 29, 30, 34, 47, 52, 61, 62, 72, 80, 91, 107, 113, 114, 141, 173, 176, 178, 180, 184, 185, 191, 192, 197

Radu Mendrea, München Abb S. 75, 182, 194

Sandu Mendrea, Jerusalem Abb. Titelbild, S. 2/3, 8, 10, 48, 50, 67, 76, 127, 131, 142, 153, 156, 164, 168, 175, 186, 198

Bernhard Weisser, Schildow Abb. S. 15, 18, 150

Karten und Pläne

cartomedia, Karlsruhe

LITERATUREMPFEHLUNGEN

Dan **Bahat.** The illustrated Atlas of Jerusalem. Jerusalem 1996.

Meir **Ben-Dov,** Jerusalem. Man and Stone. Tel Aviv 1990.

Hendrik **Budde,** Andreas Nachama (Hrsg.), Die Reise nach Jerusalem. Eine kulturhistorische Exkursion in die Stadt der Städte. 3000 Jahre Davidstadt. Ausstellungskatalog. Berlin 1995.

Aloys **Butzkamm** (Hrsg.), Wer glaubt was? Religionsgemeinschaften im Heiligen Land. Paderborn 1998.

Sumaya **Farhat-Naser,** Thymian und Steine. Eine palästinensische Lebensgeschichte. Basel [2]1995.

Martin **Gilbert,** Jerusalem. Illustrated History Atlas. Bnei Brak [3]1994.

Rivka **Gonen,** Jerusalem gestern und heute. Zeichnungen und Stiche aus der Sammlung des Israel-Museums und Photographien von heute. Jerusalem 1993.

Erhard **Gorys,** Heiliges Land. Köln 1999.

Monika **Grübel,** Judentum. Köln 1996.

Reuven **Hammer,** The Jerusalem Anthology. A Literary Guide. Jerusalem 1995.

Jerusalem. 5000 years of history. Les Dossiers d'Archeologie. Dijon 1992.

Laurence **King,** The Israel Museum. Jerusalem 1995.

Gerhard **Kroll,** Auf den Spuren Jesu. Stuttgart [11]1990.

David **Kroyanker,** Die Architektur Jerusalems. Stuttgart 1994.

Hannelore **Künzl,** Jüdische Kunst von der biblischen Zeit bis in die Gegenwart. München 1992.

Jerome **Murphey-O'Connor,** The Holy Land. Oxford 1992.

Nachum Tim Nigal, Jerusalem. In 3000 Jahren. Köln 1995.

Bargil **Pixner,** Mit Jesus in Jerusalem. Rosh Pina 1996.

Georg **Röwekamp,** Jerusalem. Ein Reisebegleiter durch die Geschichte der Heiligen Stadt von Judentum, Christentum und Islam. Freiburg i.Br. 1997.

Ingeborg **Ronecker,** Jerusalemtage. Gnadenthal 1995.

Hershel **Shanks,** Jerusalem, an archaeologocal Biography. New York [3]1995.

Hartmud **Stegemann,** Die Essner, Qumran, Johannes der Täufer und Jesus. Freiburg i.Br. [4]1994.

Günter **Stemnerger,** Jüdische Religion. München 1995.

Ephraim **Stern,** The New Encyclopaedia of Archaeological Excavations in the Holy Land. 4 Bde. Jerusalem 1993.

GLOSSAR

Apodyterium: Umkleideraum in antiken römischen Badeanlagen

Apsis: halbrunde, mit einer Halbkuppel überwölbte Nische

Architrav: waagerechter, den Oberbau tragender Hauptbalken

Aschkenasim: Bezeichnung für die aus Mittel- und Osteuropa stammenden Juden

Atrium: von Säulenhallen umgebener Hof

Basilika: großes, rechteckiges Kirchengebäude mit mehreren durch Säulenreihen getrennten Schiffen, dessen mittleres höher und durch Fenster erhellt ist

Caldarium: Warmwasserbad in antiken römischen Badeanlagen

Cardo maximus: in nord-südliche Richtung verlaufende Hauptstraße der römischen Stadt

Chor: für das Gebet der Geistlichen vorbehaltener Bereich in der Kirche, häufig erhöht und durch eine Chorschranke vom übrigen Kirchenraum abgetrennt

Decumanus maximus: in ost-westlicher Richtung verlaufende Hauptstraße der römischen Stadt

Etrog: Zitrusfrucht, die ein wichtiger Bestandteil des Feststraußes beim Laubhüttenfest ist

Forum: Marktplatz und zentraler Versammlungsort der römischen Stadt

Frigidarium: Kaltwasserbad in antiken römischen Badeanlagen

Gemara: Auslegung der → Mischna (3.-5. Jh.); gemeinsam mit ihr bildet sie den → Talmud

Gesims: ein meist horizontales, aus der Mauer hervorstehendes Bauelement, das die Außenwand gliedert

Holocaust: wörtlich »Brandopfer«, der Begriff bezeichnet die Vernichtung des jüdischen Volkes

Ikonostase: Bilderwand zwischen Altar- und Gemeinderaum in byzantinischen und griechisch-orthodoxen Kirchen

Judenchristen: Christen jüdischer Herkunft zur Zeit der Urkirche

Kapitell: ausladendes Bindeglied zwischen einer Stütze (Säule, Pfeiler, Pilaster) und dem Gebälk

Kenotaph: Grabdenkmahl für einen Toten, der an einer anderen Stelle beigesetzt wurde

Khan: Herberge für Kaufleute und ihre Lasttiere

Kibbuz: selbstverwaltete, auf sozialistischen Prinzipien beruhende Siedlung in Gemeinschaftseigentum

Kippa: kappenartige, jüdische Kopfbedeckung für Männer

Koran: heiliges Buch des Islam, göttliche Offenbarung des Propheten Mohammed

Krypta: Gruft mit unterirdischen Grab- und Reliquienkapellen unterhalb des Altarraumes

Lulav: ritueller Feststrauß für das Laubhüttenfest

Mesusa: Kapsel am rechten Türpfosten des jüdischen Hauses, die eine kleine Pergamentrolle mit Texten aus der Thora enthält

Menorah: siebenarmiger Leuchter

Mihrab: Gebetsnische der Moschee, immer gen Mekka ausgerichtet

Mimbar: Kanzel der Moschee

Minarett: Turm der Moschee

Mischna: Sammlung der jüdischen Religionsgesetze aus dem 1.-2. Jh., gemeinsam mit der → Gemara bildet sie den → Talmud

Narthex: Vorhalle der Kirche

Nekropole: Begräbnisanlage im Altertum

Oktogon: Bauwerk mit achteckigem Grundriß

Peies: lange Schläfenlocken der orthodoxen Juden

Pentateuch: die fünf Bücher Mose (→ Thora)

Peristyl: die einen Hof umgebende Säulenhalle

Pfeiler: freistehende Mauerstütze mit meist rechteckigem, quadratischem oder polygonalem Grundriß

Portikus: eine von Säulen getragene Vorhalle vor der Hauptfront eines Gebäudes

Rabbiner: religiöser Lehrer, der im Gottesdienst bestimmte Aufgaben übernimmt, z. B. Trauungen

Sanhedrin: der Jüdische Hohe Rat, eine Verwaltungs- und Gerichtsbehörde während der hellenistisch-römischen Zeit

Säule: senkrechtes Stützglied mit kreisförmigem Grundriß

Sebil: Brunnen

Sephardim: Bezeichnung für die aus Spanien und Portugal stammenden Juden

Synagoge: Bethaus und Versammlungsstätte der Juden

Talmud: Sammlung der rabbinischen Lehren und Vorschriften, bestehend aus → Mischna und → Gemara

Tambour: zylinderförmiger mit Fenstern versehender Unterbau einer Kuppel

Tefillin: lederner jüdischer Gebetsriemen mit zwei Kapseln, die Thoratexte enthalten

Tell: künstliche Erhebung, die im Laufe der Jahrhunderte aus übereinanderliegenden Siedlungsschichten entstanden ist

Tepidarium: lauwarmes Bad in antiken römischen Badeanlagen

Thora: wörtl. die »Lehre, Unterweisung«, die fünf Bücher Mose (→ Pentateuch)

Triglyphen: Steinplatten mit drei senkrechten Rillen, die im Steinbau als Nachbildung der Balkenköpfe zu verstehen sind

Triklinium: Speisezimmer im römischen Wohnhaus

Wadi: Trockental, das nur nach Regenfall mit Wasser gefüllt ist

Yeshiva: Talmudlehrstätte

REGISTER

Personen

Orte

Orte außerhalb Jerusalems